DIEDERICHS GELBE REIHE
herausgegeben von Michael Günther

Meister Eckhart

Mystische Traktate und Predigten

Ausgewählt und erläutert von
Gerhard Wehr

Eugen Diederichs Verlag

Für dieses Buch wurde die Übersetzung von Josef Quint verwendet: *Meister Eckhart, Deutsche Predigten und Traktate*, erschienen 1955 im Carl Hanser Verlag, München

Vordere Umschlagseite: Ausschnitt aus dem Gemälde »Die Heiligen Markus und Benedikt« von Giovanni Bellini aus dem Jahr 1488 (Venedig, S. Maria Gloriosa dei Frari); Foto: AKG, Archiv für Kunst und Geschichte, Berlin

Die Deutsche Bibliothek – CIP-Einheitsaufnahme

Eckhart <Meister>:
Mystische Traktate und Predigten / Meister Eckhart. Ausgew. und erl. von Gerhard Wehr. [Übers. von Josef Quint]. – München : Diederichs, 1999
  (Diederichs Gelbe Reihe ; 153 : Deutsche Mystik)
  ISBN 3-424-01471-0

© der Texte von Meister Eckhart Carl Hanser Verlag, München/Wien, 1955 und 1995
© der vorliegenden Ausgabe Eugen Diederichs Verlag, München 1999
Alle Rechte vorbehalten

Umschlaggestaltung: Zembsch' Werkstatt, München
Produktion: Tillmann Roeder, München
Satz: Fotosatz Otto Gutfreund, Darmstadt
Druck und Bindung: Pressedruck Augsburg
Printed in Germany

ISBN 3-424-01471-0

Inhalt

Meister Eckhart – Eine Einführung
Eine normsetzende Autorität 7
   Leben und Werk 10
   Elemente seiner Lehre 20
   Zum Frühwerk 22
   »Vom edlen Menschen« 25
   Der Prediger 30

Anmerkungen 38
Editorische Notiz 40

Traktate

Reden der Unterweisung 43
Vom edlen Menschen 100

Predigten

Predigt 1 115
Predigt 2 123
Predigt 3 131
Predigt 4 135
Predigt 5 142
Predigt 6 147
Predigt 7 152
Predigt 8 159
Predigt 9 163
Predigt 10 168
Predigt 11 176
Predigt 12 184

Predigt 13	190
Predigt 14	202
Predigt 15	210
Predigt 16	217
Predigt 17	221
Predigt 18	233
Literatur	243
Zum Herausgeber	246

Meister Eckhart
Eine Einführung

Eine normsetzende Autorität

Als Haupt- und Höhepunkt der deutschen Mystik ist Meister Eckhart im Bewußtsein vieler in die abendländische Geistesgeschichte eingegangen. An Rühmungen fehlt es nicht, so unterschiedlich diese da und dort ausgefallen sein mögen. Überblickt man die letzten beiden Jahrhunderte seiner Wirkungsgeschichte, d.h. seit der Zeit seiner Wiederentdeckung in den Tagen Hegels und Franz von Baaders zu Beginn des 19. Jahrhunderts, dann kommen recht unterschiedliche Urteile zu Gehör, die u.a. den Stand der Forschung, aber auch den Beobachtungsort der Forschenden widerspiegeln. Einige Beispiele:

Seine erste Eckhart-Lektüre, die ihm Baader (1824) vermittelt hatte, beantwortete Hegel mit dem begeisterten Ausruf: »Da haben wir ja, was wir wollen!« Und Baader selbst, der dies bezeugte und der durch den vielgerühmten Dominikaner die metaphysische Erkenntnis der zeitgenössischen idealistischen Philosophie vorweggenommen sah, fügte seinem Bericht hinzu: »Eckhart wird mit Recht der Meister genannt. Er übertrifft alle Mystiker... Ich danke Gott, daß er mich in den philosophischen Wirren mit ihm hat bekannt werden lassen. Das hoffärtige alberne Affengeschrei gegen die Mystik konnte mich nun nicht mehr irre machen...«[1]

So erblicken die einen in Eckhart den »Vater der deutschen Spekulation« (J. Bach); andere sahen mit dem »Haupt der deutschen Mystik«, so der Hegel-Schüler Karl Rosenkranz, »einen neuen Tag in der Geschichte des

Geistes« (W. Preger) anbrechen. Der deutschnationalen Überzeichnungen und der krassen Mißdeutungen, wie sie etwa durch den NS-Ideologen Alfred Rosenberg erfolgt sind, muß an dieser Stelle nicht eigens gedacht werden. Wer wie er in Eckhart den »Schöpfer einer neuen Religion«[2] erblicken möchte, hat weder ihn noch seine Botschaft begriffen. Fest steht jedoch, daß Eckharts Name weithin leuchtet. Es ist der des religiösen Denkers und Lehrers, des Predigers und des geistlichen Schriftstellers, eines mystisch Erfahrenen, auch wenn dieses Zeugnis bei einem Zweig der Forschung auf Widerspruch stößt oder mit einigem Vorbehalt reflektiert wird. Doch letzteres hängt zu einem nicht geringen Teil mit der Kontroverse zusammen, was jeweils unter »Mystik« zu verstehen sei.[3] Diese hat nichts zu tun mit einem weltflüchtigen oder gar wirklichkeitsfeindlichen Mystizismus. Um es vorweg anzudeuten: Meister Eckhart schöpft seinen Glauben und sein Erkennen aus den Tiefen einer vom Geistfeuer Gottes durchglühten Erfahrung. Auf der anderen Seite richtete sich sein Streben auf die Verwirklichung des spirituell Empfangenen inmitten der Welt, »in allen Dingen«. Das Zentrum seines Lebensgeheimnisses und seiner Lehrmitteilungen bildet die Vorstellung von der Gottesgeburt in der menschlichen Seele. In ihr vollzieht sich die Geburt des Sohnes aus dem Vater. Und das Unerhörte dieser Kunde liegt für Eckhart darin, daß der Mensch als Ort und Ursache dieses Ereignisses zu gelten habe. Kein Wunder, daß er durch die Kühnheit seiner Predigten und Traktate die kirchliche Inquisition auf sich aufmerksam machte. Auf einem anderen Blatt steht, daß gerade dies immer wieder ein Anlaß für ungebetene Eckhart-Verehrer war, sich auf ihn zu berufen, als ließe sich seine reiche, zugleich spirituell-brisante Hinterlassenschaft beliebig ausbeuten.

Und was die Reichweite seiner Ausstrahlung anlangt, so wäre auf Eckharts hohe Wertschätzung im buddhistischen Bereich eigens hinzuweisen. So ist es beispielsweise bemerkenswert, welche Erfahrungen der in der westlichen Welt bekannte Zen-Buddhist D. T. Suzuki in der Begegnung mit dem deutschen Dominikaner gemacht hat. Er berichtet: »Als ich zum erstenmal… ein kleines Buch mit einigen von Meister Eckharts Predigten las, beeindruckten diese mich tief, denn ich hatte niemals erwartet, daß irgendein christlicher Denker – gleich ob alt oder modern – solch kühne Gedanken hegen würde, wie sie in diesen Predigten ausgesprochen wurden. Wenn ich mich auch nicht erinnere, welche Predigten das kleine Buch enthielt, so weiß ich doch: die darin geäußerten Gedanken waren buddhistischen Vorstellungen so nahe, daß man sie fast mit Bestimmtheit als Ausfluß buddhistischer Spekulation hätte bezeichnen können. Soweit ich es beurteilen kann, scheint mir Eckhart ein ungewöhnlicher ›Christ‹ zu sein.«[4] – Auf ihn, den »ungewöhnlichen Christen«, hat man sich freilich einzustellen, wann immer man sich in Eckharts Schriften vertieft. Und worin dies Ungewöhnliche besteht, d. h., aus welcher Perspektive man ihn zu lesen hat, geht aus dem Zeugnis hervor, das wir einem seiner unmittelbaren Schüler, dem Dominikaner Johannes Tauler, verdanken, als er in einer Predigt den einst wie heute gültigen, zugleich mahnenden Hinweis aussprach: »Euch belehrt und zu euch spricht ein liebwerter Meister, aber ihr begreift nichts davon. Er sprach (nämlich) aus der Ewigkeit, und ihr versteht es nach der Zeit.«[5]

Es könnte ja sein, was nur allzuoft geschehen ist, daß man sich wohlmeinend die Worte des »liebwerten Meisters« gefallen läßt, sich wieder und wieder auf ihn beruft, ohne ihn letztlich, d. h. in seiner Höhe und Tiefe verstanden zu haben.[6]

Leben und Werk

Wer den Versuch unternimmt, sich mit dem Leben Eckharts bekannt zu machen, der wird sich mit einem Minimum an gesicherten Daten begnügen müssen. Weder der Ort seiner Geburt noch der seines Todes lassen sich eindeutig bestimmen. Daß eine seiner in Paris gehaltenen Predigten die Notiz »echardus de hochheim« enthält, hieße: Eckhart ist um 1260 in Thüringen geboren. Und das erste gesicherte Datum seines Lebens fällt auf den 18. April, es ist Ostern, des Jahres 1294. Da wird Bruder Eckhart (frater ekhardus) in seiner Funktion als Dozent (lector sententiae) an der theologischen Fakultät der Universität Paris genannt, ein Ordensmann, der gerade seine Lebensmitte erreicht hat. Es handelt sich bereits um seinen zweiten Paris-Aufenthalt. Vorausgegangen ist der Eintritt in den Dominikanerorden, der zu dieser Zeit bereits durch leuchtende Namen ausgezeichnet ist. An erster Stelle sind Albertus Magnus und Thomas von Aquin zu nennen. Wir wissen nicht, was ihn oder die Familie bewogen haben mag, daß Eckhart ins Kloster ging, um ein Mönch zu werden, anstatt etwa als Landedelmann sein Gut zu betreuen, der Jagd nachzugehen, Turniere auszutragen und im Kriegsfall dem König Heerfolge zu leisten. Freilich, als Eckhart geboren wird, dauert noch die »kaiserlose, die schreckliche Zeit« des sogenannten Interregnums an (bis 1273). Ein anderes, in die abendländische Kirchengeschichte einschneidendes Ereignis steht bevor: die »Babylonische Gefangenschaft« der Päpste, die zwischen 1309 und 1377 in Avignon residieren und dort ein Finanzimperium von noch nicht dagewesenem Ausmaß aufbauen. Zeichen ganz anderer Art werden gesetzt, in Gestalt der ersten gotischen Dome und Kathedralen, sichtbarer Ausdruck einer himmelan strebenden zugleich in die Tiefe des Seelengrundes eindringenden mystisch getönten Frömmigkeit. Das Innerliche wie das Übernatürliche scheinen sich auf diese Weise den Sinnen kundtun zu wollen.

Der junge Eckhart tritt ins Dominikanerkloster in Erfurt ein. Nach dem obligatorischen Noviziat unterwirft er sich den drei monastischen Gelübden der Armut, der Ehelosigkeit und des Gehorsams, wie wir sie seit den Tagen Benedikts von Nursia (6. Jahrhundert) kennen. Der Spanier Dominikus[8] ist es gewesen, der etwa ein knappes Jahrhundert zuvor, im Jahre 1215 in Toulouse die Gemeinschaft dieser »Predigerbrüder« (ordo praedicatorum, OP) ins Leben rief, einen Orden, der in der geistig-religiösen Krise seiner Zeit mit der Botschaft des Evangeliums, auch mit dem Schwert des Geistes zu wirken hatte. Die mit einer manichäisch anmutenden Lehre und durch eine asketisch strenge Lebensführung gekennzeichneten Katharer waren in Südfrankreich auf den Plan getreten und stellten eine große Herausforderung für die bereits stark verweltlichte römische Kirche dar. Durch Predigt und geistvolle Disputation sollte diesen »Ketzern« wirkungsvoll entgegengetreten werden.[9] Es bedurfte somit eines eigens für diesen Zweck geschulten Ordens. Ein Bettelorden sollte es sein, zum einen, weil eine gewisse Beweglichkeit wichtig schien, um den rasch sich ausbreitenden Sektierern an möglichst vielen Orten entgegentreten zu können. Zum anderen sollte der Armutsgedanke eindrucksvoll zum Ausdruck gebracht werden. Daß es den Dominikanern – jenen scherzhaft apostrophierten »Hunden des Herrn« (domini canes) – beschieden sein sollte, der alsbald installierten Inquisition zu dienen, tatsächliche und vermeintliche Feinde der Kirche dem »weltlichen Schwert« auszuliefern, sei hier zumindest angemerkt.

Jenes biographische Faktum hinsichtlich Eckharts Erfurter Zeit entnehmen wir der Überschrift zu dem frühen Werk seiner »Reden der Unterweisung« (bzw. der Unterscheidung), das um bzw. vor 1298 niedergeschrieben worden ist. Einleitend heißt es da: »Das sind die Reden, die der Vikar von Thüringen, der Prior von Erfurt, Bruder Eckhart, vom Predigerorden, mit solchen (geistlichen) Kindern geführt hat, die ihn zu diesen Reden nach vielem fragten, als sie zu abendlichen Lehrgesprächen (collationes) beieinandersaßen.«

Der noch nicht Vierzigjährige ist demnach zu diesem Zeitpunkt nicht nur ein in seinem Orden geachtetes Mitglied in leitender Stellung und Vorsteher seines Erfurter Konvents. Er bekleidet darüber hinaus auch das Amt eines Vikars seines Ordens in Thüringen. Noch ist er »Bruder« (frater), das heißt, er hat noch nicht den späteren geistlich-akademischen Rang eines »Meisters« (magister), d. h. eines Professors. Doch die Tatsache, daß er der Lehre obliegt, daß er schon durch diese frühen Texte seine umfassende, sich noch erweiternde philosophische und biblisch-theologische Bildung unter Beweis stellt, deutet auf seine besondere Qualifikation hin. Als Prior hat er vor allem als geistlicher Berater und Seelenführer seiner jüngeren Brüder zu dienen. Es handelt sich hierbei gewissermaßen um eine Einübung in seinen späteren Auftrag zur Nonnenseelsorge in oberdeutschen Klöstern, z. B. in Straßburg.

1302/03 sendet ihn die Ordensleitung ein weiteres Mal nach Paris. Es handelt sich um das 1. Pariser Magisterium, denn nun erlangt er die Promotion zum Magister der Theologie. Man muß sich dabei immer vor Augen halten, daß Professor Eckhart, der »Meister«, als ein im Sinne der Scholastik wirkender Hochschullehrer zu verstehen ist. Für ein Jahr ist er als »magister actu regens« mit der Aufgabe der Bibelauslegung betraut. Auch sein älterer Ordensbruder Thomas von Aquin hatte einst in der Stadt an der Seine seinen Magister erlangt, ehe er sich dem Verfassen seiner berühmten Werke, der »Summa contra gentiles« und der »Summa theologiae«, widmen konnte.

Eckhart folgt dieser Tradition, die über Thomas und Albertus Magnus zu den Trägern der platonisch-neuplatonischen Philosophie zurückreicht, etwa über Hugo und Richard von Sankt Viktor, Skotus Erigena, dem ebenso berühmten wie ominösen Dionysius Areopagita bis hin zu Plotin und zum »göttlichen« Platon.

Diese großen Geister, deren Denken durch die Gabe eines geistigen Schauens und Intuierens geprägt ist und somit mystische Züge trägt, bilden die Ahnenkette für alle diejenigen, die – mit Eckhart – nicht länger bloße »Lesemeister« sein wollen, sondern sich als »Lebemeister« bewähren. Für Eckhart heißt das: Er selbst will nicht nur Gelehrter sein, der in literarischer Abhängigkeit verharrt, – wiewohl er sich in seinen Predigten und Schriften immer wieder auf Zitate jener »großen Pfaffen«, wie er sich gelegentlich ausdrückt, bezieht. Darüber hinaus will der Meister vor allem »Lebemeister« sein, der das geistig Errungene ins konkrete Leben hinein umsetzt und die ihm Anvertrauten zum Leben im Geiste anleitet.

Weil das so ist und weil sich die Ordensleitung die hohen Qualitäten ihres Bruders deutlich bewußt macht, läßt sie ihn nicht länger nur im fernen Frankreich wirken. Sie ruft ihn in die Heimat zurück. Immer neue Dominikaner- und Dominikanerinnenklöster sind in jenen Jahren im Entstehen begriffen. Sie verlangen eine prägende Führung, die über das rein Organisatorische und über das äußere Reglement hinausreicht. Eckhart wird zum Provinzial der Ordensprovinz Saxonia ernannt. Ihm unterstehen nicht weniger als 47 Dominikanerkonvente. Bedenkt man, daß die hierfür erforderlichen Visitationen jeweils durch Anreise zu Fuß erledigt werden mußten, dann deutet dies angesichts der damaligen Wegeverhältnisse auf eine notwendigerweise gute körperliche Verfassung eines solchen Visitators hin. Sein Sitz ist wieder Erfurt. Selbst die Ernennung zum Generalvikar, d. h. zum Stellvertreter des Ordensgenerals, fällt in diese Zeit (1307).

Der wiederholte Wechsel zwischen der Bewältigung von Ordensangelegenheiten und der philosophisch-theologischen Lehre kommt in Eckharts Leben dadurch zum Ausdruck, daß er ein weiteres Mal, nämlich 1311 bis 1313, Paris aufsucht. Es handelt sich um sein zweites Magisterium. Er arbeitet u. a. an seinem lateinischen Werk, das als das »dreiteilige« (opus tripartitum) bekannt geworden ist. Hinzutreten biblische Kommentare. Im Anschluß daran finden wir den Vielbeschäftigten von 1314 bis 1322 in leitender Funktion in Straßburg. Weil den Dominikanern im besonderen die Aufgabe der Nonnenseelsorge (cura monialium) übertragen worden ist, steht diese Seelsorge für dominikanische Klosterfrauen nun im Mittelpunkt seiner dortigen Tätigkeit. Auf diese Weise lernt er die Nöte, auch die nicht immer unproblematischen inneren Erlebnisse solcher Nonnen kennen. Er hat beispielsweise eine Antwort zu finden auf Erfahrungen, die mit allerlei unkontrollierten visionären Erscheinungen zusammenhängen, in denen fromme Innerlichkeit bisweilen mit emotional-hysterischem Überschwang vermengt ist. Wogegen er sich wenden muß, das ist das einst wie heute immer wieder anzutreffende Bestreben, auf eine bestimmte, methodisch beherrschbare »Weise« oder mit Hilfe einer »Technik« zu speziellen Gotteserfahrungen zu gelangen, die auch als »mystisch« bezeichnet werden. Eben diese je und je ausgesprochene wie unausgesprochene Frage: »Wie gelangt man zu...« weist er konsequent ab. So wesentlich die spirituelle Erfahrung in ihrem Gesamtumfang und in ihrer Tiefe im religiösen Leben sein mag, gerade der »Mystiker« Eckhart muß darauf drängen, »weiselos« sich der Wirkung des göttlichen Geistes zu öffnen und sich nicht von irgendwelchen Stimmungen oder spektakulären Phänomenen überschwemmen zu lassen. Das wohlige Spüren und Empfinden stellt im religiösen Leben eine Gefahr dar. Es schiebt sich das genießerische »Erfahren« gewissermaßen zwischen den Menschen und das, was über Bitten und Verstehen, auch über die Erfahrbarkeit als das Eigentliche der Gotteswirklichkeit hinausreicht. Daher seine Forderung auf radikalen Verzicht. Es ist die kompromißlose Forderung gerade des erklärten »Lebemeisters«, der den Auftrag hat, zum geistlichen Leben anzuleiten. Und so paradox es klingt: Anders als in der Weg- und Weiselosigkeit gibt es für den in diesem Sinne praktizierenden Mystiker und für die Mystikerin keinen, jedenfalls keinen absichtsvoll zu bahnenden Weg zu Gott. Der ist dem menschlichen Zugriff entzogen. Wie muß man sich nun diese Weiselosigkeit vorstellen?

Da soll, so erzählt der Prediger einmal, ein Kardinal den Mystiker Bernhard von Clairvaux gefragt haben: »›Warum soll ich Gott lieben und auf welche Weise?‹ – Sankt Bernhard antwortete: ›Das will ich Euch sagen: Gott (selbst) ist der Grund, warum man ihn liebhaben soll. Die Weise (dieser Liebe) aber ist: *ohne* Weise, denn Gott ist nichts; nicht so, daß er ohne Sinn wäre: er ist (vielmehr) weder dies noch das, was man auszusagen vermag. Er ist ein Sein über allen Seins(weisen). Er ist ein weiseloses Sein. Darum muß die Weise, mit der man ihn liebhaben soll, weiselos sein, das heißt: über alles hinaus, was man zu sagen vermag.‹«[10]

Nach der Straßburger Seelsorgetätigkeit, die den Prediger aufgrund seiner Zuständigkeit auf seinen Wanderungen von Kloster zu Kloster bis in die Schweiz geführt hat, ruft man ihn nach Köln zurück. Zuvor sind einige Schriften entstanden: »Das Buch der göttlichen Tröstung« (Liber Benedictus Deus) und »Vom edlen Menschen«, dazu zahlreiche Predigten. Auch jüngeren Ordensbrüdern, unter ihnen Heinrich Seuse und Johannes Tauler, ist er begegnet. Sie sind, wie wir aus wenigen Äußerungen in deren Predigtwerken wissen, von dem »liebwerten« und »hohen Meister« stark beeindruckt.[11] In Köln fungiert er nun als der Leiter des Generalstudiums der Dominikaner. Eckhart hat inzwischen das 60. Lebensjahr überschritten.

Es wäre zu erwarten, daß der auf vielen Feldern seiner langjährigen Studienzeit, seiner Lehr-, Predigt- und Seelsorgetätigkeit Erfahrene auch kirchlicherseits nun endlich die verdiente Anerkennung erhalten würde. Aber diese wenigen ihm noch verbleibenden Jahre sind für ihn von einer tiefen Tragik überschattet. Es ist die Tragik eines Menschen, der nach dem Gesetz, unter dem er angetreten, ein Stadium der Reife und erkenntnismäßigen Differenzierung erreicht, zu dem hin ihm nur ganz wenige zu folgen vermögen. Blieb der literarische Ertrag seiner Pariser Hochschularbeit im wesentlichen den philosophisch Geschulten vorbehalten, waren die lebenspraktisch ausgerichteten Lehrgespräche und Traktate, gleichsam »geerdet«, d. h. auf die Konkretheit des Lebens bezogen, so birgt das Eckhartsche Predigtwerk, wie bekannt, viel Brisantes, namentlich für solche Christen, die gar nicht an die Grenzen des Begreifbaren und Aussagbaren geführt werden wollen. Mit anderen Worten: In seinen volkssprachlichen, also auf deutsch gehaltenen Predigten erhebt sich der in paradoxer und kühner Rede sich äußernde Mystiker wie im Adlerflug über die Gefilde einer nur das Dogma wiederholenden und auslegenden Normaltheologie hinweg. Dabei will er keinesfalls gegen die Bekenntnisse der Kirche polemisieren, die ja »seine« Kirche ist. Dieser im besten Sinn des Wortes »freie Geist« ist alles andere als ein »Freigeist«. Er denkt nicht daran, die Schwachen im Glauben zu verunsichern. Aber zweifellos scheut er sich gegebenenfalls nicht, die menschlich-allzumenschlichen Gottesbilder in Frage zu stellen. Man könnte auch sagen: Ihm liegt daran, auf die Höhen und Tiefen des im Dogma formelhaft Aufgehobenen aufmerksam zu machen. Doch übersteigt dies nicht das Verständnisvermögen der vielen, die eine derbere Kost vertragen?

Unerwartetes und doch eines Tages zu Befürchtendes tritt ein. Auch ein Dominikaner von der Statur eines Meister Eckhart ist nicht gegen schlimme Verdächtigungen gefeit. So wird der gefeierte Prediger und Lehrer, der mystische Lebemeister zu einem ernsten Problem für die Oberen der Kirche. Der Kölner Erzbischof Heinrich II. von Virneburg befürchtet, durch den mittlerweile berühmten Eckhart werde eine ernste Gefahr für die Rechtgläubigkeit in seiner Diözese und für die Christenheit heraufbeschworen. Gerade weil das Gespenst der Häresie bzw. der Häresieverdächtigung die Runde macht und die kirchlichen Inquisitionsgerichte an Rhein und Rhone, an nahezu allen Enden der abendländischen Christenheit voll ausgelastet sind, ergreift der Kölner Erzbischof alsbald die Initiative. Er findet auch willige Helfershelfer, darunter nicht wenig fragwürdige! Doch das gehört zum Vorgehen bei den zeitgenössischen Ketzerprozessen.

Scheiterhaufen allerorten! Eckhart selbst hat während seiner Pariser Zeit die Aburteilung einer – wie man heute weiß – überaus geistvollen Mystikerin, Margareta Porete, im Jahre 1310 relativ nah miterlebt, bzw. er erlangte davon Kenntnis durch seinen Pariser Ordensbruder, der an der Aburteilung und Tötung beteiligt gewesen ist.[12] Abgesehen von den durch einen grausamen Ketzerkreuzzug vernichteten südfranzösischen Katharern, waren es u. a. die Brüder und Schwestern des »freien Geistes«, die die kirchlichen Ordnungshüter nicht zur Ruhe kommen ließen.[13] Im übrigen konnte kaum einem Kölner in jenen Tagen verborgen geblieben sein, daß 1325 eine größere Anzahl der ebenfalls als häretisch verdächtigen Begarden verbrannt oder im Rhein ertränkt wurde. Dies war jeweils die zu erwartende Strafe der überführten oder erpreßten Ketzer.

Was nun Eckhart betrifft, so kommt es 1326 zum Prozeß gegen ihn. Daß Nikolaus von Straßburg, ein ihm auch innerlich nahestehender Mitarbeiter, seinerseits eine mit positivem Ausgang verlaufende Überprüfung der Rechtgläubigkeit Eckharts inszeniert hat, konnte die erzbischöfliche Anklage jedoch nicht überflüssig machen. Man wird im übrigen kaum fehlgehen, wenn man annimmt, daß gerade hierbei allerlei Interessen im Spiele sind, deren Motive heute nicht mehr eindeutig erhellt werden können. Mancherlei spricht dafür, daß einerseits Neid, andererseits der Vernichtungswille des Erzbischofs zur Anklage bei der Inquisition geführt haben. Konkret: Eine Anzahl von Sätzen aus diversen Eckhart-Texten werden als mit dem Dogma der Kirche in offensichtlichem Widerspruch stehend empfunden, andere klingen nach Meinung der kirchlichen Inquisitoren zumindest häretisch und seien geeignet, die Gemüter der gläubigen Gemeinde zu verwirren, und dies bei einem Meister des Wortes und der philosophisch versierten Bildung![14] Eines fällt auf: In keinem Fall wurde die Intention sowie der Textzusammenhang der inkriminierten Stücke unter die Lupe genommen. Immer handelte es sich um Zitate, die zuweilen noch in verkürzter Form oder durch Rückübersetzung ins Lateinische der Mißdeutbarkeit ausgesetzt waren.

Eckhart ließ die von Denunciation und gezielter Verleumdung durchsetzten Anklagen nicht passiv über sich ergehen. Er verfaßte eine sogenannte Rechtfertigungsschrift und schickte im Januar 1327 eine Appellation an den in Avignon residierenden Papst Johannes XXII. Das geschah unter Hinweis auf die Unrechtmäßigkeit des gesamten Verfahrens, zumal sein Leben und seine Lehre bislang im vollen Einklang mit der Kirche und mit seinem Orden gestanden hätten. Andererseits müsse er seinen Anklägern Unverstand und Geistesbeschränktheit, ja, unverkennbare Bosheit vorwerfen. Und damit auch seine Kölner Hörergemeinde über den Stand der Dinge nicht im unklaren bliebe, gab er wenig später in der Kölner Dominikanerkirche eine öffentliche Erklärung ab, ehe er die Reise nach Südfrankreich antrat.

Wie es ihm in Avignon oder auf dem Weg bzw. Rückweg ergangen sein muß, wissen wir nicht. Denn als das Urteil zum päpstlichen Prozeß erfolgte und durch die Bulle »In agro dominico« vom 27. März 1329 publik gemacht wurde, lebte Eckhart schon nicht mehr. Er ist im Frühjahr des Jahres 1328 verstorben; Ort und genaues Datum sind unbekannt. Das Urteil selbst entsprach einer totalen Niederlage, denn mit den 28 verurteilten Sätzen bescheinigte das höchste »geistliche« Gericht der Christenheit, dieser Eckhart habe »mehr wissen wollen als nötig war«; er habe »sein Ohr von der Wahrheit abgekehrt und Erdichtungen zugewandt«; mit einem Wort: er sei ein »irregeleiteter Mensch«.

Alles in allem kann man hier von einer überaus infamen Behandlung sprechen, die die Wahrheit Lügen straft. Und damit die Bulle nicht ungenutzt in den päpstlichen Archiven verstauben sollte, sorgten die triumphierenden »Sieger« durch geeignete Propaganda dafür, daß Eckharts Schriften nicht länger als mit der Rechtgläubigkeit vereinbar anzusehen seien. Auf Jahrhunderte hinaus war ihnen somit ein Schattendasein beschieden. Aber zu vernichten war das Eckhartsche Geistesgut nicht. Wie erwähnt, wurden die Texte knappe sechs Jahrhunderte nach Eckharts Tod wiederentdeckt. Meister Eckhart, diese »normative Gestalt geistlichen Lebens« (A. M. Haas) hat nicht aufgehört zu wirken. Oder wie es Dietmar Mieth in seinem Resümee ausdrückt: »Eckhart ist heute in dreifacher Weise aktuell. Man begegnet ihm in der interkulturellen Diskussion über die mystische Erfahrung zwischen Ost und West. Es ist interessant, daß aus der Mystik des Abendlandes vor allem Eckhart für diesen Dialog ausgesucht wird. Das mag am Brückenschlag der Philosophie liegen, der zuletzt sicherlich auch durch Martin Heidegger vermittelt wurde. Von dort aus kommt man wieder auf die Frage nach Eckharts spezifisch christlicher Theologie des geistlichen Lebens zurück. – Man begegnet Eckhart ferner bei der Rückbesinnung auf die Struktur des Funktionalismus in der modernen Wissenschaft. Das Denken in strukturellen Entsprechungen scheint bei ihm eine Grundlage zu finden. Es ist keine neue Erkenntnis, daß die spätmittelalterliche Theologie in vielfacher Weise an der Wiege der modernen Wissenschaft stand. – Zuletzt hat der marxistische Sozialpsychologe Erich Fromm mit seinem weites Aufsehen erregenden Werk ›Haben oder Sein‹ (Stuttgart 1976) die These aufgestellt, Eckharts Lehre vom ›wesentlichen‹, d. h. seinsgemäßen Menschen habe uns heute in besonderer Weise etwas zu sagen und gehöre deshalb zu den ›seelischen Grundlagen einer neuen Gesellschaft‹.«[15]

Elemente seiner Lehre

»Meister Eckhart ist ein Mystiker.« Das ist die stereotyp geäußerte Meinung vieler. Doch was darunter konkret zu verstehen ist, machen sich oft selbst diejenigen nicht immer klar genug, die Meister Eckhart als »ihren Meister« deklarieren. Jedenfalls genügt es nicht, sich in eine genußversprechende Blütenlese aus seinen Schriften zu vertiefen und die jeweils kühn-paradox klingenden Sentenzen vor sich hinzustellen. So ähnlich gingen übrigens die Eckhart-Inquisitoren von damals vor, indem sie einige Listen mit provokanten Zitaten aufstellten, um deren tatsächlichen oder vermeintlichen Häresiegehalt zu ermitteln, wenn dies nur dem erhofften und schließlich auch tatsächlich erzielten Zweck diente. – Vielleicht gibt es auch eine Umkehrung dieses Verfahrens, etwa indem man möglichst brisante Eckhart-Worte heraussucht, um sie gegebenenfalls eigenen Lieblingsgedanken zu unterlegen. Mißverständnis da wie dort. Erst der Zusammenhang trägt.

Man muß sich schon die Mühe machen, die Texte eines so anspruchsvollen Autors im Kontext zu lesen.

Bei Eckhart handelt es sich um ein weit ausgreifendes Werk, bestehend aus lateinischen Texten des scholastischen Philosophen – das »Opus tripartitum« wurde schon genannt – und den deutschen Wortlauten, Traktaten und Predigten. Abgesehen vom Wagnis der hier zu bietenden Auswahl, ist damit die Beschränkung auf das volkssprachliche Überlieferungsgut angezeigt. Diese Vereinfachung dürfte gestattet sein, sofern man im Bewußtsein behält: Der deutschsprechende Prediger und Seelenführer ist wohl der uns nähere Eckhart, aber es ist nicht der ganze Eckhart. Denn: »Das Philosophieren Meister Eckharts muß im systematischen Zusammenhang des Gesamtwerks gesehen werden; darin ist es ausgebreitet, und es bildet darin einen wesentlichen Bestandteil, so sehr, daß ohne die Grundauffassung das Gesamtwerk Eckharts als Ganzes und im einzelnen nicht verstanden werden kann.«[16] Insofern setzt sich die nachstehende Auswahl ein sehr viel bescheideneres Ziel, nämlich das der Hinführung und, wenn es gelingen dürfte, das Interesse an einer angemessenen Lektüre von Eckhart zu wecken.

Zum Frühwerk

Die »Reden der Unterweisung« gelten gemeinhin als »das Hauptwerk des Priors des Predigerklosters in Erfurt« (Kurt Ruh). Weil Eckharts Werk in seinen einzelnen Teilen mit unterschiedlicher Zuverläßlichkeit und Vollständigkeit überliefert ist, bedeutet das Urteil seines Herausgebers Josef Quint viel, wenn er darauf hinweist, daß diese »Reden« in ihrer Echtheit als »absolut gesichert« gelten können. Wir vernehmen somit mit großer Unmittelbarkeit den Erfurter Spiritualen, wie er seinen jüngeren Ordensbrüdern Wesen und Praxis des geistlichen Lebens nahebringt. Hinzu tritt – und dies ist für den heutigen Leser wichtig –, daß in diesen Reden bereits der »Mystiker« mit der ihm eigenen Ausrichtung zu Wort kommt, indem er entsprechende Akzente setzt, die auch in späteren Texten bedeutsam bleiben.

Wenn beispielsweise eingangs vom »wahren Gehorsam« die Rede ist, dann ist nicht allein an das gleichnamige mönchische Gelübde als solches zu denken. Deren Befolgung wird als selbstverständlich vorausgesetzt. Der hier gemeinte Gehorsam erhält seine besondere Note dadurch, daß der Übende nicht nur formal gehorsam sei, indem er tut, was ihm vom jeweiligen Vorgesetzten aufgetragen ist oder was die Ordensregel zu tun verlangt. Für Eckhart ist von entscheidender Wichtigkeit, in welcher Haltung Gehorsam geübt wird. Daher seine Forderung, daß der gehorsame Mensch »aus seinem Ich herausgeht« und im »vollkommenen Aufgeben« egoistischer Bestrebungen gerade auf dem spirituellen Weg nichts für sich selbst will.

Entsprechendes gilt für das Herzstück christlicher Spiritualität, fürs Gebet. Es ist jeweils »aus einem ledigen Gemüt« heraus zu vollziehen. Damit kommt das Motiv der Freiheit bzw. des Freiwerdens ins Spiel. Es ist der Verzicht auf den Eigenwillen, wenn der Mensch seinen Neigungen und ungeklärten Willensimpulsen frönt, statt sein ganzes Denken und Tun in das große Lassen, die Ge-Lassenheit hineinzuführen. Konkretisiert und auf die knappste Formel gebracht, heißt dies in den Worten Eckharts: »Laß dich!« Dazu gehört auch: Nimm dich nicht so wichtig! Oder: »Richte dein Augenmerk auf dich selbst (wörtlich: ›Nim din selbes war‹), und wo du dich findest, da laß von dir ab; das ist das Allerbeste.« Es handelt sich um den Grundtenor dessen, was Eckhart im inneren wie im äußeren Leben durchgehalten sehen will. Dann kann er auch fortfahren und sagen: Hauptsache sei nicht ein Tun, somit nicht ein egoverhaftetes Machenwollen, sondern ein Sein. Es ist jener grundsätzliche Unterschied der Haben- von der Seins-Struktur, auf die, unter Berufung auf Eckhart, Erich Fromm mit großem Nachdruck hingewiesen hat, um die »seelischen Grundlagen einer neuen Gesellschaft« zu konturieren[17].

Weil es dem Denker, der sich hier als ein spirituell strebender und zur Spiritualität anleitender Mensch äußert, darum geht, nicht nur einem »gedachten«, sondern einem »wesenhaften Gott« zu begegnen, deshalb lautet Eckharts Mahnung, es gelte »Gott in allen Dingen zu ergreifen«, ihn nicht nur an gesonderten, als »heilig« deklarierten Orten zu erwarten. Kein Ort ist ausgenommen, ein Ort der Theophanie und der Gottesgegenwart zu sein: »...fürwahr, dem leuchtete Gott ebenso unverhüllt im weltlichen wie im allergöttlichsten Werk.«

Bei Unterweisungen dieser Art ergeben sich nun allerlei Rückfragen, etwa Fragen nach einem praktischen Beispiel. Auf eine solche Frage mag der Erfurter Prior geantwortet haben, als er ausführte, was er offenbar immer wieder hervorgehoben hat: »Wäre der Mensch (beispielsweise) so in Verzückung, wie es Sankt Paulus war, und wüßte einen kranken Menschen, der eines Süppleins von ihm bedürfte, ich erachtete es für weit besser, du ließest aus Liebe von der Verzückung ab und dientest dem Bedürftigen in größerer Liebe.«

Und auf die Frage nach der Gottesgegenwart konnte Eckhart nur erwidern: »Gott geht nimmer in die Ferne, er bleibt beständig in der Nähe...«

Wie soll man andererseits der Tatsache Rechnung tragen, daß sehr unterschiedliche religiös-geistliche Wege begangen werden? Ist etwa eine Vereinheitlichung der religiösen Formen und Glaubenshaltungen anzustreben, indem man die Menschen auf eine bestimmte Erkenntnis- oder Glaubensweise verpflichtet? – Eckharts Antwort ist nicht minder eindeutig: »Mitnichten sind die Menschen alle auf einen (einzigen) Weg zu Gott gerufen... Gott hat der Menschen Heil nicht an irgendeine besondere Weise gebunden..., denn ein Gutes ist nicht wider das andere.« So solle jeder zunächst seine eigene Weise behalten und alles andere auf das Wesentliche gerichtete Streben respektieren.

Als man dem Bruder Prior Fragen vorlegt, die sich aus dem Gegenüber von Natur und Gnade ergeben, wobei der Gnade oder der Heilswirklichkeit ein Vorzug gegenüber dem natürlichen Leben einzuräumen sei, erwidert Eckhart: »Gott ist nicht ein Zerstörer irgendeines Gutes, sondern er ist ein Vollbringer. Gott ist nicht ein Zerstörer der Natur, sondern ihr Vollender. Auch die Gnade zerstört die Natur nicht, sie vollendet sie vielmehr...« Im übrigen räumt Eckhart dem Menschen einen freien Willen ein, damit er die Fähigkeit habe, in gottgeschenkter Freiheit all sein Tun auszurichten, und zwar »unzerstört und ungezwungen«.

Antworten wie diese zeigen, welch eine positive, Zuversicht stiftende, insbesondere junge Menschen ermutigende Grundhaltung aus Eckharts Unterweisungen spricht. Dabei stellen sie, wie Kurt Ruh einmal bemerkt, »hohe und höchste Anforderungen an den Christenmenschen«, der nach dem rechten Leben, dem Leben in der Nachfolge Christi strebt. Von einem lebensfeindlichen Asketismus ist nichts zu spüren. Eckhart erweist sich Mal um Mal als ein ebenso wirklichkeitsnaher wie konsequenter Seelenführer, der die ihm anvertrauten, ihm Vertrauen schenkenden Menschen in die Freiheit der Kinder Gottes führen will. Insofern atmen seine Schriften etwas vom Geist des Apostels Paulus.

»Vom edlen Menschen«

In den Prozeßakten ist von einem Buch, genannt »Liber Benedictus«, die Rede. Der lateinische Titel bezieht sich auf ein Paulus-Wort aus dem II. Korintherbrief, Kap. 1, 3, wo es heißt: »Gelobt (benedictus) sei Gott, der Vater unseres Herrn Jesus Christus...« Dieser Gott ist hier als »Gott allen Trostes« bezeichnet. Eckhart benutzte daher dieses Wort und stellte es seinem Traktat »Buch der göttlichen Tröstung« voran. Es ist der früh verwitweten habsburgischen Ungarn-Königin Agnes (1281–1364) gewidmet. Der Seelsorger trägt all jene Trostgründe zusammen, von denen er annimmt, daß sie den Trostbedürftigen zur inneren Stütze werden können. Da liest man z. B.: »Alles, was der gute Mensch um Gottes willen leidet, das leidet er in Gott, und Gott ist mit ihm leidend in seinem Leiden. Ist mein Leiden in Gott und leidet Gott mit, wie kann mir dann das Leiden ein Leid sein, wenn das Leiden das Leid verliert und mein Leid in Gott und mein Leid Gott ist... Wer das nicht erkennt, der klage seine Blindheit an, nicht mich noch die göttliche Wahrheit und liebenswerte Güte.« Letztlich ist alles irdische und alles irdisch bedingte Leid in Gott aufgehoben. Es ist seines belastenden Charakters entkleidet.

Schließlich mündet der Traktat in die Thematik von Eckharts eigenem Geschick ein, eben in die Mühsal des schon in Gang gekommenen Ketzerprozesses. Sein Bestreben ist es, zumindest von einem Teil seiner Zuhörer, selbst seiner Bestreiter verstanden zu werden. Gleichzeitig muß er sich fragen: »Was kann ich dafür, wenn jemand das nicht versteht?« Und er entschlägt sich der Sorge mit dem Wort: »Mir genügt's, daß in mir und in Gott wahr sei, was ich spreche und schreibe.« Es gehe ja stets darum, »daß wir die Wahrheit in uns finden und gewahr werden.« Das ist es denn auch, was er für sich und für alle Menschen vom liebreichen und barmherzigen Gott erbittet.

In Verbindung mit diesem Trostbuch ist nun auch eine Predigt überliefert, die geeignet ist, den Weg des Menschen zu beschreiben und zu begleiten. Es ist ein Weg nach innen und nach oben. Auch dieser Text wird üblicherweise mit einem Bibelwort intoniert. Der Titel »edler Mensch« (homo quidam nobilis) bezieht sich auf ein Gleichnis Jesu aus dem Lukasevangelium. Dort (Kap. 19, 12) ist von einem Mann die Rede, der in ein fernes Land zieht, um ein Reich für sich zu gewinnen und dann, man darf hinzufügen: bereichert und verwandelt, heimzukehren.

Daß es sich nicht um ein geographisch verortbares Land handelt, geht schon aus dem Evangelientext hervor. Der Prediger macht sich von einer biblischen Vorlage weitgehend frei. Nicht worauf sich das Gleichnis Jesu bezieht, steht im Mittelpunkt seiner Betrachtung, sondern der Mensch als solcher. Hier fügt Eckhart eine wichtige Unterscheidung ein, nämlich zwei Aspekte menschlicher Existenz, den »inneren« und den »äußeren« Menschen. Der äußere Mensch ist dadurch charakterisiert, daß ihm Irdisches anhaftet, auch das, was ihn ein »alter Mensch« sein läßt im Gegensatz zu dem »neuen Menschen«, der er werden soll. So ist die vorliegende Predigt wesentlich auf dieses Neuwerden gerichtet, macht es doch seinen Adel aus, nicht allein von irdischen Eltern abzustammen, sondern von Gott selbst. So stellt der innere, der geadelte Mensch einen Herrn dar, während es dem äußeren Menschen bestimmt ist, sich als Sklave dienstbar zu erweisen.

Diese Tatsache des doppelten Ursprungs des Menschen bestimmt – etwa im Einklang mit der Menschenkunde des Apostels Paulus – die Anthropologie Eckharts. Man muß demnach jeweils unterscheiden, ob in seinen Texten vom irdischen Menschen gesprochen wird oder ob der unter dem Ewigkeitsaspekt gesehene »innere« Mensch gemeint ist, in dem sich das Entscheidende vollzieht, etwa die noch gesondert zu besprechende Gottesgeburt im Seelengrund.

Wie ein Samenkorn liegt der innere Mensch in uns verborgen. Dieses Korn kann keimen und Frucht bringen, um seiner ursprünglichen Bestimmung gemäß Gestalt zu gewinnen. So verhält es sich auch mit dem Menschen, der noch nicht der ist, der er werden soll. Deshalb hat er einen spirituellen Wachstums- und Reifungsprozeß zu durchlaufen. Man kann sich fragen, ob es sich hierbei um einen autonomen Vorgang handelt, der keiner Steuerung bedarf, oder ob eine bestimmte Methodik zur Anwendung kommen muß, die eine Annäherung an das erstrebte Ziel ermöglicht.

Nun hat die mystische Tradition in West und Ost immer vom Weg und von den zu durchlaufenden Stadien gesprochen. In der Übernahme von Vorstellungen, die aus der Mysteriensprache der Antike stammen, unterschied man den Dreischritt, der von der Reinigung über die Erleuchtung und schließlich zur Einung in Gestalt der ersehnten »unio mystica« führt. Diese Vorstellung einer Stufenfolge machte sich u. a. Dionysius Areopagita zu eigen, der von Eckhart hochgeschätzte, von ihm mehrfach zitierte »Vater der abendländischen Mystik«.[18] Dennoch sah Eckhart seine Aufgabe nicht darin, auch seinerseits Formen und Weisen der spirituellen Praxis anzugeben, wie man auf dem inneren Weg, auf dem Weg der mystischen Erfahrung vorankommen könne. Methodische Anleitungen, wie sie von einem Meister des inneren Weges zu erwarten wären, sucht man in seinen Schriften vergebens. Hatte Eckhart schon in seinen »Reden der Unterweisung« davon gesprochen, daß das Heil des Menschen nicht an eine bestimmte »Weise« gebunden sei, so begegnet man auch im späteren Predigtwerk Äußerungen, mit denen er seine Skepsis hinsichtlich des angeblich Machbaren oder methodisch Erreichbaren zum Ausdruck bringt. Einmal sagt er nachdrücklich: »Gott muß man nehmen als Weise ohne Weise und als Sein ohne Sein, denn er hat keine Weise. Daher sagt Sankt Bernhard: Wer dich, Gott, erkennen soll, der muß dich messen ohne Maß.«[19] Dem »Weiselosen« gibt Eckhart somit bei weitem den Vorzug.

In dem uns vorliegenden Text »Vom edlen Menschen« weicht aber der Prediger von seiner eigenen Praxis ab und nennt eine Folge von Stufen der spirituellen Entwicklung; es sind ihrer sechs, die sich auf das Werden des inneren Menschen beziehen: Unter Berufung auf den Kirchenvater Augustinus bezeichnet er als die erste Stufe jene, bei der der Mensch noch ein Anfänger ist. Er kann noch nichts von sich selber tun, weshalb er auf Vorbilder in Gestalt geistlicher Lehrer angewiesen ist, an deren Leben und

Tun er sein eigenes ausrichten kann. Das entspricht dem Stadium der Nachahmung. – Auf der zweiten Stufe bleiben diese Vorbilder zwar immer noch wichtig, aber eine Eigenbewegung ist dem Anfänger, der Anfängerin schon möglich. Es ist eine innere Kehrtwendung, ausgedrückt durch das Wort: »Er kriecht der Mutter aus dem Schoß und lacht den himmlischen Vater an.« – Damit ist drittens ein Prozeß der Schritt um Schritt zu vollziehenden Ablösung eingeleitet. Sie läßt sich mit dem Weggang von der Mutter vergleichen. Diesen Menschen erfüllt eine »eifrige Beflissenheit« und ein Streben, in Liebe mit Gott verbunden zu werden. – Dieser Vorgang läuft auf eine zunehmende Intensivierung hinaus, die viertens einer Verwurzelung »in der Liebe und in Gott« gleichkommt. Alles Widerwärtige, seien es Anfechtung, Versuchung, Leid und dergleichen, verliert seinen Stachel. Es kann willig, ja freudig ertragen werden, ein Vermögen, das bis dahin fehlte und nicht einmal verstanden werden konnte. – Stand auf allen diesen Stufen das Tun und das Streben im Vordergrund, so tritt auf der fünften eine weitere Wendung ein, nämlich eine solche, die als ein Ruhen in Gott zu bezeichnen ist. Die spirituelle Aktivität mündet ein in eine kontemplative Grundhaltung. Die ostkirchliche Spiritualität spricht von der »Hesychia« als von dem Stillestehen vor dem Angesicht Gottes. – Auf der das ganze Geschehen krönenden sechsten Stufe wird die Gotteskindschaft erreicht, eine ebenfalls der menschlichen Machbarkeit enthobene Tatsache. Insofern ist der neue Mensch auch kein Resultat spiritueller Bemühung, sondern Frucht der göttlichen Gnade. Oder im Rahmen des prozessualen Voranschreitens nach Eckharts Worten: Der Mensch wird »entbildet«, sofern es seine irdische Gestalt, die Gestalt des »alten Adams«[20] betrifft. Und er wird »überbildet«, also überformt und »hinüberverwandelt« in das göttliche Bild.

Und das bedeutet: man wird des ewigen Lebens teilhaftig. Das Endziel des inneren Menschen ist erreicht, aber eben nicht als eine menschliche Leistung, sondern als Produkt der Gnade, auch wenn eine Reihe von Stadien eines Wegs aufzuzeigen waren.

Eine andere für das Schaffen Eckharts bedeutsame Frage klingt an, nämlich die Frage nach dem Wesen der Erkenntnis, die sich auf Gott und auf die Natur, nicht am wenigsten auf den erkenntnisbeflissenen Menschen richtet. Gotteserkenntnis, wie er sie hier versteht, schließt Selbsterkenntnis ebenso ein wie die Erkenntnis der Kreaturen. Während eine Bemühung, die sich auf die Naturerkenntnis richtet, einer »Abenderkenntnis« entspricht, nennt der Prediger es eine, man darf wohl sagen: übergeordnete oder »Morgenerkenntnis«, wenn nämlich der Mensch die ihn umgebende Wirklichkeit als »in Gott« ruhend zu erkennen vermag. Nicht ihr etwaiger Eigenwert ist gefragt, sondern die Geschöpflichkeit in ihrer Verwurzelung im Schöpfer. Schließlich ist da die Einsicht, nach der Gottes- und Selbsterkenntnis eine Einheit darstellen: »Wenn aber die Seele erkennt, *daß* sie Gott erkennt, so gewinnt sie zugleich Erkenntnis von Gott und von sich selbst.« Darüber gibt sich der Prediger jedoch keiner Illusion hin, etwa in der Annahme, das Schauen Gottes und das menschliche Erstreben der Schau seien identisch oder gleichwertig. Unablässig ist Eckharts Blick vielmehr darauf gerichtet, daß der Mensch eins werde mit dem Einen, das heißt, daß er aufgenommen, mithin aufgehoben werde in dem Grund der Gottheit.

Der Prediger

Es waren die deutschen Predigten, die Meister Eckhart als Mystiker berühmt gemacht haben. Es sind dieselben Predigten (einschließlich des erwähnten »Benedictus«-Traktats), die den Argwohn der Inquisitoren erweckten und ihrem Autor zum Verhängnis werden sollten. Auf die Frage, auf welchen Hauptnenner sich die Eckhartsche Predigtthematik bringen lasse, hat er selbst einmal schlüssig geantwortet: »Wenn ich predige, so pflege ich zu sprechen von *Abgeschiedenheit* und daß der Mensch ledig werden soll seiner selbst und aller Dinge. Zum zweiten, daß man wieder eingebildet werden soll in das einfaltige Gut, das Gott ist. Zum dritten, daß man des großen Adels gedenken soll, den Gott in die Seele gelegt hat, auf daß der Mensch damit auf wunderbare Weise zu Gott komme. Zum vierten von der Lauterkeit göttlicher Natur – welcher Glanz in göttlicher Natur sei, das ist unaussprechlich. Gott ist ein Wort, ein unausgesprochenes Wort.«[21]

Damit ist Eckharts Predigtprogramm in wesentlichen Punkten umrissen. Welche Stellung ist nun hierbei dem Prediger zugewiesen? Für seine Hörer (und Leser) scheint der Wortmächtige über das Wort und damit über den göttlichen Logos im Sinn von Johannes 1 verfügen zu können. Doch das entspräche der menschlichen Hybris. Wohl ist dem Prediger das Wort anvertraut, auch zugetraut, eher noch zugemutet. Doch keine Hochschätzung des Meisters kann an dessen Feststellung vorbei, die besagt: Gott, als er das Wort ist, ist ein »unaussprechliches Wort«. Insofern gebietet allein er, Gott allein, in seiner »Lauterkeit« über das letztlich Unaussagbare. Niemand kann dieses Wort »sprechen«. Ein Prediger von der Statur Eckharts kann bestenfalls in das Zeugnis des Propheten Jesaja einstimmen, der (Jes. 6) inmitten seines Berufungsgeschehens ausruft: »Weh mir, ich vergehe! Denn ich bin unreiner Lippen und wohne unter einem Volk von unreinen Lippen!« Insofern stellt der Auftrag in der Tat eine unerhörte Zumutung dar, dieses Sollen und letztlich gar nicht

Können. Bereits an dieser Stelle ist zu bedenken, was in manchen Predigten als Unterscheidung zutage tritt, wonach Eckhart sehr deutlich zwischen *Gott* und *Gottheit* unterscheidet. »Gott«, das ist derjenige, von dem Vorstellungen und Aussagen möglich sind, indem man etwa seine Liebe und seine Gerechtigkeit beschreibt. Ganz anders dagegen die »Gottheit«. Sie verweist auf den unauslotbaren Gottesgrund und ist Ausdruck seiner Verborgenheit, seiner totalen Jenseitigkeit, somit ist diese Gottheit jeder Beschreibbarkeit entzogen.

Was das Thema der »Abgeschiedenheit« anlangt, einen Begriff, den Eckhart wohl selbst geprägt hat, so wird darunter ein totales Abschiednehmen gemeint, ein totales Leer- und Ledigwerden. Wenn in den Predigten wiederholt von der »Jungfrau« die Rede ist, dann drückt dieses Bildwort das Nichtgebundensein (an einen Ehemann) aus. Gemeint ist Gelassenheit im Sinne eines totalen Lassens und Abstandnehmens, vor allem ein Abstandnehmen von sich selbst und von der eigenen Egoität. Wer sich »läßt«, wer leer und ledig wird, der tut dies in der Bereitschaft, für Gott offen und frei zu sein. Die Leere des Geistes und das so verstandene Nicht-Sein des Menschen schaffen Raum für die Anwesenheit Gottes. Verkürzt ausgedrückt könnte man sagen: Mystik wird dort verwirklicht, wo das (niedere) empirische Ich eingeschränkt und genichtet wird, damit – psychologisch gesprochen – ein reifes Selbst entstehen und hervortreten kann. Es ist zwar in der Gestalt der Gottesebenbildlichkeit bereits im Menschen veranlagt. Es verlangt aber ausgeformt zu werden.

In der Sprache Eckharts ausgedrückt, verkörpert dieses Selbst den »inneren Menschen«, den wahren Adam. Um dieser Selbstwerdung willen macht sich ein spirituell suchender Mensch auf den Weg, wie er beispielsweise in den erwähnten sechs Stationen beschrieben ist. Nur der Abgeschiedene, d. h. nur der leer Gewordene erfährt – philosophisch gesprochen – das reine Sein; religiös gesprochen – die Gotteskindschaft und das ewige Leben. Es ist jenes höchste Menschheitsziel, das weder durch Wollen und Streben noch durch spirituell kaschiertes, egoverhaftetes Erreichenwollen gerade nicht zu erreichen ist.

Diese Abgeschiedenheit und dieses Ledigwerden ist sodann unerläßlich, weil Eckhart einem anderen Predigtthema seine besondere Aufmerksamkeit zugewandt hat. Es ist das der *Gottesgeburt im Seelengrund*. Wenn sich jener vielzitierte Zweizeiler aus dem »Cherubinischen Wandersmann« des Angelus Silesius ins Bewußtsein vieler eingeprägt hat:

Wird Christus tausendmal zu Bethlehem geboren,
Und nicht in dir, du bleibst noch ewiglich verloren,
dann spricht der schlesische Dichter des 17. Jahrhunderts in knapper Form aus, was Eckhart wieder und wieder als das zentrale Ereignis der menschlichen Selbstverwirklichung genannt hat. Sie geht von Gott aus. Das muß schon deshalb besonders hervorgehoben werden, weil der heutige Sprachgebrauch ganz andere Assoziationen nahelegt. Er, Gott, ist es, der seinen Sohn (vgl. Joh. 1, 14) im Menschen geboren werden läßt. Damit verkündet Eckhart keine Neuigkeit, weil dieses Motiv seit den Tagen der ersten Christenheit als ein fester Bestandteil zur kirchlichen Tradition gehört. Angefangen beim Apostel Paulus (Gal. 4, 19) über Origenes, Augustinus, Gregor von Nyssa bis zu Johannes Scotus Eriugena im 9. Jahrhundert, steht das Motiv der Gottesgeburt in der Menschenseele im Zentrum der Meditation.

Als Eckharts Verdienst kann gelten, das Thema unauslöschlich dem religiösen Bewußtsein eingeprägt zu haben. Die Seele wird also zur Stätte dieses Mysteriengeschehens. Eckhart benennt sie auch, indem er das eine Mal vom

»Fünklein« spricht, an anderer Stelle vom »Bürglein«, in das Jesus (gemäß Luk. 10, 38) einkehrt. Das Fünklein entstammt selbst der göttlichen Schöpfung. Diese Tatsache begründet und ermöglicht die Geburt Gottes im Menschen. Es ist ein Vorgang, der nicht etwa zu einem bestimmten Zeitpunkt abgeschlossen ist. Vielmehr gebiert Gott seinen Sohn in uns »ohne Unterlaß«, also in einem Prozeß der andauert. Es ist andererseits das »Hinc et Nunc«, das Jetzt und Hier dessen, was sich von Gott her in der Menschenseele ereignet. Daher ist Mystik im Eckhartschen Sinne niemals nur die Vergegenwärtigung eines Vergangenen, das als das Ereignis der Christuserscheinung einst geschehen ist, sondern es ist die je und je geschehende erfüllte Gegenwart. Mystik erfüllt sich im Präsens. Und weil der Prediger in dem logisch Sagbaren bisweilen gar nicht Genüge findet, greift er, wie so oft in der Mystik, zu paradoxen Aussageweisen, etwa wenn er, sich Mal um Mal steigernd, verkündet: »Der Vater gebiert seinen Sohn ohne Unterlaß, und ich sage mehr noch: Er gebiert mich als seinen Sohn und als denselben Sohn. Ich sage noch mehr: Er gebiert mich nicht allein als seinen Sohn; er gebiert mich als sich und sich als mich und mich als sein Sein und als seine Natur. Im innersten Quell, da quelle ich aus im Heiligen Geiste; da ist *ein* Leben und *ein* Sein und *ein* Werk.«[22]

Aus der Fülle der Gesichtspunkte und der Themen, die im Predigtwerk des Meisters zum Klingen gebracht werden, sei an dieser Stelle noch ein Text angeführt, der zeigt, daß beim in höchste Höhen steigenden Adlerflug des Predigers die Gefahr des völligen Abgehobenwerdens vermieden wird. Innerlichkeit meint nicht Lebensferne oder Weltflucht. Die Eckhartsche Innerlichkeit steht in Korrelation zum konkreten Leben, kommt es ihm doch darauf an – wie schon in den »Reden der Unterweisung« angedeutet –, Spiritualität und Lebenswirklichkeit miteinander zu vereinen.

Zu veranschaulichen ist dies anhand einer Predigt, der eine Perikope aus dem Lukasevangelium (Kap. 10, 38 ff.) zugrunde liegt. Es handelt sich um den Besuch Jesu bei dem Schwesternpaar Maria und Martha. Während Maria sich zu Jesu Füßen setzt, um ihm aufmerksam zuzuhören, ist Martha als Hausfrau intensiv in Anspruch genommen. Zwei Seelenhaltungen sind somit einander gegenübergestellt, die der Aktion (Martha) und die der Meditation bzw. Kontemplation (Maria). Bekanntlich hat Jesus die Haltung der meditativen Maria eindeutig hervorgehoben, weil sie »das gute Teil« erwählt habe, das nicht von ihr genommen werden solle. Nun wäre zu erwarten, daß ein Mystiker, ein Seelenführer in seiner Predigt die kontemplative Einstellung ebenfalls rühmen werde. Doch erstaunlicherweise setzt sich der Ordensmann und Theologe über den offensichtlichen Skopus, d.h. die Sinnmitte der Evangelienerzählung hinweg, den die Bibelexegese zu berücksichtigen hat. Keinen Zweifel läßt er über das Bemühen der in sich gekehrten Maria aufkommen. Und doch gibt es da ein Problem, das ihm aus der klösterlichen Alltagspraxis durchaus bekannt ist. Es gibt ja eben auch eine egobetonte Innerlichkeit, die sich an spirituellen Gütern labt, jedoch wenig um ihre Verantwortung für die täglichen Aufgaben kümmern möchte: Spiritualität als Weltflucht und als eine verkappte Egomanie. Eckhart durchschaut jene Leute, die – wie er einmal sagt – Gott ansehen und lieben wie eine Kuh, von der sie einen bestimmten Nutzen erwarten. Das sei keine wahre Gottesliebe, sondern trügerischer Eigennutz. Insofern handelt es sich gar nicht um echte Spiritualität, sondern um so etwas wie einen spirituellen Materialismus. So meint der Meister, Menschen von der Art der Maria neigen allzu leicht dazu, im Wohlgefühl des spirituellen Genusses zu schwelgen, statt sich zu engagieren. Offensichtlich hat der erfahrene Seelenführer gewisse Fehlformen einer fragwürdigen Nonnenfrömmigkeit im Blick.

Wir werden nicht fehlgehen, wenn wir seine an sich eigenwillige Evangeliendeutung von daher motiviert sehen. Meister Eckhart versucht solche Zuhörer und Zuhörerinnen in besonderer Weise anzusprechen, die sich gern auf ein passives Kontemplieren zurückziehen und darüber ihre Alltagspflichten, das Gebot der Nächstenliebe, vernachlässigen. Für einen spirituell verbrämten Quietismus ist Eckhart offensichtlich nicht in Anspruch zu nehmen – heute so wenig wie einst. Von daher betrachtet, hat die rührige Martha gegenüber ihrer Schwester als die spirituell gereiftere Frau zu gelten, denn sie, Maria, hat es noch nötig, daß sie Einkehr hält und sich sammelt.

Mit anderen Worten: Ein auf dem mystischen Weg sich bewegender Mensch darf nicht nur ein Mensch der Meditation sein; er muß konsequenterweise den Schritt zur Tat tun. Andernfalls besteht die Gefahr, daß man, was Eckhart offensichtlich zuwider ist, im Stadium einer religiösen Exaltiertheit steckenbleibt.

In der Martha-Maria-Predigt kommt Eckhart auf den Weg als einer praktizierbaren Weise der Christusnachfolge zu sprechen. Er tut dies, obwohl für ihn das einmalige spirituelle Geburts- und Durchbruchserlebnis von so großer Wichtigkeit ist, daß alles menschliche Streben und alles ichbetonte Machenwollen für ihn fragwürdig wird. Er selbst thematisiert an der bezeichneten Stelle die Frage nach dem Weg der Seele zu Gott. Dabei unterscheidet er drei Arten: »Die eine ist dies: mit mannigfachem ›Gewerbe‹, mit brennender Liebe in allen Kreaturen Gott zu suchen... Der zweite Weg ist ein wegloser Weg, frei und doch gebunden, wo man willen- und bildlos über sich und alle Dinge weithin erhaben und entrückt ist, obwohl es doch noch keinen wesenhaften Bestand hat. Den meinte Christus... – Der dritte Weg heißt zwar ›Weg‹ und ist doch ein ›Zuhause-Sein‹. Er ist: Gott zu schauen unmittelbar in seinem eigenen Sein... Auf diesem Wege in Gott, hineingeleitet vom Lichte seines Wortes und umfangen von der Liebe des Heiligen Geistes...: das geht über alles, was man in Worte fassen kann.«

Aber kann der Mystiker das, was jenseits des Sagbaren liegt, mit totalem Schweigen übergehen? Wie erführen wir dann hiervon, wenn das Wort- und Weiselose durch die jeweils Erfahrenden nicht bezeugt würde? Der Rat, den Meister Eckhart hier gibt, verdient es, in unsere Meditation hineingenommen und immer wieder innerlich bewegt zu werden:

»Lausche denn auf das Wunder:
Wie wunderbar:
Da draußen stehen wie drinnen,
Begreifen und umgriffen werden,
Schauen und zugleich das Geschaute selbst sein,
Halten und gehalten werden,
Das ist das Ziel:
Wo der Geist in Ruhe verharrt,
Der lieben Ewigkeit vereint.«[23]

Anmerkungen

1 Zit. bei Ernst Benz: *Schelling, Werden und Wirken seines Denkens.* Zürich-Stuttgart 1955, S. 10.
2 Alfred Rosenberg: *Der Mythus des 20. Jahrhunderts.* München 1936, S. 239.
3 So ist – im abendländisch-christlichen Bereich – zu unterscheiden: Mystik als »cognitio dei experimentalis«, d. h. als eine auf Erfahrung gegründete, die Mitte der Existenz ergreifende und erleuchtende Gotteserkenntnis; andererseits sollte man von Mystologie sprechen, wenn es sich um die Erforschung dieser Erfahrungswelt handelt; schließlich wäre von Mystagogie zu sprechen, wenn die Anleitung und Vermittlung auf dem Weg mystischer Erfahrung gemeint ist. Hierzu u. a.: Gerhard Wehr: *Europäische Mystik – zur Einführung.* Hamburg 1995, S. 7 ff.
4 D. T. Suzuki: *Der westliche und der östliche Weg/Mysticism Christian and Buddhist,* 1957. Frankfurt/Main 1960. Vgl. Shizuteru Ueda: *Die Gottesgeburt in der Seele und der Durchbruch zur Gottheit. Die mystische Anthropologie Meister Eckharts und ihre Konfrontation mit der Mystik des Zen-Buddhismus.* Gütersloh 1965.
5 Johannes Tauler in der Predigt Nr. 15 »Clarifica me, pater charitate«, vgl. Johannes Tauler: *Predigten,* Bd. I. Einsiedeln 1979, S. 103.
6 Kurt Ruh: *Meister Eckhart. Theologe, Prediger, Mystiker.* München 1985, S. 11.
7 Kurt Ruh, a. a. O., S. 19 ff. – Gerhard Wehr: *Meister Eckhart in Selbstzeugnissen und Bilddokumenten.* Reinbek 1989.
8 Dominikus. Herausgegeben und eingeleitet von Vladimir J. Koudelka. Olten 1982.
9 Malcolm Lambert: *Ketzerei im Mittelalter. Häresien von Bogumil bis Hus.* München 1981. Lothar Baier: *Die große Ketzerei. Verfolgung und Ausrottung der Katharer durch Kirche und Wissenschaft.* Berlin 1984. Gerhard Wehr: *Esoterisches Christentum. Von der Antike bis zur Gegenwart.* 2. erw. Auflage, Stuttgart 1995.
10 Eckhart: DW (Deutsche Werke) 5, 403, 18 ff., zit. bei Alois M. Haas: *Meister Eckhart als normative Gestalt geistlichen Lebens.* Einsiedeln 1979, S. 24 f. – Vgl. ferner Otto Langer: *Mystische Erfahrung und spirituelle Theologie. Zu Meister Eckharts Auseinandersetzung mit der Frauenfrömmigkeit seiner Zeit.* München-Zürich 1987, S. 237.

11 Heinrich Seuse/Johannes Tauler: *Mystische Schriften.* Werkauswahl von Winfried Zeller, herausgegeben von Bernd Jaspert. München 1988 (DG 74).
12 Margareta Porete: *Der Spiegel der einfachen Seelen. Wege der Frauenmystik.* Zürich-München 1987. – Gerhard Wehr: *Esoterisches Christentum* (wie Anmerkung 9), S. 174 f.
13 Ebenda 168 ff.
14 Über Eckharts Prozeßverlauf vgl. Kurt Ruh: *Meister Eckhart,* S. 169–186.
15 Dietmar Mieth. In: *Meister Eckhart. Gotteserfahrung und Weg in die Welt.* Olten und Freiburg 1979, S. 30.
16 Heribert Fischer: *Meister Eckhart. Einführung in sein philosophisches Denken.* Freiburg-München 1979, S. 36.
17 Erich Fromm: *Haben oder Sein. Die seelischen Grundlagen einer neuen Gesellschaft.* Stuttgart 1976.
18 Kurt Ruh: *Geschichte der abendländischen Mystik, Band I. Die Grundlegung durch die Kirchenväter und die Mönchstheologie des 12. Jahrhunderts.* München 1990, S. 32–82. – Gerhard Wehr: *Europäische Mystik zur Einführung.* Hamburg 1995, S. 63–72.
19 Meister Eckhart in der Predigt »Surrexit autem Saulus de terra...«. In: Meister Eckhart: *Deutsche Predigten und Traktate.* Hrsg. und übersetzt von Josef Quint. München 1963, S. 334.
20 Unter Adam ist der Mensch als solcher, also Mann und Frau zu verstehen. Im Grunde ist die Frau stets mitgemeint, wenn – wie auch in der Bibel – vielfach vom Mann oder in paulinischen Briefen nur von »Brüdern« die Rede ist.
21 Aus der Predigt »Misit dominus manum suam et tetigit os meum...«, zit. nach Predigt 53. In: *Meister Eckhart.* Werke I, hrsg. von Niklaus Largier. Frankfurt 1995, S. 565.
22 Aus der Predigt »Iusti vivent in aeternum«. In: Meister Eckhart: *Deutsche Predigten und Traktate,* S. 185. – Vgl. Hans Joachim Petsch. »*Das Ewige im Jetzt. Meister Eckharts Lehre vom ›Ewigen Nun‹*«. In: *Zeitenwende – Zeitenende.* Hrsg. von Wolfgang Sommer. Stuttgart-Berlin 1997, S. 79–106.
23 Aus der Predigt »Intravit Jesus in quoddam castellum...«. In: Meister werden: *Deutsche Predigten und Traktate,* S. 284 f.

Editorische Notiz

Die hier gebotene Textauswahl der Schriften und Predigten Meister Eckharts basiert auf der Übersetzung, die Josef Quint unter dem Titel »Deutsche Predigten und Traktate« im Carl Hanser Verlag München (1955 ff.) herausgegeben hat. Diese geht ihrerseits zurück auf die kritische Gesamtausgabe: Meister Eckhart: Die deutschen und lateinischen Werke, herausgegeben im Auftrag der Deutschen Forschungsgemeinschaft, Stuttgart 1936 ff. Die derzeit vollständigste Ausgabe, die den deutschen bzw. lateinischen Grundtext mit gegenübergestellter Übersetzung enthält, liegt vor in: Meister Eckhart Werke I/II, herausgegeben von Niklaus Largier; in: Bibliothek des Mittelalters. Band 20/21 des Deutschen Klassiker Verlags Frankfurt am Main 1993.

In der vorliegenden Ausgabe ist nach jeder Predigt in eckigen Klammern die Numerierung angegeben, die Josef Quint in seiner 1955 erschienenen Ausgabe gewählt hat.

TRAKTATE

Reden der Unterweisung

Das sind die Reden, die der Vikar von Thüringen, der Prior von Erfurt, Bruder Eckhart, Predigerordens, mit solchen (geistlichen) Kindern geführt hat, die ihn zu diesen Reden nach vielem fragten, als sie zu abendlichen Lehrgesprächen beieinander saßen.

1
Vom wahren Gehorsam

Wahrer und vollkommener Gehorsam ist eine Tugend vor allen Tugenden, und kein noch so großes Werk kann geschehen oder getan werden ohne diese Tugend; wie klein andererseits ein Werk sei und wie gering, es ist nützer getan in wahrem Gehorsam, sei's Messelesen oder -hören, Beten, Kontemplieren oder was du dir denken magst. Nimm wiederum ein Tun, so geringwertig du nur willst, es sei, was es auch sei: wahrer Gehorsam macht es dir edler und besser. Gehorsam bewirkt allwegs das Allerbeste in allen Dingen. Fürwahr, der Gehorsam stört nie und behindert nicht, was einer auch tut, bei nichts, was aus *wahrem* Gehorsam kommt; denn *der* versäumt nichts Gutes. Gehorsam braucht sich nimmer zu sorgen, es gebricht ihm an keinem Gute.

Wo der Mensch in Gehorsam aus seinem Ich herausgeht und sich des Seinen entschlägt, ebenda muß Gott notgedrungen hinwiederum eingehen; denn wenn einer für sich selbst nichts will, für den muß Gott in gleicher Weise wollen wie für sich selbst. Wenn ich mich meines Willens entäußert habe in die Hand meines Oberen und für mich selbst nichts will, so muß Gott darum für mich wollen, und versäumt er etwas für mich darin, so versäumt er es zugleich für sich selbst. So steht's in allen Dingen: Wo ich nichts für mich will, da will Gott für mich. Nun gib acht! Was will er denn für mich, wenn ich nichts für mich will? Darin, wo ich von meinem Ich lasse, da muß er für mich notwendig alles das wollen, was er für sich selbst will, nicht weniger noch mehr, und in derselben Weise, mit der er für sich will. Und täte Gott das nicht, – bei der Wahrheit, die Gott ist, so wäre Gott nicht gerecht, noch wäre er Gott, was (doch) sein natürliches Sein ist.

In wahrem Gehorsam darf kein »Ich will so oder so« oder »dies oder das« gefunden werden, sondern nur vollkommenes Aufgeben des Deinen. Und darum soll es im allerbesten Gebet, das der Mensch beten kann, weder »Gib mir diese Tugend oder diese Weise« noch »Ja, Herr, gib mir dich selbst oder ewiges Leben« heißen, sondern nur »Herr, gib mir nichts, als was du willst, und tue, Herr, was und wie du willst in jeder Weise!« Dies übertrifft das erste (Gebet) wie der Himmel die Erde; und wenn man das Gebet so verrichtet, so hat man wohl gebetet: wenn man in wahrem Gehorsam aus seinem Ich ausgegangen ist in Gott hinein. Und so wie wahrer Gehorsam kein »Ich will so« kennen soll, so soll auch niemals von ihm vernommen werden »Ich will nicht«; denn »Ich will nicht« ist wahres Gift für jeden Gehorsam. Wie denn Sankt Augustin sagt: »Den getreuen Diener Gottes gelüstet nicht, daß man ihm sage oder gebe, was er gern hörte oder sähe; denn sein erstes, höchstes Bestreben ist zu hören, was Gott am allermeisten gefällt.«

2
Vom allerkräftigsten Gebet und vom allerhöchsten Werk

Das kräftigste Gebet und nahezu das allmächtigste, alle Dinge zu erlangen, und das allerwürdigste Werk vor allem ist jenes, das hervorgeht aus einem ledigen Gemüt. Je lediger dies ist, um so kräftiger, würdiger, nützer, löblicher und vollkommener ist das Gebet und das Werk. Das ledige Gemüt vermag alle Dinge.

Was ist ein lediges Gemüt?

Das ist ein lediges Gemüt, das durch nichts beirrt und an nichts gebunden ist, das sein Bestes an keine Weise gebunden hat und in nichts auf das Seine sieht, vielmehr völlig in den liebsten Willen Gottes versunken ist und sich des Seinigen entäußert hat. Nimmer kann der Mensch ein noch so geringes Werk verrichten, das nicht hierin seine Kraft und sein Vermögen empfinge.

So kraftvoll soll man beten, daß man wünschte, alle Glieder und Kräfte des Menschen, Augen wie Ohren, Mund, Herz und alle Sinne sollten darauf gerichtet sein; und nicht soll man aufhören, ehe man empfinde, daß man sich mit dem zu vereinen im Begriffe stehe, den man gegenwärtig hat und zu dem man betet, das ist: Gott.

3
Von ungelassenen Leuten, die voll Eigenwillens sind

Die Leute sagen: »Ach, ja, Herr, ich möchte gern, daß ich auch so gut zu Gott stünde und daß ich ebensoviel Andacht hätte und Frieden mit Gott, wie andere Leute haben, und ich möchte, mir ginge es ebenso oder ich wäre ebenso arm«, oder: »Mit mir wird's niemals recht, wenn ich nicht da oder dort bin und so oder so tue, ich muß in der Fremde leben oder in einer Klause oder in einem Kloster.«

Wahrlich, darin steckt überall dein Ich und sonst ganz und gar nichts. Es ist der Eigenwille, wenn zwar du's auch nicht weißt oder es dich auch nicht so dünkt: niemals steht ein Unfriede in dir auf, der nicht aus dem Eigenwillen kommt, ob man's nun merke oder nicht. Was wir da meinen, der Mensch solle dieses fliehen und jenes suchen, etwa diese Stätten und diese Leute und diese Weisen oder diese Menge oder diese Betätigung – nicht das ist schuld, daß dich die Weise oder die Dinge hindern: du bist es (vielmehr) selbst in den Dingen, was dich hindert, denn du verhältst dich verkehrt zu den Dingen.

Darum fang zuerst bei dir selbst an und *laß dich*! Wahrhaftig, fliehst du nicht zuerst dich selbst, wohin du sonst fliehen magst, da wirst du Hindernis und Unfrieden finden, wo immer es auch sei. Die Leute, die da Frieden suchen in äußeren Dingen, sei's an Stätten oder in Weisen, bei Leuten oder in Werken, in der Fremde oder in Armut oder in Erniedrigung – wie eindrucksvoll oder was es auch sei, das ist dennoch alles nichts und gibt keinen Frieden. Sie suchen völlig verkehrt, die so suchen. Je weiter weg sie in die Ferne schweifen, um so weniger finden sie, was sie suchen. Sie gehen wie einer, der den Weg verfehlt: je weiter der geht, um so mehr geht er in die Irre. Aber, was soll er denn tun? Er soll zuerst sich selbst lassen, dann hat er alles gelassen. Fürwahr, ließe ein Mensch ein Königreich oder die ganze Welt, behielte aber sich selbst, so hätte er nichts gelassen. Läßt der Mensch aber von sich selbst ab, was er auch dann behält, sei's Reichtum oder Ehre oder was immer, so hat er alles gelassen.

Zu dem Worte, das Sankt Peter sprach: »Sieh, Herr, wir haben alle Dinge gelassen« (Matth. 19, 27) – und er hatte doch nichts weiter gelassen als ein bloßes Netz und sein Schifflein –, dazu sagt ein Heiliger: Wer das Kleine willig läßt, der läßt nicht nur dies, sondern er läßt alles, was weltliche Leute gewinnen, ja selbst, was sie nur begehren können. Denn wer seinen Willen und sich selbst läßt, der hat alle Dinge so wirklich gelassen, als wenn sie sein freies Eigentum gewesen wären und er sie besessen hätte mit voller Verfügungsgewalt. Denn was du nicht begehren *willst*, das hast du alles hingegeben und gelassen um Gottes willen. Darum sprach unser Herr: »Selig sind die Armen im Geist« (Matth. 5, 3), das heißt: an Willen. Und hieran soll niemand zweifeln: Gäb's irgendeine bessere Weise, unser Herr hätte sie genannt, wie er ja auch sagte: »Wer mir nachfolgen will, der verleugne zuerst sich selbst« (Matth. 16, 24); daran ist alles gelegen. Richte dein Augenmerk auf dich selbst, und wo du *dich* findest, da laß von dir ab; das ist das Allerbeste.

4

Vom Nutzen des Lassens, das man innerlich
und äusserlich vollziehen soll

Du mußt wissen, daß sich noch nie ein Mensch in diesem Leben so weitgehend gelassen hat, daß er nicht gefunden hätte, er müsse sich noch mehr lassen. Der Menschen gibt es wenige, die das recht beachten und darin beständig sind. Es ist ein gleichwertiger Austausch und ein gerechter Handel: So weit du ausgehst aus allen Dingen, so weit, nicht weniger und nicht mehr, geht Gott ein mit all dem Seinen, dafern du in allen Dingen dich des Deinen völlig entäußerst. Damit heb an, und laß dich dies alles kosten, was du aufzubringen vermagst. Da findest du wahren Frieden und nirgends sonst.

Die Leute brauchten nicht soviel nachzudenken, was sie *tun* sollten; sie sollten vielmehr bedenken, was sie *wären*. Wären nun aber die Leute gut und ihre Weise, so könnten ihre Werke hell leuchten. Bist *du* gerecht, so sind auch *deine Werke* gerecht. Nicht gedenke man Heiligkeit zu gründen auf ein Tun; man soll Heiligkeit vielmehr gründen auf ein Sein, denn die Werke heiligen nicht uns, sondern wir sollen die Werke heiligen. Wie heilig die Werke immer sein mögen, so heiligen sie uns ganz und gar nicht, soweit sie Werke sind, sondern: soweit wir heilig sind und Sein besitzen, soweit heiligen wir alle unsere Werke, es sei Essen, Schlafen, Wachen oder was immer es sei. Die nicht großen Seins sind, welche Werke die auch wirken, da wird nichts daraus. Erkenne hieraus, daß man allen Fleiß darauf verwenden soll, gut zu *sein* – nicht aber so sehr darauf, was man tue oder welcher Art die Werke seien, sondern wie der Grund der Werke sei.

5
BEACHTE, WAS DAS WESEN UND DEN GRUND GUT MACHT

Der Grund, an dem es liegt, daß des Menschen Wesen und Seinsgrund, von dem des Menschen Werke ihre Gutheit beziehen, völlig gut sei, ist dies: daß des Menschen Gemüt gänzlich zu Gott (gekehrt) sei. Darauf setze all dein Bemühen, daß dir Gott groß werde und daß all dein Streben und Fleiß ihm zugewandt sei in allem deinem Tun und Lassen. Wahrlich, je mehr du davon hast, desto besser sind alle deine Werke, welcher Art sie auch sein mögen. Hafte Gott an, so hängt er dir alles Gutsein an. Suche Gott, so findest du Gott und alles Gute (dazu). Ja, fürwahr, du könntest in solcher Gesinnung auf einen Stein treten, und es wäre in höherem Grade ein gottgefälliges Werk, als wenn du den Leib unseres Herrn empfingest und es dabei mehr auf das Deinige abgesehen hättest und deine Absicht weniger selbstlos wäre. Wer Gott anhaftet, dem haftet Gott an und alle Tugend. Und was zuvor *du* suchtest, das sucht nun *dich*; wem zuvor *du* nachjagtest, das jagt nun *dir* nach; und was zuvor *du* fliehen mochtest, das flieht nun *dich*. Darum: wer Gott eng anhafte, dem haftet alles an, was göttlich ist, und den flieht alles, was Gott ungleich und fremd ist.

6
Von der Abgeschiedenheit und
vom Besitzen Gottes

Ich wurde gefragt: manche Leute zögen sich streng von den Menschen zurück und wären immerzu gern allein, und daran läge ihr Friede und daran, daß sie in der Kirche wären – ob dies das Beste wäre? Da sagte ich »Nein!« Und gib acht, warum.

Mit wem es recht steht, wahrlich, dem ist's an allen Stätten und unter allen Leuten recht. Mit wem es aber unrecht steht, für den ist's an allen Stätten und unter allen Leuten unrecht. Wer aber recht daran ist, der hat Gott in Wahrheit bei sich; wer aber Gott recht in Wahrheit hat, der hat ihn an allen Stätten und auf der Straße und bei allen Leuten ebensogut wie in der Kirche oder in der Einöde oder in der Zelle; wenn anders er ihn recht und nur ihn hat, so kann einen solchen Menschen niemand behindern.

Warum?

Weil er einzig Gott hat und es nur auf Gott absieht und alle Dinge ihm lauter Gott werden. Ein solcher Mensch trägt Gott in allen seinen Werken und an allen Stätten, und alle Werke dieses Menschen wirkt allein Gott; denn wer das Werk verursacht, dem gehört das Werk eigentlicher und wahrhaftiger zu als dem, der da das Werk verrichtet. Haben wir also lauter und allein Gott im Auge, wahrlich, so muß er unsere Werke wirken, und an allen seinen Werken vermag ihn niemand zu hindern, keine Menge und keine Stätte. So kann also diesen Menschen niemand behindern, denn er erstrebt und sucht nichts, und es schmeckt ihm nichts als Gott; denn der wird mit dem Menschen in allem seinem Streben vereint. Und so wie Gott keine Mannigfaltigkeit zu zerstreuen vermag, so auch kann diesen Menschen nichts zerstreuen noch vermannigfaltigen, denn er ist eins in jenem Einen, in dem alle Mannigfaltigkeit Eins und eine Nicht-Mannigfaltigkeit ist.

Der Mensch soll Gott in *allen* Dingen ergreifen und soll sein Gemüt daran gewöhnen, Gott allzeit gegenwärtig zu haben im Gemüt und im Streben und in der Liebe. Achte darauf, wie du deinem Gott zugekehrt bist, wenn du in der Kirche bist oder in der Zelle: diese selbe Gestimmtheit behalte und trage sie unter die Menge und in die Unruhe und in die Ungleichheit. Und – wie ich schon öfter gesagt habe – wenn man von »Gleichheit« spricht, so meint man (damit) nicht, daß man alle Werke als gleich erachten solle oder alle Stätten oder alle Leute. Das wäre gar unrichtig, denn Beten ist ein besseres Werk als Spinnen und die Kirche eine würdigere Stätte als die Straße. Du sollst jedoch in allen Werken ein gleichbleibendes Gemüt haben und ein gleichmäßiges Vertrauen und eine gleichmäßige Liebe zu deinem Gott und einen gleichbleibenden Ernst. Traun, wärest du so gleichmütig, so würde dich niemand hindern, deinen Gott gegenwärtig zu haben.

Wem aber Gott nicht so wahrhaft innewohnt, sondern wer Gott beständig von draußen her nehmen muß in diesem und in jenem, und wer Gott in ungleicher Weise sucht, sei's in Werken oder unter den Leuten oder an Stätten, der *hat* Gott nicht. Und es mag leicht etwas geben, was einen solchen Menschen behindert, denn er *hat* Gott nicht, und er sucht nicht ihn allein noch liebt noch erstrebt er ihn allein. Und darum hindert ihn nicht nur böse Gesellschaft, sondern ihn hindert auch die gute, und nicht allein die Straße, sondern auch die Kirche, und nicht allein böse Worte und Werke, sondern auch gute Worte und Werke. Denn das Hindernis liegt in *ihm*, weil Gott in ihm noch nicht alle Dinge geworden ist. Denn wäre dies so bei ihm, so wäre ihm an *allen* Stätten und bei *allen* Leuten gar recht und wohl; denn er *hat* Gott, und den könnte ihm niemand nehmen, noch könnte ihn jemand an seinem Werk hindern.

Woran liegt nun dieses wahre Haben Gottes, daß man ihn wahrhaft besitze?

Dieses wahrhafte Haben Gottes liegt am Gemüt und an einem innigen, geistigen Sich-Hinwenden und Streben zu Gott, nicht (dagegen) an einem beständigen, gleichmäßigen Darandenken; denn das wäre der Natur unmöglich zu erstreben und sehr schwer und zudem nicht das Allerbeste. Der Mensch soll sich nicht genügen lassen an einem *gedachten* Gott; denn wenn der Gedanke vergeht, so vergeht auch der Gott. Man soll vielmehr einen *wesenhaften* Gott haben, der weit erhaben ist über die Gedanken des Menschen und aller Kreatur. *Der* Gott vergeht nicht, der Mensch wende sich denn mit Willen von ihm ab.

Wer Gott so, (d. h.) im Sein, hat, der nimmt Gott göttlich, und dem leuchtet er in allen Dingen; denn alle Dinge schmecken ihm nach Gott, und Gottes Bild wird ihm aus allen Dingen sichtbar. In ihm glänzt Gott allzeit, in ihm vollzieht sich eine loslösende Abkehr und eine Einprägung seines geliebten, gegenwärtigen Gottes. Vergleichsweise so, wie wenn es einen in rechtem Durst heiß dürstet: so mag der wohl anderes tun als trinken, und er mag auch wohl an andere Dinge denken; aber was er auch tut und bei wem er sein mag, in welchem Bestreben oder welchen Gedanken oder welchem Tun, so vergeht ihm doch die Vorstellung des Trankes nicht, solange der Durst währt; und je größer der Durst ist, um so stärker und eindringlicher und gegenwärtiger und beharrlicher ist die Vorstellung des Trankes. Oder wer da etwas heiß mit ganzer Inbrunst so liebt, daß ihm nichts anderes gefällt und zu Herzen geht als (eben) dies, und er nur nach diesem verlangt und nach sonst gar nichts: ganz gewiß, wo immer ein solcher Mensch sein mag oder bei wem oder was er auch beginnt oder was er tut, nimmer erlischt doch in ihm das, was er so sehr liebt, und in allen Dingen findet er (eben) dieses Dinges Bild, und dies ist ihm um so stärker gegenwärtig, je mehr die Liebe stärker und stärker wird. Ein solcher Mensch sucht nicht Ruhe, denn ihn behindert keine Unruhe.

Dieser Mensch findet weit mehr Lob vor Gott, weil er alle Dinge als göttlich und höher erfaßt, denn sie in sich selbst sind. Traun, dazu gehört Eifer und Hingabe und ein genaues Achten auf des Menschen Inneres und ein waches, wahres, besonnenes, wirkliches Wissen darum, worauf das Gemüt gestellt ist mitten in den Dingen und unter den Leuten. Dies kann der Mensch nicht durch Fliehen lernen, indem er vor den Dingen flüchtet und sich äußerlich in die Einsamkeit kehrt; er muß vielmehr eine innere Einsamkeit lernen, wo und bei wem er auch sei. Er muß lernen, die Dinge zu durchbrechen und seinen Gott *darin* zu ergreifen und den kraftvoll in einer wesenhaften Weise in sich hineinbilden zu können. Vergleichsweise so wie einer, der schreiben lernen will. Fürwahr, soll er die Kunst beherrschen, so muß er sich viel und oft in dieser Tätigkeit üben, wie sauer und schwer es ihm auch werde und wie unmöglich es ihn dünke: will er's nur fleißig üben und oft, so lernt er's doch und eignet sich die Kunst an. Fürwahr, zuerst muß er seine Gedanken auf jeden einzelnen Buchstaben richten und sich den sehr fest einprägen. Späterhin, wenn er dann die Kunst beherrscht, so bedarf er der Bildvorstellung und der Überlegung gar nicht mehr, und dann schreibt er unbefangen und frei, und ebenso ist es auch, wenn es sich um Fiedeln oder irgendwelche Verrichtungen handelt, die aus seinem Können geschehen sollen. Für ihn genügt es völlig zu wissen, *daß* er seine Kunst betätigen will; und wenn er auch nicht beständig bewußt dabei ist, so vollführt er sein Tun doch, woran er auch denken mag, aus seinem Können heraus.

So auch soll der Mensch von göttlicher Gegenwart durchdrungen und mit der Form seines geliebten Gottes durchformt und in ihm verwesentlicht sein, so daß ihm sein Gegenwärtigsein ohne alle Anstrengung leuchte, daß er überdies in allen Dingen Bindungslosigkeit gewinne und gegenüber den Dingen völlig frei bleibe. Dazu gehört zu Beginn notwendig Überlegung und ein aufmerksames Einprägen wie beim Schüler zu seiner Kunst.

7

Wie der Mensch
seine Werke am vernünftigsten wirken soll

Man findet's bei vielen Leuten, und leicht gelangt der Mensch dahin, wenn er will: daß ihn die Dinge, mit denen er umgeht, nicht hindern noch irgendeine haftende Vorstellung in ihn hineinsetzen; denn, wo das Herz Gottes voll ist, da können die Kreaturen keine Stätte haben noch finden. Daran aber soll's uns nicht genügen; wir sollen uns alle Dinge in hohem Maße zunutze machen, sei's was immer es sei, wo wir sein, was wir sehen oder hören mögen, wie fremd und ungemäß es uns auch sei. Dann erst sind wir recht daran und nicht eher. Und nimmer soll der Mensch darin zu Ende kommen; vielmehr kann er darin ohne Unterlaß wachsen und immer mehr erreichen in einem wahren Zunehmen.

Und der Mensch soll zu allen seinen Werken und bei allen Dingen seine Vernunft aufmerkend gebrauchen und bei allem ein einsichtiges Bewußtsein von sich selbst und seiner Innerlichkeit haben und in allen Dingen Gott ergreifen in der höchsten Weise, wie es möglich ist. Denn der Mensch soll sein, wie unser Herr sprach: »Ihr sollt sein wie Leute, die allzeit wachen und ihres Herrn harren« (Luk. 12, 36). Traun, solche harrenden Leute sind wachsam und sehen sich um, von wannen er komme, dessen sie harren, und sie erwarten ihn in allem, was da kommt, wie fremd es ihnen auch sei, ob er nicht doch etwa darin sei. So sollen auch wir in allen Dingen bewußt nach unserem Herrn ausschauen. Dazu gehört notwendig Fleiß, und man muß sich's alles kosten lassen, was man nur mit Sinnen und Kräften zu leisten vermag; dann wird's recht mit den Leuten, und sie ergreifen Gott in allen Dingen gleich, und sie finden von Gott gleich viel in allen Dingen.

Wohl ist ein Werk anders als das andere; wer aber seine Werke aus einem gleichen Gemüt täte, wahrlich, dessen Werke wären auch alle gleich, und mit wem es recht stünde, wem Gott so (eigen) geworden wäre, fürwahr, dem leuchtete Gott ebenso unverhüllt im weltlichen wie im allergöttlichsten Werk. Traun, nun ist das aber nicht so (zu verstehen), daß der Mensch selbst etwas Weltliches oder Unpassendes tun solle; sondern was ihm von äußeren Dingen her im Sehen und Hören zufällt, das soll er zu Gott kehren. Wem Gott so in allen Dingen gegenwärtig ist und wer seine Vernunft im Höchsten beherrscht und gebraucht, der allein weiß vom wahren Frieden, und der hat ein rechtes Himmelreich.

Denn wer recht daran sein soll, bei dem muß je von zwei Dingen eines geschehen: entweder muß er Gott *in* den Werken zu ergreifen und zu halten lernen, oder er muß alle Werke lassen. Da nun aber der Mensch in diesem Leben nicht ohne Tätigkeit sein kann, die nun einmal zum Menschsein gehört und deren es vielerlei gibt, darum lerne der Mensch, seinen Gott in allen Dingen zu haben und unbehindert zu bleiben in allen Werken und an allen Stätten. Und darum: Wenn der anhebende Mensch unter den Leuten etwas wirken soll, so soll er sich zuvor kräftig mit Gott versehen und ihn fest in sein Herz setzen und all sein Trachten, Denken, Wollen und seine Kräfte mit ihm vereinen, auf daß sich nichts anderes in dem Menschen erbilden könne.

8

Vom steten Fleiss im höchsten Zunehmen

Der Mensch soll auch nie ein Werk so gut beurteilen noch als so recht ausführen, daß er je so frei oder so selbstsicher in den Werken werde, daß seine Vernunft je müßig werde oder einschlafe. Er soll sich ständig mit den beiden Kräften der Vernunft und des Willens erheben und darin sein Allerbestes im höchsten Grade ergreifen und sich äußerlich und innerlich gegen jeden Schaden besonnen vorsehen, dann versäumt er nie etwas in irgendwelchen Dingen, sondern er nimmt ohne Unterlaß in hohem Grade zu.

9
WIE DIE NEIGUNG ZUR SÜNDE DEM MENSCHEN ALLZEIT FROMMT

Du mußt wissen, daß der Anstoß zur Untugend für den rechten Menschen niemals ohne großen Segen und Nutzen ist. Nun hör' zu! Da sind zwei Menschen: der eine sei so geartet, daß er von keiner Schwäche angefochten wird oder doch nur wenig; der andere aber ist solcher Natur, daß ihm Anfechtungen zustoßen. Durch das äußere Gegenwärtigsein der Dinge wird sein äußerer Mensch erregt, sei's etwa zu Zorn oder zu eitler Ehrsucht oder vielleicht zu Sinnlichkeit, je nachdem, was ihm entgegentritt. Aber in seinen obersten Kräften steht er völlig fest, unbewegt und will den Fehl nicht begehen, weder das Erzürnen noch irgendeine der Sünden, und ficht also kräftig gegen die Schwäche an; denn vielleicht handelt es sich um eine in der Natur liegende Schwäche, wie ja mancher Mensch von Natur zornig oder hoffärtig ist oder sonstwie und doch die Sünde nicht begehen will. Ein solcher soll weit mehr gelobt sein, und sein Lohn ist viel größer, seine Tugend edler als des ersten; denn Vollkommenheit der Tugend kommt nur aus Kampf, wie Sankt Paulus sagt: »Die Tugend wird in der Schwachheit vollbracht« (2 Kor. 12, 9).

Die Neigung zur Sünde ist nicht Sünde, aber sündigen *wollen*, das ist Sünde, zürnen *wollen*, das ist Sünde. Wahrlich, hätte der, um den es recht bestellt wäre, die Gewalt zu wünschen, er würde nicht wünschen wollen, daß ihm die Neigung zur Sünde verginge, denn ohne die stünde der Mensch unsicher in allen Dingen und in allen seinen Werken und unbesorgt gegenüber den Dingen und auch der Ehre des Kampfes, des Sieges und des Lohnes ermangelnd. Denn der Anstoß und die Erregung durch die Untugend bringen die Tugend und den Lohn für das Bemühen. Die

Neigung nämlich macht den Menschen allwegs beflissener, sich in der Tugend kräftig zu üben, und sie treibt ihn mit Macht zur Tugend und ist eine scharfe Geißel, die den Menschen zur Hut und Tugend antreibt; denn je schwächer sich der Mensch findet, desto besser muß er sich mit Stärke und Sieg wappnen, liegt doch Tugend wie Untugend im Willen.

10
Wie der Wille alles vermag, und wie alle Tugenden im Willen liegen, wenn anders er recht ist

Der Mensch soll über nichts groß erschrecken, solange er sich in einem guten Willen befindet, noch soll er sich betrüben, wenn er ihn nicht in Werken zu vollbringen vermag; wiederum soll er sich nicht als fern von der Tugend achten, wenn er einen rechten, guten Willen in sich findet, denn die Tugend und alles Gute liegt im guten Willen. Dir kann's an nichts gebrechen, wenn du einen wahren, rechten Willen hast, weder an Liebe noch an Demut noch an irgendwelcher Tugend. Vielmehr, was du kräftig und mit ganzem Willen willst, das hast du, und Gott und alle Kreaturen können dir das nicht wegnehmen, wenn anders der Wille ein ganzer und ein recht göttlicher Wille und auf die Gegenwart gerichtet ist. Nicht also: »Ich möchte nächstens«, das wäre noch erst zukünftig, sondern: »Ich will, daß es jetzo so sei!« Hör zu: Wäre etwas tausend Meilen weit weg, will ich es haben, so habe ich's eigentlicher als das, was ich in meinem Schoß habe und nicht haben will.

Das Gute ist nicht minder mächtig zum Guten als das Böse zum Bösen. Merk dir: Wenn ich auch nimmer ein böses Werk täte, dennoch: habe ich den Willen zum Bösen, so *habe* ich die Sünde, wie wenn ich die Tat getan hätte; und ich könnte in einem entschiedenen Willen so große Sünde tun, wie wenn ich die ganze Welt getötet hätte, ohne daß ich doch je eine Tat dabei ausführte. Weshalb sollte das Gleiche nicht auch einem guten Willen möglich sein? Fürwahr, noch viel und unvergleichlich mehr!

Wahrlich, mit dem Willen vermag ich alles. Ich kann aller Menschen Mühsal tragen und alle Armen speisen und aller Menschen Werke wirken und was du nur ausdenken magst. Gebricht's dir nicht am Willen, sondern nur am Vermögen, fürwahr, so hast du es vor Gott alles getan, und niemand kann es dir nehmen noch dich nur einen Augenblick daran hindern; denn tun *wollen*, sobald ich's vermag, und getan *haben*, das ist vor Gott gleich. Wollte ich ferner so viel Willen haben, wie die ganze Welt hat, und ist mein Begehren danach groß und umfassend, wahrhaftig, so habe ich ihn; denn was ich haben *will*, das habe ich. Ebenso: Wenn ich wahrhaft so viel Liebe haben wollte, wie alle Menschen je gewannen, und wenn ich Gott ebensosehr loben wollte, oder was du sonst ausdenken magst, das *hast* du wahrhaftig alles, wenn der Wille vollkommen ist.

Nun könntest du fragen, *wann* der Wille ein rechter Wille sei? Dann ist der Wille vollkommen und recht, wenn er ohne jede Ich-Bindung ist und wo er sich seiner selbst entäußert hat und in den Willen Gottes hineingebildet und -geformt ist. Ja, je mehr dem so ist, desto rechter und wahrer ist der Wille. Und in solchem Willen vermagst du alles, es sei Liebe oder was du willst.

Nun fragst du: »Wie könnte ich die Liebe haben, solange ich sie nicht empfinde noch ihrer gewahr werde, wie ich es an vielen Menschen sehe, die große Werke aufzuweisen haben und an denen ich große Andacht und wunders was finde, wovon ich nichts habe?«

Hier mußt du zwei Dinge beachten, die sich in der Liebe finden: Das eine ist das *Wesen* der Liebe, das andere ist ein *Werk* oder ein *Ausbruch* der Liebe. Die Stätte des Wesens der Liebe ist allein im Willen; wer mehr Willen hat, der hat auch mehr Liebe. Aber *wer* davon mehr habe, das weiß niemand vom andern; das liegt verborgen in der Seele, dieweil Gott verborgen liegt im Grunde der Seele. Diese Liebe liegt ganz und gar im Willen; wer mehr Willen hat, der hat auch mehr Liebe.

Nun gibt's aber noch ein zweites: das ist ein Ausbruch und ein Werk der Liebe. Das sticht recht in die Augen, wie Innigkeit und Andacht und Jubilieren, und ist dennoch allwegs das Beste nicht. Denn es stammt mitunter gar nicht von der Liebe her, sondern es kommt bisweilen aus der Natur, daß man solches Wohlgefühl und süßes Empfinden hat, oder es mag des Himmels Einfluß oder auch durch die Sinne eingetragen sein; und die dergleichen öfter erfahren, das sind nicht allwegs die Allerbesten. Denn, sei's auch, daß es wirklich von Gott stamme, so gibt unser Herr das solchen Menschen, um sie zu locken oder zu reizen und auch wohl, auf daß man dadurch von anderen Menschen recht ferngehalten wird. Wenn aber diese selben Menschen hernach an Liebe zunehmen, so mögen sie leicht nicht mehr soviel Gefühle und Empfindungen haben, und daran erst wird ganz deutlich, daß sie Liebe haben: wenn sie (auch) ohne solchen Rückhalt Gott ganz und fest Treue bewahren.

Gesetzt nun, daß es voll und ganz Liebe sei, so ist es doch das Allerbeste nicht. Das wird aus folgendem deutlich: Man soll nämlich von solchem Jubilus bisweilen ablassen um eines Besseren aus Liebe willen und um zuweilen ein Liebeswerk zu wirken, wo es dessen nottut, sei's geistlich oder leiblich. Wie ich auch sonst schon gesagt habe: Wäre der Mensch so in Verzückung, wie's Sankt Paulus war, und wüßte einen kranken Menschen, der eines Süppleins von ihm bedürfte, ich erachtete es für weit besser, du ließest aus Liebe von der Verzückung ab und dientest dem Bedürftigen in größerer Liebe.

Nicht soll der Mensch wähnen, daß er dabei Gnaden versäume; denn was der Mensch aus Liebe willig läßt, das wird ihm um vieles herrlicher zuteil, wie Christus sprach: »Wer etwas läßt um meinetwillen, der wird hundertmal soviel zurückerhalten« (Matth. 19, 29). Ja, fürwahr, was der Mensch läßt und was er aufgibt um Gottes willen, – ja, sei's auch, daß, wenn er heftig nach solchem Trostempfinden und nach Innigkeit verlangt und alles dazu tut, was er vermag, Gott es ihm aber *nicht* verleiht, er ihm dann entsagt und willig darauf verzichtet um Gottes willen, – fürwahr, er wird's genau so in ihm (d. h. in Gott) finden, wie wenn er alles Gut, das es je gegeben hat, in vollem Besitz gehabt, sich aber willig seiner entäußert, entschlagen und begeben hätte um Gottes willen; er wird hundertmal soviel empfangen. Denn was der Mensch gern hätte, aber verschmerzt und entbehrt um Gottes willen, sei's leiblich oder geistig, das findet er alles in Gott, als wenn es der Mensch besessen und sich willig seiner entäußert hätte; denn der Mensch soll aller Dinge willig um Gottes willen beraubt sein und in der Liebe sich allen Trostes entschlagen und begeben *aus* Liebe.

Daß man solche Empfindung bisweilen aus Liebe lassen soll, das bedeutet uns der liebende Paulus, wo er sagt: »Ich habe gewünscht, daß ich von Christo geschieden werden möge um der Liebe zu meinen Brüdern willen« (Röm. 9, 3). Das meint er nach *dieser* Weise, nicht dagegen nach der ersteren Weise der Liebe, denn von *der* wollte er nicht einen Augenblick geschieden sein um alles, was im Himmel und auf Erden geschehen mag, er meint damit: den Trost.

Du mußt aber wissen, daß die Freunde Gottes nie ohne Trost sind; denn was Gott will, das *ist* ihr allerhöchster Trost, sei's nun Trost oder Untrost.

11
WAS DER MENSCH TUN SOLL, WENN ER GOTT VERMISST UND GOTT SICH VERBORGEN HAT

Du mußt ferner wissen, daß der gute *Wille* Gott gar nicht verlieren *kann*. Wohl aber vermißt ihn das Empfinden des Gemütes zuweilen und wähnt oft, Gott sei fortgegangen. Was sollst du dann tun? Genau dasselbe, was du tätest, wenn du im größten Trost wärest; dasselbe lerne tun, wenn du im größten Leiden bist, und verhalte dich ganz so, wie du dich dort verhieltest. Es gibt keinen gleich guten Rat, Gott zu finden, als ihn dort zu finden, wo man ihn fahrenläßt. Und wie dir war, als du ihn zuletzt hattest, so tu auch nun, da du ihn vermissest, so findest du ihn. Der gute Wille indessen verliert oder vermißt Gott nie und nimmer. Viele Leute sagen: »Wir haben guten Willen«, sie haben aber nicht *Gottes* Willen; sie wollen *ihren* Willen haben und unsern Herrn lehren, es so oder so zu machen. Das ist kein guter Wille. Man soll bei Gott nach *seinem* allerliebsten Willen forschen.

Darauf zielt Gott in allen Dingen, daß wir den Willen aufgeben. Als Sankt Paulus viel mit unserm Herrn redete und unser Herr viel mit ihm, da trug das alles nichts ein, bis er den Willen aufgab und sprach: »Herr, was willst du, daß ich tue?« (Apg. 9, 6). Da wußte unser Herr wohl, was er tun sollte. Ebenso auch, als Unserer Frau der Engel erschien: alles, was sie und er auch immer reden mochten, das hätte sie nimmer zur Mutter Gottes gemacht; sobald sie aber ihren Willen aufgab, ward sie sogleich eine wahre Mutter des Ewigen Wortes und empfing Gott auf der Stelle; der ward ihr natürlicher Sohn. Nichts auch macht einen zum wahren Menschen als das Aufgeben des Willens. Wahrhaftig, ohne Aufgabe des Willens in allen Dingen schaffen wir überhaupt nichts vor Gott. Käme es aber so weit, daß wir unsern ganzen Willen aufgäben und uns aller Dinge, äußerlich und innerlich, um Gottes willen zu entschlagen getrauten, so hätten wir *alles* getan, und eher nicht.

Solcher Menschen findet man wenige, die, ob wissentlich oder unwissentlich, nicht gern möchten, daß es mit ihnen ganz *so* stünde, daß sie aber dabei Großes empfänden, und sie möchten gern die *Weise und das Gut* haben: das alles ist nichts als Eigenwille. Du solltest dich Gott mit allem ganz ergeben, und dann kümmere dich nicht darum, was er mit dem Seinigen tue. Es sind wohl Tausende von Menschen gestorben und im Himmel, die nie in ganzer Vollkommenheit sich ihres Willens entäußerten. Das allein (aber erst) wäre ein vollkommener und wahrer Wille, daß man ganz in Gottes Willen getreten und ohne Eigenwillen wäre. Und wer darin mehr erreicht hat, der ist um so mehr und wahrer in Gott versetzt. Ja, ein Ave Maria, gesprochen in dieser Gesinnung, wobei der Mensch sich seiner selbst entäußert, das ist nützer als tausend Psalter gelesen ohne sie; ja, ein Schritt darin wäre besser, als ohne sie über's Meer gefahren.

Der Mensch, der sich so gänzlich mit allem dem Seinen aufgegeben hätte, wahrlich, der wäre so völlig in Gott versetzt, daß, wo man den Menschen auch anrühren sollte, man zuerst Gott anrühren müßte, denn er ist rundum in Gott, und Gott ist um ihn herum, wie meine Kappe mein Haupt umschließt, und wer mich anfassen wollte, der müßte zuerst mein Kleid anrühren. Ebenso auch: Soll ich trinken, so muß der Trank zuerst über die Zunge fließen; dort empfängt der Trank seinen Geschmack. Ist die Zunge mit Bitterkeit überzogen, fürwahr, wie süß der Wein an sich auch sein mag, er muß stets bitter werden von dem, durch das hindurch er an mich gelangt. Fürwahr, ein Mensch, der sich des Seinen ganz entäußert hätte, der würde so mit Gott umhüllt, daß alle Kreaturen ihn nicht zu berühren vermöchten, ohne zuerst Gott zu berühren; und was an ihn kommen sollte, das müßte durch Gott hindurch an ihn kommen; da empfängt er seinen Geschmack und wird gotthaft. Wie groß ein Leiden auch sei, kommt es über Gott, so leidet zuerst Gott darunter. Ja, bei der Wahrheit, die Gott (selber) ist: Nimmer ist ein Leiden, das den Menschen befällt, so geringfügig, etwa ein Mißbehagen oder eine Widerwärtigkeit, daß es nicht, sofern man es in Gott setzt, Gott unermeßlich mehr berührte als den Menschen und es ihm nicht viel mehr zuwider wäre, als es dem Menschen zuwider ist. Erduldet Gott es aber um eines solchen Gutes willen, das er für dich darin vorgesehen hat, und bist du willens, das zu leiden, was Gott leidet und über ihn an dich kommt, so wird es naturgemäß gotthaft, Verachtung wie Ehre, Bitterkeit wie Süßigkeit und die tiefste Finsternis wie das klarste Licht: alles empfängt seinen Geschmack von Gott und wird göttlich, denn es artet sich alles nach ihm, was diesen Menschen ankommt, strebt er ja doch nach nichts anderem und schmeckt ihm ja nichts anderes; und darum ergreift er Gott in aller Bitterkeit wie in der größten Süßigkeit.

Das Licht leuchtet in der Finsternis, da wird man seiner gewahr. Wozu (sonst) soll den Leuten die Lehre oder das Licht, als daß sie's nützen? Wenn sie in der Finsternis oder im Leiden sind, dann werden sie das Licht sehen.

Ja, je mehr wir (uns) zu eigen sind, um so weniger sind wir (Gott) zu eigen. Der Mensch, der sich des Seinen entäußert hätte, der könnte Gott nie bei irgendwelchem Tun vermissen. Geschähe es aber, daß der Mensch fehlträte oder fehlspräche oder ihm Dinge, die unrecht wären, unterliefen, dann muß Gott, da er beim Beginn in dem Werke war, zwangsläufig auch den Schaden auf sich nehmen; du aber sollst darum keineswegs von deinem Werk ablassen. Dafür finden wir in Sankt Bernhard und in vielen anderen Heiligen ein Beispiel. Von solchen Vorfällen kann man in diesem Leben nie ganz verschont bleiben. Aber deshalb, weil dann und wann Rade unter das Korn fällt, darum soll man das edle Korn nicht verwerfen. Wahrlich, wer rechten Sinnes wäre und sich auf Gott wohl verstünde, dem gerieten alle solche Leiden und Vorfälle zu großem Segen. Denn den Guten schlagen alle Dinge zum Guten aus, wie Sankt Paulus (vgl. Röm. 8, 28) sagt und wie Sankt Augustin äußert: »Ja, selbst die Sünden.«

12
DIES HANDELT VON DEN SÜNDEN: WIE MAN SICH VERHALTEN SOLL, WENN MAN SICH IN SÜNDEN FINDET

Fürwahr, Sünden getan haben ist nicht Sünde, wenn sie uns leid sind. Nicht soll der Mensch Sünde tun *wollen*, nicht um alles, was in Zeit oder in Ewigkeit geschehen mag, weder tödliche noch läßliche noch irgendwelche Sünde. Wer recht zu Gott stünde, der sollte sich allwegs vor Augen halten, daß der getreue, liebende Gott den Menschen aus einem sündigen Leben in ein göttliches gebracht, aus einem Feind zum Freund gemacht hat, was mehr ist, als eine neue Erde zu erschaffen. Das wäre einer der stärksten Antriebe, der den Menschen ganz in Gott versetzen würde, und man sollte sich wundern, wie sehr es den Menschen in starker, großer Liebe entzünden müßte derart, daß er sich seiner selbst völlig entäußerte.

Ja, wer recht in den Willen Gottes versetzt wäre, der sollte nicht wollen, daß die Sünde, in die er gefallen, nicht geschehen wäre. Freilich nicht im Hinblick darauf, daß sie gegen Gott gerichtet war, sondern, sofern du dadurch zu größerer Liebe gebunden und du dadurch erniedrigt und gedemütigt bist, also nur deshalb nicht, weil er gegen Gott gehandelt hat. Du sollst aber Gott darin recht vertrauen, daß er dir's nicht hat widerfahren lassen, ohne dein Bestes daraus ziehen zu wollen. Wenn aber der Mensch sich völlig aus den Sünden erhebt und ganz von ihnen abkehrt, dann tut der getreue Gott, als ob der Mensch nie in Sünde gefallen wäre, und will ihn aller seiner Sünden nicht einen Augenblick entgelten lassen; und wären ihrer auch so viele, wie alle Menschen (zusammen) je getan: Gott will es ihn nie entgelten lassen; er könnte mit einem solchen Menschen alle Vertraulichkeit haben, die er je mit einer Kreatur unterhielt. Wenn anders er ihn nur jetzt bereit findet, so sieht er nicht an, was er vorher gewesen ist. Gott ist ein Gott der Gegenwart. Wie er dich findet, so nimmt und empfängt er dich, nicht als das, was du gewesen, sondern als das, was du jetzt bist. Alle Unbill und alle Schmach, die Gott durch alle Sünden widerfahren könnten, die will er gern erleiden und viele Jahre erlitten haben, auf daß nur der Mensch hernach zu einer großen Erkenntnis seiner Liebe komme und damit seine eigene Liebe und Dankbarkeit um so größer und sein Eifer um so feuriger werde, wie das ja natürlicherweise und oft nach den Sünden geschieht.

Darum duldet Gott gern den Schaden der Sünden und hat ihn schon oft geduldet und alleröftest über *die* Menschen kommen lassen, die er dazu ausersehen hat, sie nach seinem Willen zu großen Dingen emporzuziehen. Sieh doch: Wer war unserm Herrn je lieber und vertrauter als die Apostel? Keinem von ihnen blieb es erspart, in

Todsünde zu fallen; alle waren sie Todsünder gewesen. Das hat er auch im Alten und im Neuen Bunde oft an denen bewiesen, die ihm nachmals bei weitem die Liebsten wurden; und auch heute noch erfährt man selten, daß die Leute es zu Großem bringen, ohne daß sie zuerst irgendwie fehlgetreten wären. Und damit zielt unser Herr darauf ab, daß wir seine große Barmherzigkeit erkennen und er uns mahne zu großer und wahrer Demut und Andacht. Denn wenn die Reue erneuert wird, wird auch die Liebe stark gemehrt und erneuert werden.

13
Von zweierlei Reue

Es gibt zweierlei Reue: die eine ist zeitlich oder sinnlich, die andere ist göttlich und übernatürlich. Die zeitliche zieht sich immerfort hinab in größeres Leid und versetzt den Menschen in solchen Jammer, als ob er gleich jetzt verzweifeln müsse, und dabei beharrt die Reue im Leid und kommt nicht weiter; daraus wird nichts.

Die göttliche Reue aber ist ganz anders. Sobald der Mensch ein Mißfallen empfindet, sogleich erhebt er sich zu Gott und versetzt sich in einen unerschütterlichen Willen zu ewiger Abkehr von allen Sünden. Und darin erhebt er sich zu großem Vertrauen auf Gott und gewinnt eine große Sicherheit. Und daraus kommt eine geistige Freude, die die Seele aus allem Leid und Jammer erhebt und sie fest an Gott bindet. Denn je gebrechlicher sich der Mensch findet und je mehr er gefehlt hat, desto mehr Ursache hat er, sich mit ungeteilter Liebe an Gott zu binden, bei dem es keine Sünde und Gebresten gibt. Die beste Stufe drum, auf die man treten kann, wenn man in voller Andacht zu Gott gehen will; ist: ohne Sünde zu sein kraft der göttlichen Reue.

Und je schwerer man *(selbst)* die Sünde anschlägt, um so bereiter ist Gott, die Sünde zu vergeben, zur Seele zu kommen und die Sünde zu vertreiben; ist doch ein jeder am meisten beflissen, das abzutun, was ihm am meisten zuwider ist. Und je größer und je schwerer die Sünden sind, um so unermeßlich lieber vergibt sie Gott und um so schneller, weil sie ihm zuwider sind. Und wenn dann die göttliche Reue sich zu Gott erhebt, sind alle Sünden bälder verschwunden im Abgrund Gottes, als ich mein Auge zutun könnte, und sie werden dann so völlig zunichte, als seien sie nie geschehen, dafern es nur eine vollkommene Reue wird.

14
Von der wahren Zuversicht und von der Hoffnung

Wahre und vollkommene Liebe soll man daran erkennen, ob man große Hoffnung und Zuversicht zu Gott hat; denn es gibt nichts, woran man besser erkennen kann, ob man ganze Liebe habe, als Vertrauen. Denn wenn einer den anderen innig und vollkommen liebt, so schafft das Vertrauen; denn alles, worauf man bei Gott zu vertrauen wagt, das findet man wahrhaftig in ihm und tausendmal mehr. Und wie ein Mensch Gott nie zu sehr liebhaben kann, so könnte ihm auch nie ein Mensch zuviel vertrauen. Alles, was man sonst auch tun mag, ist nicht so förderlich wie großes Vertrauen zu Gott. Bei allen, die je große Zuversicht zu ihm gewannen, unterließ er es nie, große Dinge mit ihnen zu wirken. An allen diesen Menschen hat er ganz deutlich gemacht, daß dieses Vertrauen aus der Liebe kommt; denn die Liebe hat nicht nur Vertrauen, sondern sie besitzt auch ein wahres Wissen und eine zweifelsfreie Sicherheit.

15
Von zweierlei Gewissheit des ewigen Lebens

Zweierlei Wissen gibt es in diesem Leben vom ewigen Leben. Das eine kommt daher, daß Gott selber es dem Menschen sage oder es ihm durch einen Engel entbiete oder durch eine besondere Erleuchtung offenbare. Dies (jedoch) geschieht selten und nur wenigen Menschen.

Das andere Wissen ist ungleich besser und nützer und wird allen vollkommenen liebenden Menschen oft zuteil: das beruht darauf, daß der Mensch aus Liebe und vertraulichem Umgang, den er mit seinem Gott hat, ihm so völlig vertraut und seiner so sicher ist, daß er nicht zweifeln könne, und er dadurch so sicher wird, weil er ihn unterschiedslos in allen Kreaturen liebt. Und widersagten ihm alle Kreaturen und sagten sich unter Eidschwur von ihm los, ja, versagte sich ihm Gott selber, er würde nicht mißtrauen, denn die Liebe *kann* nicht mißtrauen, sie erwartet vertrauend nur Gutes. Und es bedarf dessen nicht, daß man den Liebenden und den Geliebten irgend etwas (ausdrücklich) sage, denn damit, daß er (= Gott) empfindet, daß er (= der Mensch) sein Freund ist, weiß er zugleich alles das, was ihm gut ist und zu seiner Seligkeit gehört. Denn, so sehr du ihm auch zugetan sein magst, des sei gewiß, daß er dir über die Maßen mehr und stärker zugetan ist und dir ungleich mehr vertraut. Denn er ist die Treue selber, des soll man bei ihm gewiß sein und sind auch alle die gewiß, die ihn lieben.

Diese Gewißheit ist weit größer, vollständiger und echter als die erste, und sie kann nicht trügen. Die Eingebung hingegen könnte trügen, und es könnte leicht eine falsche Erleuchtung sein. *Diese* Gewißheit aber empfindet man in allen Kräften der Seele, und sie *kann* nicht trügen in denen, die Gott wahrhaft lieben; die zweifeln daran so wenig, wie ein solcher Mensch an Gott (selber) zweifelt, denn Liebe vertreibt alle Furcht. »Die Liebe kennt keine Furcht« (1 Joh. 4, 18), wie Sankt Paulus sagt; und es steht auch geschrieben: »Die Liebe deckt die Fülle der Sünden zu« (1 Petr. 4, 8). Denn wo Sünden geschehen, da kann nicht volles Vertrauen sein noch Liebe; denn die Liebe deckt die Sünde völlig zu, sie weiß nichts von Sünden. Nicht so, als habe man gar nicht gesündigt, sondern so, daß sie die Sünden völlig austilgt und austreibt, als ob sie nie gewesen wären. Denn alle Werke Gottes sind so gänzlich vollkommen und reich im Überfluß, daß, wem er vergibt, er voll und ganz vergibt und viel lieber Großes als Kleines, und dies schafft ganzes Vertrauen. Dieses achte ich für weitaus und ungleich besser, und es bringt mehr Lohn und ist auch echter als das erstere Wissen; denn an ihm hindert weder Sünde noch sonst etwas. Denn wen Gott in gleicher Liebe findet, den beurteilt er auch gleich, ob einer nun viel oder gar nicht gefehlt habe. Wem aber mehr vergeben wird, der soll auch mehr Liebe haben, wie unser Herr Christus sprach: »Wem mehr vergeben wird, der liebe auch mehr« (Luk. 7, 47).

16
Von der wahren Busse und von seligem Leben

Es dünkt viele Leute, sie müßten große Werke in äußeren Dingen tun, wie Fasten, Barfußgehen und dergleichen mehr, was man Bußwerke nennt. Die wahre und allerbeste Buße (aber), mit der man kräftig und im höchsten Maße Besserung schafft, besteht darin, daß der Mensch sich gänzlich und vollkommen abkehre von allem, was nicht völlig Gott und göttlich an ihm selbst und an allen Kreaturen ist, und sich gänzlich und vollkommen seinem lieben Gott zukehre in einer unerschütterlichen Liebe, dergestalt daß seine Andacht und sein Verlangen zu ihm groß seien. In welchem Werk du mehr davon hast, in dem bist du auch gerechter; je mehr das zutrifft, um ebensoviel ist die Buße wahrer und tilgt um so mehr Sünden, ja, selbst alle Strafe. Ja, fürwahr, du könntest dich rasch in Kürze so kräftig mit solch echtem Abscheu von allen Sünden abkehren und dich ebenso kräftig Gott zuwenden, daß, hättest du alle Sünden getan, die von Adams Zeiten an je geschahen und hinfort je geschehen werden, dir das ganz und gar vergeben würde mitsamt der Strafe, so daß, wenn du jetzt stürbest, du hinführest vor das Angesicht Gottes.

Dies ist die wahre Buße, und die gründet insbesondere und am vollkommensten auf dem würdigen Leiden im vollkommenen Bußwerk unseres Herrn Jesu Christi. Je mehr sich der Mensch darein einbildet, um so mehr fallen alle Sünden und Sündenstrafen von ihm ab. Auch soll sich der Mensch gewöhnen, sich in allen seinen Werken allzeit in das Leben und Wirken unseres Herrn Jesu Christi hineinzubilden, in all seinem Tun und Lassen, Leiden und Leben, und halte hierbei allzeit ihn vor Augen, so wie er uns vor Augen gehabt hat.

Solche Buße ist (nichts anderes als) ein von allen Dingen fort ganz in Gott erhobenes Gemüt. Und in welchen Werken du dies am meisten haben kannst und durch die Werke hast, die tue ganz freimütig. Hindert dich aber ein äußeres Werk daran, sei's Fasten, Wachen, Lesen oder was es auch sei, so laß freiweg davon ab, ohne Besorgnis, daß du damit irgend etwas an Bußwerk versäumest. Denn Gott sieht nicht an, welches die Werke seien, sondern einzig, welches die Liebe und die Andacht und die Gesinnung in den Werken sei. Ihm ist ja nicht viel an unseren Werken gelegen, als vielmehr nur an unserer Gesinnung in allen unseren Werken und daran, daß wir ihn allein in allen Dingen lieben. Denn *der* Mensch ist allzu habgierig, dem's an Gott nicht genügt. Alle deine Werke sollen damit belohnt sein, daß dein Gott um sie weiß und daß du ihn darin im Sinne hast; das sei dir allzeit genug. Und je unbefangener und einfältiger du ihn im Blick hältst, um so eigentlicher büßen alle deine Werke alle Sünden ab.

Daran auch magst du denken, daß Gott ein allgemeiner Erlöser der ganzen Welt war, und dafür bin ich ihm viel mehr Dank schuldig, als wenn er mich allein erlöst hätte. So auch sollst du (für dich) ein allgemeiner Erlöser alles dessen sein, was du durch Sünden an dir verderbt hast; und mit alledem schmiege dich ganz an ihn, denn du hast mit Sünden verderbt alles, was an dir ist: Herz, Sinne, Leib, Seele, Kräfte und was an und in dir ist; es ist alles ganz krank und verdorben. Darum flieh zu ihm, an dem kein Gebresten ist, sondern lauter Gutes, auf daß er ein allgemeiner Erlöser für alle deine Verderbnis an dir sei, innen und außen.

17
Wie sich der Mensch in Frieden halte, wenn er sich nicht in äusserer Mühsal findet, wie Christus und viele Heilige sie gehabt haben; wie er Gott (dann) nachfolgen solle

Die Leute kann wohl Furcht und Verzagtheit überkommen darüber, daß unseres Herrn Jesu Christi und der Heiligen Leben so streng und mühselig war, der Mensch aber nicht eben viel darin vermag und sich auch nicht dazu getrieben fühlt. Deshalb erachten sich die Menschen, wenn sie sich hierin so abweichend finden, oft als fern von Gott, als welchem sie nicht nachfolgen könnten. Das soll niemand tun! Der Mensch soll sich in keiner Weise je als fern von Gott ansehen, weder wegen eines Gebrestens noch wegen einer Schwäche noch wegen irgend etwas sonst. Und wenn dich auch je deine großen Vergehen so weit abtreiben mögen, daß du *dich* nicht als *Gott* nahe ansehen könntest, so solltest du doch *Gott* als *dir* nahe annehmen. Denn darin liegt ein großes Übel, daß der Mensch sich Gott in die Ferne rückt; denn, ob der Mensch nun in der Ferne oder in der Nähe wandele: *Gott* geht nimmer in die Ferne, er bleibt beständig in der Nähe; und kann er nicht drinnen bleiben, so entfernt er sich doch nicht weiter als bis vor die Tür.

So auch ist es mit der Strenge der Nachfolge. Achte darauf, in was deine Nachfolge darin bestehen kann. Du mußt erkennen und darauf gemerkt haben, wozu du von Gott am stärksten gemahnt seist; denn mitnichten sind die Menschen alle auf *einen* Weg zu Gott gerufen, wie Sankt Paulus sagt (1 Kor. 7, 24). Findest du denn, daß dein nächster Weg nicht über viele äußere Werke und große Mühsal oder Entbehrung läuft – woran schlechterdings soviel auch nicht gelegen ist, der Mensch werde denn eigens von Gott dazu getrieben und habe die Kraft, solches recht zu tun ohne Beirrung seiner Innerlichkeit – findest du davon also nichts in dir, so sei ganz zufrieden und laß dir nicht sehr daran gelegen sein.

Du könntest zwar sagen: Liegt nichts daran, weshalb haben's dann unsere Vorfahren, viele Heilige, so gemacht?

So bedenke: Unser Herr hat ihnen diese Weise gegeben, gab ihnen aber auch die Kraft, so zu handeln, daß sie diese Weise durchhielten, und eben darin fand er bei *ihnen* sein Wohlgefallen; darin sollten *sie* ihr Bestes erreichen. Denn Gott hat der Menschen Heil nicht an irgendeine besondere Weise gebunden. Was *eine* Weise hat, das hat die andere nicht; das Leistungsvermögen aber hat Gott *allen* guten Weisen verliehen, und keiner guten Weise ist es versagt, denn *ein* Gutes ist nicht wider das andere. Und daran sollten die Leute bei sich merken, daß sie unrecht tun: wenn sie gelegentlich einen *guten* Menschen sehen oder von ihm sprechen hören, und er folgt dann nicht *ihrer* Weise, daß dann (für sie) gleich alles als verloren gilt. Gefällt ihnen deren *Weise* nicht, so achten sie gleich auch deren *gute* Weise und ihre gute Gesinnung nicht. Das ist nicht recht! Man soll bei der Leute Weise mehr darauf achten, daß sie eine gute Meinung haben, und niemandes Weise verachten. Nicht kann ein jeglicher nur *eine* Weise haben, und nicht können alle Menschen nur *eine* Weise haben, noch kann ein Mensch *alle* Weisen noch eines *jeden* Weise haben.

Ein jeder behalte *seine gute* Weise und beziehe *alle* (anderen) Weisen darin ein und ergreife in *seiner* Weise *alles Gute* und *alle Weisen*. Wechsel der Weise macht Weise und Gemüt unstet. Was dir die *eine* Weise zu geben vermag, das kannst du auch in der anderen erreichen, dafern sie nur gut und löblich ist und Gott allein im Auge hat. Überdies können nicht alle Menschen *einem* Wege folgen. So ist es auch mit der Nachfolge des strengen Lebenswandels jener Heiligen. Solche Weise sollst du wohl lieben, und sie mag dir wohlgefallen, ohne daß du ihr doch nachzufolgen brauchst.

Nun könntest du sagen: Unser Herr Jesus Christus, der hatte allemal die höchste Weise; dem sollten wir von Rechts wegen stets nachfolgen.

Das ist wohl wahr. Unserm Herrn soll man billigerweise nachfolgen, und doch nicht in *jeder* Weise. Unser Herr, der fastete vierzig Tage; niemand aber soll es unternehmen, ihm darin zu folgen. Christus hat viele Werke getan in der Meinung, daß wir ihm geistig und nicht leiblich nachfolgen sollen. Darum soll man beflissen sein, daß man ihm in geistiger Weise nachfolgen könne; denn er hat es mehr abgesehen auf unsere Liebe als auf unsere Werke.

Wir sollen ihm je auf *eigene* Weise nachfolgen.

Wie denn?

Hör zu: In *allen* Dingen! – Wie und in welcher Weise? – So wie ich's schon oft getan habe: Ich erachte ein geistiges Werk für viel besser als ein leibliches.

Wieso?

Christus hat vierzig Tage gefastet. Darin folge ihm damit, daß du darauf achtest, wozu du am meisten geneigt oder bereit bist: auf *das* verlege dich und achte scharf auf dich selbst. Es gebührt dir oft, *davon* mehr und unbekümmert abzulassen, als daß du dich ganz *aller* Speise enthältst. So auch ist's dir manchmal schwerer, ein Wort zu verschweigen, als daß man sich überhaupt aller Rede enthalte. Und so fällt es einem Menschen manchmal auch schwerer, ein kleines Schmähwort, das nichts auf sich hat, hinzunehmen, als vielleicht einen schweren Schlag, auf den er sich gefaßt gemacht hat, und es ist ihm viel schwerer, allein zu sein in der Menge als in der Einöde, und es ist ihm oft schwerer, etwas Kleines zu lassen als etwas Großes, und ein kleines Werk zu verrichten als eines, das man für groß erachtet. So kann der Mensch in seiner Schwachheit unserm Herrn recht wohl nachfolgen und kann noch braucht sich nicht für weit von ihm entfernt zu halten.

18
IN WELCHER WEISE DER MENSCH, WIE SICH'S IHM FÜGT, HINNEHMEN MAG FEINE SPEISE, VORNEHME KLEIDER UND FRÖHLICHE GESELLEN, WIE SIE IHM DER NATURGEWOHNHEIT GEMÄSS ANHANGEN

Du brauchst dich nicht über Speise und Kleider in der Weise zu beunruhigen, daß sie dich zu gut dünken; gewöhne vielmehr deinen (innersten) Grund und dein

Gemüt daran, weit darüber erhaben zu sein. Nichts soll dein Gemüt berühren zu Lust oder Liebe als Gott allein; über alle anderen Dinge soll es erhaben sein.

Warum?

Nun, weil es eine schwache Innerlichkeit wäre, die durch das äußere Kleid in's Rechte gesetzt werden müßte; das innere soll vielmehr das äußere recht bestimmen, soweit das allein bei dir steht. Fällt es (d. h. das äußere Kleid) dir aber anders zu, so kannst du's aus deinem innersten Grunde in *der* Weise als gut hinnehmen, daß du dich so darin erfindest, daß, wenn es wiederum anders ausfiele, du es ebenfalls gern und willig hinnehmen wolltest. So auch ist es mit der Speise und mit den Freunden und Verwandten und mit allem, was Gott dir geben oder nehmen möge.

Und so erachte ich dies als besser denn alles: daß sich der Mensch gänzlich Gott überlasse, so daß, wenn immer Gott irgend etwas ihm aufbürden wolle, sei's Schmach, Mühsal oder was es sonst für ein Leiden sei, er es mit Freuden und Dankbarkeit hinnehme und sich mehr von Gott führen lasse, als daß der Mensch sich selbst darein versetze. Und darum lernet gern von Gott in allen Dingen und folget ihm, so wird's recht mit euch! Und dabei kann man dann auch Ehre und Gemach hinnehmen. Befiele den Menschen aber Ungemach und Unehre, so würde man auch die ertragen und gern ertragen wollen. Und darum mögen dann die mit vollem Recht und Fug getrost essen, die ebenso recht bereit zum Fasten wären.

Und das ist wohl auch der Grund dafür, daß Gott seine Freunde großen und vielen Leidens enthebt; sonst könnte das seine unermeßliche Treue gar nicht zulassen, weil ja doch so viel und so großer Segen im Leiden liegt und er die Seinen nichts Gutes versäumen lassen will noch darf. Er aber läßt sich's wohl genügen an einem guten, rechten

Willen; sonst ließe er ihnen kein Leid entgehen um des unaussprechlichen Segens willen, der im Leiden liegt.

Dieweil es denn also Gott genügt, so sei (auch du) zufrieden; wenn ihm aber ein anderes an dir gefällt, so sei auch (dann) zufrieden. Denn der Mensch soll innerlich so völlig mit seinem ganzen Willen Gott angehören, daß er sich nicht viel mit Weisen noch mit Werken beunruhigen soll. Zumal aber sollst du alle Sonderlichkeit fliehen, sei's in Kleidung, in Speise, in Worten – wie etwa große Worte zu machen – oder Sonderlichkeit der Gebärden, die zu nichts nütze ist. Indessen sollst du doch auch wissen, daß dir nicht *jede* Besonderheit verboten ist. Es gibt viel Besonderes, was man zu manchen Zeiten und bei vielen Leuten einhalten *muß*; denn wer ein Besonderer *ist*, der muß auch viel Besonderes *tun* zu mancher Zeit auf vielerlei Weisen.

Der Mensch soll sich innerlich in allen Dingen hineingebildet haben in unsern Herrn Jesum Christum, so daß man in ihm einen Widerschein aller seiner Werke und göttlichen Erscheinung finde; und es soll der Mensch in vollkommener Angleichung, soweit er's vermag, alle seine (= Christi) Werke in sich tragen. *Du* sollst wirken, und *er* soll (Gestalt) annehmen. Tu du dein Werk aus deiner vollen Hingabe und aus deiner ganzen Gesinnung; daran gewöhne dein Gemüt zu aller Zeit und daran, daß du dich in allen deinen Werken in ihn hineinbildest.

19
Warum Gott oft gestattet, dass gute Menschen, die wahrhaft gut sind, oft von ihren guten Werken gehindert werden

Nur deshalb läßt der getreue Gott zu, daß seine Freunde oft in Schwachheit fallen, damit ihnen aller Halt abgehe, auf den sie sich hinneigen oder stützen könnten. Denn es wäre für einen liebenden Menschen eine große Freude, wenn er viele und große Dinge vermöchte, sei's im Wachen, im Fasten oder in anderen Übungen, sowie in besonderen großen und schweren Dingen; dies ist ihnen eine große Freude, Stütze und Hoffnung, so daß ihnen ihre *Werke* Halt, Stütze und Verlaß sind. (Gerade) das (aber) will unser Herr ihnen wegnehmen und will, daß er allein ihr Halt und Verlaß sei. Und das tut er aus keinem anderen Grunde als aus seiner bloßen Güte und Barmherzigkeit. Denn Gott bewegt nichts (anderes) zu irgendeinem Werke als seine eigene Güte; nichts frommen *unsere Werke* dazu, daß Gott uns etwas gebe oder tue. Unser Herr will, daß seine Freunde davon loskommen, und deshalb entzieht er ihnen solchen Halt, auf daß er allein ihr Halt sei. Denn er will ihnen Großes geben und will's rein nur aus seiner freien Güte; und *er* soll ihr Halt und Trost sein, sie aber sollen sich als ein reines Nichts erfinden und erachten in all den großen Gaben Gottes. Denn je entblößter und lediger das Gemüt Gott zufällt und von ihm gehalten wird, desto tiefer wird der Mensch in Gott versetzt, und um so empfänglicher wird er Gottes in allen seinen kostbarsten Gaben, denn einzig auf Gott soll der Mensch bauen.

20
Von unseres Herrn Leib, dass man den oft empfangen soll und in welcher Weise und Andacht

Wer den Leib unseres Herrn gern empfangen will, der braucht nicht danach zu schauen, was er in sich empfinde oder spüre oder wie groß seine Innigkeit oder Andacht sei, sondern er soll darauf achten, wie beschaffen sein Wille und seine Gesinnung seien. Du sollst nicht hoch anschlagen, was du empfindest; achte vielmehr für groß, was du liebst und erstrebst.

Der Mensch, der unbekümmert zu unserm Herrn gehen will und kann, der muß zum ersten dies haben, daß er sein Gewissen frei von allem Vorwurf der Sünde finde. Das Zweite ist, daß des Menschen Wille zu Gott gekehrt sei, so daß er nach nichts strebe und ihn nach nichts gelüste denn nach Gott und nach dem, was völlig göttlich ist, und daß ihm mißfalle, was Gott ungemäß ist. Denn eben daran soll der Mensch auch erkennen, wie fern oder wie nah er Gott sei: gerade daran, wieviel er weniger oder mehr von diesem Verhalten hat. Zum dritten muß ihm dies eigen sein, daß die Liebe zum Sakrament und zu unserm Herrn dadurch mehr und mehr wachse und daß die Ehrfurcht dabei sich nicht mindere durch das häufige Hinzugehen. Denn was oft des einen Menschen Leben ist, das ist des andern Tod. Darum sollst du dein Augenmerk darauf in dir richten, ob deine Liebe zu Gott wachse und die Ehrfurcht nicht verlischt. Je öfter du dann zum Sakrament gehst, um soviel besser wirst du und um soviel besser und nützer ist es auch. Und darum laß dir deinen Gott nicht abreden noch abpredigen; denn je mehr, desto besser und Gott (nur) um so lieber. Gelüstet's doch unserm Herrn danach, daß er in dem und bei dem Menschen wohne.

Nun könntest du sagen: Ach, Herr, ich finde mich so leer und kalt und träge, darum getraue ich mich nicht, zu unserm Herrn hinzugehen.

Dann sage ich: Um so mehr bedarfst du's, daß du zu deinem Gott gehest! Denn in ihm wirst du entzündet und heiß, und in ihm wirst du geheiligt und ihm allein verbunden und vereint. Im Sakrament nämlich und nirgends sonst so eigentlich findest du *die* Gnade, daß deine leiblichen Kräfte durch die hehre Kraft der körperlichen Gegenwart des Leibes unseres Herrn so geeinigt und gesammelt werden, daß alle zerstreuten Sinne des Menschen und das Gemüt hierin gesammelt und geeinigt werden, und sie, die für sich getrennt zu sehr niederwärts geneigt waren, die werden hier aufgerichtet und Gott in Ordnung dargeboten. Und vom innewohnenden Gott werden sie nach innen gewöhnt und der leiblichen Hemmungen durch die zeitlichen Dinge entwöhnt und werden behende zu göttlichen Dingen; und, gestärkt durch seinen Leib, wird dein Leib erneuert. Denn wir sollen in ihn verwandelt und völlig mit ihm vereinigt werden (vgl. 2 Kor. 3, 18), so daß das Seine unser wird und alles Unsere sein, unser Herz und das seine *ein* Herz, und unser Leib und der seine *ein* Leib. So sollen unsere Sinne und unser Wille und Streben, unsere Kräfte und Glieder in ihn hineingetragen werden, daß man ihn empfinde und gewahr werde in allen Kräften des Leibes und der Seele.

Nun könntest du sagen: Ach, Herr, ich werde nichts von großen Dingen in mir gewahr, sondern nur der Armut. Wie könnte ich das wagen, zu ihm zu gehen?

Traun, willst du denn deine Armut ganz wandeln, so gehe zu dem fülligen Schatz alles unermeßlichen Reichtums, so wirst du reich; denn du sollst in dir gewiß sein, daß er allein der Schatz ist, an dem dir genügen und der dich erfüllen kann. »Darum«, so sprich, »will ich zu dir gehen, auf daß dein Reichtum meine Armut erfülle und deine ganze Unermeßlichkeit erfülle meine Leere und deine grenzenlose, unfaßbare Gottheit erfülle meine allzu schnöde, verdorbene Menschheit.«

»Ach, Herr, ich habe viel gesündigt; ich kann's nicht abbüßen.«

Eben darum geh zu ihm, er hat gebührend alle Schuld gebüßt. In ihm kannst du dem himmlischen Vater das würdige Opfer für alle deine Schuld wohl opfern.

»Ach, Herr, ich möchte gern lobpreisen, aber ich kann's nicht.«

Geh (nur) zu ihm, er allein ist ein für den Vater annehmbarer Dank und ein unermeßliches, wahrgesprochenes, vollkommenes Lob aller göttlichen Güte.

Kurz, willst du aller Gebresten völlig entledigt und mit Tugenden und Gnaden bekleidet und wonniglich in den Ursprung geleitet und geführt werden mit allen Tugenden und Gnaden, so halte dich so, daß du das Sakrament würdig und oft empfangen kannst; dann wirst du ihm zugeeint und mit seinem Leibe geadelt. Ja, im Leibe unseres Herrn wird die Seele so nahe in Gott gefügt, daß alle Engel, sowohl die der Cherubim wie die der Seraphim, keinen Unterschied zwischen ihnen beiden mehr wissen noch herausfinden können; denn wo sie Gott anrühren, da rühren sie die Seele an, und wo die Seele, da Gott. Nie ward so nahe Einung! Denn die Seele ist viel näher mit Gott vereint als Leib und Seele, die *einen* Menschen ausmachen. Diese Einung ist viel enger, als wenn einer einen Tropfen Wassers gösse in ein Faß Wein: da wäre Wasser *und* Wein; das aber wird so in eins gewandelt, daß keine Kreatur den Unterschied herauszufinden vermöchte.

Nun könntest du sagen: Wie kann das sein? Ich empfinde doch gar nichts davon!

Was liegt daran? Je weniger du empfindest und je fester

du glaubst, um so löblicher ist dein Glaube, und um so mehr wird er geachtet und gelobt werden; denn ein ganzer Glaube ist viel mehr im Menschen als ein bloßes Wähnen. In ihm haben wir ein wahres Wissen. Fürwahr, uns gebricht's an nichts als an einem rechten Glauben. Daß uns dünkt, wir hätten viel mehr Gutes in dem einen als in dem andern, das rührt nur von äußeren Satzungen her, und doch ist in dem einen nicht mehr als in dem anderen. Wer daher gleich glaubt, der empfängt gleich und hat gleich.

Nun könntest du sagen: Wie könnte ich an höhere Dinge glauben, dieweil ich mich nicht in solchem Stande finde, sondern gebrechlich und zu *vielen* Dingen hingeneigt?

Sieh, da mußt du auf zweierlei Dinge an dir achten, die auch unser Herr an sich hatte. Auch er hatte oberste und niederste Kräfte, und die hatten auch zweierlei Werk: seine obersten Kräfte waren im Besitz und Genuß ewiger Seligkeit, die niedersten aber befanden sich zur selben Stunde im größten Leiden und Streiten auf Erden, und keines dieser Werke behinderte das andere an seinem Anliegen. So auch soll's in dir sein, daß die obersten Kräfte zu Gott erhoben und ihm ganz dargeboten und verbunden sein sollen. Mehr noch: alles Leiden, fürwahr, soll man ganz und gar dem Leibe und den niedersten Kräften und den Sinnen anbefehlen, wohingegen der Geist sich mit ganzer Kraft erheben und losgelöst in seinen Gott versenken soll. Das Leiden der Sinne aber und der niedersten Kräfte noch auch diese Anfechtung berühren ihn (= den Geist) nicht; denn je größer und je stärker der Kampf ist, um so größer und löblicher ist auch der Sieg und die Ehre des Sieges; denn je größer dann die Anfechtung und je stärker der Anstoß der Untugend ist und der Mensch (sie) doch überwindet, um so mehr ist dir auch die Tugend zu eigen und um so lieber deinem Gott. Und darum: Willst du deinen

Gott würdig empfangen, so achte darauf, daß deine obersten Kräfte auf deinen Gott gerichtet seien, daß dein Wille seinen Willen sucht, und worauf du's bei ihm abgesehen hast und wie deine Treue zu ihm bestellt sei.

Nimmer empfängt der Mensch in solchem Stande den teuren Leib unseres Herrn, er empfange denn dabei sonderlich große Gnade; und je öfter, um so segensvoller. Ja, der Mensch vermöchte den Leib unseres Herrn in solcher Andacht und Gesinnung zu empfangen, daß, wenn der Mensch darauf hingeordnet wäre, in den untersten Chor der Engel zu kommen, er ihn bei einem einzigen Mal *so* empfangen könnte, daß er in den *zweiten* Chor erhoben würde; ja, in *solcher* Andacht vermöchtest du ihn zu empfangen, daß du des *achten* oder des *neunten* Chores wert erachtet würdest. Darum: wären zwei Menschen im ganzen Leben gleich, und hätte der eine nur *einmal* mehr unseres Herrn Leib mit Würdigkeit empfangen als der andere, so wird dieser Mensch dadurch vor dem anderen wie eine strahlende Sonne sein, und er wird eine besondere Einung mit Gott erlangen.

Dieses Empfangen und selige Genießen des Leibes unseres Herrn hängt nicht nur am äußeren Genuß, sondern liegt auch im *geistigen* Genuß mit begehrendem Gemüt und in andachtsvoller Einung. *Dies* kann der Mensch so vertrauensvoll empfangen, daß er reicher an Gnaden wird als irgendein Mensch auf Erden. Dies kann der Mensch tausendmal am Tag und öfter vollziehen, er sei, wo er wolle, ob krank oder gesund. Jedoch soll man sich wie zum Sakramentsempfang dazu bereiten und nach der Weise guter Verordnung und entsprechend der Stärke des Verlangens. Hat man aber kein Verlangen, so reize und bereite man sich dazu und halte sich dementsprechend, so wird man heilig in der Zeit und selig in der Ewigkeit; denn Gott nachgehen und ihm folgen, das ist Ewigkeit. Die gebe uns der Lehrer der Wahrheit und der Liebhaber der Keuschheit und das Leben der Ewigkeit. Amen.

21
Vom Eifer

Wenn ein Mensch unseres Herrn Leib empfangen will, so mag er wohl ohne große Besorgnis hinzutreten. Es ist aber geziemend und sehr nützlich, daß man vorher beichte, selbst wenn man kein Schuldbewußtsein hat, (nur) um der Frucht des Sakramentes der Beichte willen. Wär's aber, daß den Menschen irgend etwas schuldig spräche, er aber vor Belastung nicht zur Beichte zu kommen vermag, so gehe er zu seinem Gott und gebe sich dem schuldig in großer Reue und sei's zufrieden, bis er Muße zur Beichte habe. Entfällt ihm inzwischen das Bewußtsein oder der Vorwurf der Sünde, so mag er denken, Gott habe sie auch vergessen. Man soll Gott eher beichten als den Menschen, und, wenn man schuldig ist, die Beichte *vor Gott* sehr ernst nehmen und sich scharf anklagen. Dies aber soll man, wenn man zum Sakrament gehen will, nicht leichtfertig übergehen und beiseite lassen um äußerer Buße willen, denn nur die *Gesinnung* des Menschen in seinen Werken ist gerecht und göttlich und gut.

Man muß lernen, mitten im Wirken (innerlich) ungebunden zu sein. Es ist aber für einen ungeübten Menschen ein ungewöhnliches Unterfangen, es dahin zu bringen, daß ihn keine Menge und kein Werk behindere – es gehört großer Eifer dazu – und daß Gott ihm beständig gegenwärtig sei und ihm stets ganz unverhüllt zu jeder Zeit und in jeder Umgebung leuchte. Dazu gehört ein gar behender Eifer und insbesondere zwei Dinge: das eine, daß sich der Mensch innerlich wohl verschlossen halte, auf daß sein Gemüt geschützt sei vor den Bildern, die draußen stehen, damit sie außerhalb seiner bleiben und nicht in ungemäßer Weise mit ihm wandeln und umgehen und keine Stätte in ihm finden. Das andere, daß sich der Mensch weder in seine inneren Bilder, seien es nun Vorstellungen oder ein Erhobensein des Gemütes, noch in äußere Bilder oder was es auch sein mag, was dem Menschen (gerade) gegenwärtig ist, zerlasse noch zerstreue noch sich an das Vielerlei veräußere. Daran soll der Mensch alle seine Kräfte gewöhnen und darauf hinwenden und sich sein Inneres gegenwärtig halten.

Nun könntest du sagen: Der Mensch muß sich (aber doch) nach außen wenden, soll er Äußeres wirken; denn kein Werk kann gewirkt werden, es sei denn in der ihm eigenen Erscheinungsform.

Das ist wohl wahr. Jedoch die äußeren Erscheinungsformen sind den geübten Menschen nichts Äußerliches, denn *alle* Dinge haben für die innerlichen Menschen eine inwendige göttliche Seinsweise.

Dies ist vor allen Dingen nötig: daß der Mensch seine Vernunft recht und völlig an Gott gewöhne und übe; so wird es allzeit in seinem Innern göttlich. Der Vernunft ist nichts so eigen und so gegenwärtig und so nahe wie Gott. Nimmer kehrt sie sich anderswohin. Den Kreaturen wendet sie sich nicht zu, ihr geschehe denn Gewalt und Unrecht, wobei sie geradezu gebrochen und verkehrt wird. Wenn sie dann in einem jungen oder sonst einem Menschen verdorben ist, dann muß sie mit großem Bemühen gezogen werden, und man muß alles daransetzen, was man vermag, das die Vernunft wieder hergewöhnen und herziehen kann. Denn so zu eigen und so naturgemäß Gott ihr auch sein mag: Sobald sie erst einmal falsch gerichtet und auf die Kreaturen gegründet, mit ihnen bebildert und an sie gewöhnt ist, so wird sie in diesem Teil so geschwächt und ihrer selbst so unmächtig und an ihrem edlen Streben so behindert, daß dem Menschen aller Fleiß, den er aufzubringen vermag, immer noch zu klein ist, sich völlig wieder zurückzugewöhnen. Und setzt er auch das alles daran, so bedarf er selbst dann noch beständiger Hut.

Vor allen Dingen muß der Mensch darauf sehen, daß er sich selbst fest und recht gewöhne. Wollte sich ein ungewöhnter und ungeübter Mensch so halten und so handeln wie ein gewöhnter, der würde sich ganz und gar verderben, und es würde nichts aus ihm. Wenn sich der Mensch erst einmal aller Dinge selbst entwöhnt und sich ihnen entfremdet hat, so mag er hinfort dann umsichtig alle seine Werke wirken und sich ihnen unbekümmert hingeben oder sie entbehren ohne alle Behinderung. Hingegen: wenn der Mensch etwas liebt und Lust daran findet und er dieser Lust mit Willen nachgibt, sei's in Speise oder in Trank, oder in was immer es sei, so kann das bei einem ungeübten Menschen nicht ohne Schaden abgehen.

Der Mensch muß sich daran gewöhnen, in nichts das Seine zu suchen und zu erstreben, vielmehr in allen Dingen Gott zu finden und zu erfassen. Denn Gott gibt keine Gabe und hat noch nie eine gegeben, auf daß man die Gabe besitze und bei ihr ausruhe. Alle Gaben vielmehr, die er je im Himmel und auf Erden gegeben hat, die gab er alle nur zu dem Ende, daß er *eine* Gabe geben könne: die ist er selber. Mit allen jenen Gaben will er uns nur bereiten zu der Gabe, die er selber ist; und alle Werke, die Gott je im Himmel und auf Erden wirkte, die wirkte er nur, um *ein* Werk wirken zu können, d. h.: sich zu beseligen, auf daß er uns beseligen könne. So denn sage ich: In allen Gaben und Werken müssen wir Gott ansehen lernen, und an nichts sollen wir uns genügen lassen und bei nichts stehen bleiben. Es gibt für uns kein Stehenbleiben bei irgendeiner Weise in diesem Leben und gab es nie für einen Menschen, wie weit er auch je gedieh. Vor allen Dingen soll sich der

Mensch allzeit auf die Gaben Gottes gerichtet halten und immer wieder von neuem.

Ich will kurz von einer erzählen, die wollte sehr gern von unserem Herrn etwas haben; ich aber sagte da, sie sei nicht recht bereitet, und wenn Gott ihr so unvorbereitet die Gabe gäbe, so würde diese verderben.

Nun fragt ihr: »Warum war sie nicht bereitet? Sie hatte doch einen guten Willen, und Ihr sagt doch, daß der alle Dinge vermöge und in ihm lägen alle Dinge und (alle) Vollkommenheit?«

Das ist wahr, (jedoch) muß man beim Willen zweierlei Bedeutungen unterscheiden: Der eine Wille ist ein zufälliger und unwesentlicher Wille, der andere ist ein entscheidender und schöpferischer und ein eingewöhnter Wille.

Traun, nun genügt's (aber) nicht, daß des Menschen Gemüt in einem eben gegenwärtigen Zeitpunkt, da man sich Gott (gerade) verbinden will, abgeschieden sei, sondern man muß eine wohlgeübte Abgeschiedenheit haben, die (schon) vorausgeht wie (auch) nachdauert; (nur) dann kann man große Dinge von Gott empfangen und Gott in den Dingen. Ist man aber unbereitet, so verdirbt man die Gabe und Gott mit der Gabe. Das ist auch der Grund, weshalb uns Gott nicht allzeit geben kann, wie wir's erbitten. An ihm fehlt's nicht, denn er hat's tausendmal eiliger zu geben als wir zu nehmen. Wir aber tun ihm Gewalt an und Unrecht damit, daß wir ihn an seinem natürlichen Wirken hindern durch unsere Unbereitschaft.

Der Mensch muß lernen, bei allen Gaben sein Selbst aus sich herauszuschaffen und nichts Eigenes zu behalten und nichts zu suchen, weder Nutzen noch Lust noch Innigkeit noch Süßigkeit noch Lohn noch Himmelreich noch eigenen Willen. Gott gab sich nie noch gibt er sich je in irgendeinen fremden Willen; nur in seinen eigenen Willen gibt er sich. Wo aber Gott seinen Willen findet, da gibt er und läßt er sich in ihn hinein mit allem dem, was er ist. Und je mehr wir dem Unsern *ent*werden, um so wahrhafter *werden* wir in diesem. Darum ist's damit nicht genug, daß wir ein einzelnes Mal uns selbst und alles, was wir haben und vermögen, aufgeben, sondern wir müssen uns oft erneuern und uns selber so in allen Dingen einfaltig und frei machen.

Auch ist es sehr von Nutzen, daß der Mensch sich nicht daran genügen lasse, daß er die Tugenden, wie Gehorsam, Armut und andere Tugend, (lediglich) im Gemüte habe; vielmehr soll sich der Mensch selbst in den Werken und Früchten der Tugend üben und sich oft erproben und (überdies) begehren und wünschen, durch die Leute geübt und erprobt zu werden, (denn) damit ist es nicht genug, daß man die *Werke* der Tugend wirke, Gehorsam leiste, Armut oder Verachtung auf sich nehme oder sich auf andere Weise demütig oder gelassen halte; man soll vielmehr danach trachten und nimmer aufhören, bis man die Tugend in ihrem Wesen und Grunde gewinne. Und *daß* man sie habe, das kann man daran erkennen: wenn man sich vor allen anderen Dingen zur Tugend geneigt findet und wenn man die Werke der Tugend wirkt ohne (besondere) Bereitung des Willens und sie ohne besonderen eigenen Vorsatz zu einer gerechten und großen Sache wirkt, sie sich vielmehr um ihrer selbst willen und aus Liebe zur Tugend und um keines Warum willen wirkt, – dann hat man die Tugend vollkommen und eher nicht.

Solange lerne man sich lassen, bis man nichts Eigenes mehr behält. Alles Gestürm und aller Unfriede kommt allemal vom Eigenwillen, ob man's merke oder nicht. Man soll sich selbst mit allem dem Seinen in lauterem Entwerden des Wollens und Begehrens in den guten und liebsten Willen Gottes legen und mit allem dem, was man wollen und begehren mag in allen Dingen.

Eine Frage: Soll man sich auch alles süßen Gottgefühls mit Willen entschlagen? Kann das dann nicht auch wohl aus Trägheit und geringer Liebe zu ihm herrühren?

Ja, gewiß wohl: wenn man den Unterschied übersieht. Denn, komme es nun von Trägheit oder von wahrer Abgeschiedenheit oder Gelassenheit, so muß man darauf achten, ob, wenn man innerlich so ganz gelassen ist, man sich in diesem Zustande so erfindet, daß man dann Gott genau so treu ist, wie wenn man im stärksten Empfinden wäre, daß man auch in diesem Zustande alles das tue, was man in jenem täte und nicht weniger, und daß man sich aller Tröstung und aller Hilfe gegenüber ebenso ungebunden halte, wie man's täte, wenn man Gott gegenwärtig empfände.

Dem rechten Menschen in solch vollkommen gutem Willen kann denn auch keine Zeit zu kurz sein. Denn, wo es um den Willen so steht, daß er vollends alles will, was er vermag – nicht nur jetzt, sondern, sollte er tausend Jahre leben, er wollte alles tun, was er vermöchte –, ein solcher Wille trägt soviel ein, wie man in tausend Jahren mit Werken leisten könnte: vor Gott *hat* er alles getan.

22
WIE MAN GOTT NACHFOLGEN SOLL UND VON GUTER WEISE

Der Mensch, der ein neues Leben oder Werk beginnen will, der soll zu seinem Gott gehen und von ihm mit großer Kraft und mit ganzer Andacht begehren, daß er ihm das Allerbeste füge und das, was ihm am liebsten und würdigsten sei, und er wolle und erstrebe dabei nicht das Seine, sondern einzig den liebsten Willen Gottes und sonst nichts. Was immer ihm Gott dann zufügt, das nehme er unmittelbar von Gott und halte es für sein Allerbestes und sei darin ganz und völlig zufrieden.

Obzwar ihm auch späterhin eine andere Weise besser gefällt, so soll er doch denken: Diese Weise hat Gott dir zugewiesen, und so sei sie ihm die allerbeste. Darin soll er Gott vertrauen, und er soll alle guten Weisen in eben diese selbe Weise miteinbeziehen und alle Dinge darin und demgemäß nehmen, welcher Art sie auch sein mögen. Denn, was Gott *einer* Weise an Gutem angetan und mitgegeben hat, das kann man auch in *allen* guten Weisen finden. In *einer* Weise eben soll man *alle* guten Weisen und nicht die Sonderheit (eben) dieser Weise ergreifen. Denn der Mensch muß jeweils nur eines tun, er kann nicht alles tun. Es muß je Eines sein, und in diesem Einen muß man alle Dinge ergreifen. Denn, wenn der Mensch alles tun wollte, dies und jenes, und von *seiner* Weise lassen und eines anderen Weise annehmen, die ihm just gerade viel besser gefiele, fürwahr, das schüfe große Unbeständigkeit. Wie denn *der* Mensch eher vollkommen würde, der aus der Welt ein für allemal in einen Orden träte, als der je werden könnte, der aus einem Orden in einen andern überginge, wie heilig der auch gewesen wäre: das kommt vom Wechsel der Weise. Der Mensch ergreife *eine* gute Weise und bleibe immer dabei und bringe in sie alle guten Weisen ein und erachte sie als von Gott empfangen und beginne nicht heute eines und morgen eines anderen und sei ohne alle Sorge, daß er darin je irgend etwas versäume. Denn mit Gott kann man nichts versäumen; so wenig Gott etwas versäumen kann, so wenig kann man mit Gott etwas versäumen. Darum nimm Eines von Gott, und dahinein ziehe *alles* Gute.

Erweist sich's aber, daß es sich nicht vertragen will, so daß eines das andere nicht läßt, so sei dir dies ein gewisses Zeichen, daß es nicht von Gott herrührt. Ein Gutes ist nicht wider das andere, denn wie unser Herr sagte: »Ein jeglich Reich, das in sich selbst geteilt ist, das muß vergehen« (Luk. 11, 17), und wie er ebenfalls sagte: »Wer nicht mit mir ist, der ist wider mich, und wer nicht mit mir sammelt, der zerstreut« (Luk. 11, 23). So sei's dir ein gewisses Zeichen: Wenn ein Gutes ein anderes oder gar ein geringeres Gutes nicht zuläßt oder (gar) zerstört, daß es nicht von Gott herrührt. Es sollte (etwas) einbringen und nicht zerstören.

So lautete eine kurze Bemerkung, die hier eingeworfen wurde: daß kein Zweifel darüber bestehe, daß der getreue Gott einen jeglichen Menschen in seinem Allerbesten nimmt.

Das ist sicherlich wahr, und nimmer nimmt er einen Menschen liegend, den er ebenso hätte stehend finden können; denn die Gutheit Gottes hat es für alle Dinge auf das Allerbeste abgesehen.

Da wurde gefragt, warum dann Gott jene Menschen, von denen er weiß, daß sie aus der Taufgnade fallen werden, nicht so von hinnen nehme, daß sie in ihrer Kindheit stürben, ehe sie noch zum Gebrauch der Vernunft kämen, wo er doch von ihnen weiß, daß sie fallen und nicht wieder aufstehen werden: das wäre (doch) *ihr* Bestes?

Da sagte ich: Gott ist nicht ein Zerstörer irgendeines Gutes, sondern er ist ein Vollbringer. Gott ist nicht ein Zerstörer der Natur, sondern ihr Vollender. Auch die Gnade zerstört die Natur nicht, sie vollendet sie (vielmehr). Zerstörte nun Gott die Natur derart schon im Beginn, so geschähe ihr Gewalt und Unrecht; das tut er nicht. Der Mensch hat einen freien Willen, mit dem er Gutes und Böses wählen kann, und Gott legt ihm für das Übeltun den Tod und für das Rechttun das Leben (zur Wahl) vor. Der Mensch soll frei sein und Herr seiner Werke, unzerstört und ungezwungen. Gnade zerstört die Natur nicht, sie vollendet sie. Die Verklärung zerstört die Gnade nicht, sie vollendet sie, denn Verklärung ist vollendete Gnade. Es gibt also nichts in Gott, was etwas zerstörte, das irgendwie Sein hat; vielmehr ist er ein Vollender aller Dinge. Ebenso sollen (auch) wir kein noch so kleines Gutes in uns zerstören noch eine geringe Weise um einer großen willen, sondern wir sollen sie vollenden zum Allerhöchsten.

So wurde von einem Menschen gesprochen, der ein neues Leben von vorn beginnen sollte, und ich sprach in dieser Weise: daß der Mensch ein Gott in allen Dingen suchender und ein Gott zu aller Zeit und an allen Stätten und bei allen Leuten in *allen* Weisen findender Mensch werden müßte. Darin kann man allzeit ohne Unterlaß zunehmen und wachsen und nimmer an ein Ende kommen des Zunehmens.

23
Von den inneren und äusseren Werken

Gesetzt, ein Mensch wollte sich in sich selbst zurückziehen mit allen seinen Kräften, den inneren und den äußeren, und er stände in diesem Zustand doch (überdies auch noch) so da, daß es in seinem Innern weder irgendeine Vorstellung noch irgendeinen (ihn) zwingenden Antrieb (von Gott her zum Wirken) gäbe und er solchergestalt ohne jedes Wirken, inneres oder äußeres, dastände: – da sollte man (dann) gut darauf achten, ob es dabei (in diesem Zustande) nicht von selber (den Menschen) zum Wirken hindrängt. Ist es aber so, daß es den Menschen zu keinem Werk zieht und er nichts unternehmen mag, so soll man sich gewaltsam zwingen zu einem Werk, sei's ein inneres oder ein äußeres – denn an nichts soll sich der Mensch genügen lassen, wie gut es auch scheint oder sein mag –, damit, wenn er sich (ein andermal) unter hartem Druck oder Einengung seiner selbst (durch das Wirken Gottes) so befindet, daß man eher den Eindruck gewinnen kann, daß der Mensch dabei gewirkt *werde*, als daß er wirke, der Mensch dann mit seinem Gott mitzuwirken lerne. Nicht als ob man seinem Innern entweichen oder entfallen oder absagen solle, sondern gerade in ihm und mit ihm und aus ihm soll man so wirken lernen, daß man die Innerlichkeit ausbrechen lasse in die Wirksamkeit und die Wirksamkeit hineinleite in die Innerlichkeit und daß man sich so gewöhne, ungezwungen zu wirken. Denn man soll das Auge auf dieses *innere* Wirken richten und aus ihm heraus wirken, sei's Lesen, Beten oder – wenn es anfällt – äußeres Werk. Will aber das äußere Werk das innere zerstören, so folge man dem inneren. Könnten aber beide in Einem bestehen, das wäre das Beste, auf daß man ein Mitwirken mit Gott hätte.

Nun erhebt sich die Frage: Wie soll man da noch ein Mitwirken haben, wo der Mensch doch sich selbst und allen Werken entfallen ist und – wie ja Sankt Dionysius sagt: Der spricht am allerschönsten von Gott, der vor Fülle des inneren Reichtums am tiefsten von ihm schweigen kann – wo doch alle Bilder und Werke, Lob und Dank oder was einer sonst wirken könnte, entsinken?

Antwort: *Ein* Werk bleibt einem billig und recht eigentlich doch, das (aber) ist: ein Vernichten seiner selbst. Indessen mag dieses Vernichten und Verkleinern seiner selbst auch noch so groß sein, es bleibt mangelhaft, wenn Gott es nicht in einem selbst vollendet. Dann erst ist die Demut vollkommen genug, wenn Gott den Menschen durch den Menschen selbst demütigt; und damit allein wird dem Menschen und auch der Tugend Genüge getan und nicht eher.

Eine Frage: Wie soll denn aber Gott den Menschen durch sich selber vernichten? Es scheint (doch), als wäre dieses Vernichten des Menschen ein Erhöhen durch Gott, denn das Evangelium sagt: »Wer sich erniedrigt, der wird erhöht werden« (Matth. 23, 12; Luk. 14, 11).

Antwort: Ja und nein. Er soll sich selbst »erniedrigen«, und das eben kann nicht genugsam geschehen, Gott tue es denn; und er soll »erhöht werden«, nicht (aber), als ob dies Erniedrigen eines sei und das Erhöhen ein anderes. Vielmehr liegt die höchste Höhe der Erhöhung (gerade) im tiefen Grunde der Verdemütigung. Denn je tiefer der Grund ist und je niederer, um so höher und unermeßlicher ist auch die Erhebung und die Höhe, und je tiefer der Brunnen ist, um so höher ist er zugleich; die Höhe und die Tiefe sind eins. Darum, je mehr sich einer erniedrigen kann, um so höher ist er. Und darum sagte unser Herr: »Wer der Größte sein will, der werde der Geringste unter euch« (Mark. 9, 34). Wer jenes *sein* will, der muß dieses *werden*. Jenes *Sein* ist nur zu finden in diesem *Werden*. Wer der Geringste *wird*, der *ist* fürwahr der Größte; wer aber der Geringste *geworden ist*, der *ist* (schon) jetzt der Allergrößte. Und so (denn) bewahrheitet und erfüllt sich das Wort des Evangelisten: »Wer sich erniedrigt, der wird erhöht« (Matth. 23, 12; Luk. 14, 11). Denn unser ganzes wesenhaftes Sein liegt in nichts anderem begründet als in einem Zunichtewerden.

»Sie sind reich geworden an allen Tugenden« (1 Kor. 1, 5), also steht geschrieben. Fürwahr, das kann nimmer geschehen, man werde denn zuvor arm an allen Dingen. Wer alle Dinge empfangen will, der muß auch alle Dinge hergeben. Das ist ein gerechter Handel und ein gleichwertiger Austausch, wie ich lange vorauf einmal sagte. Darum, weil Gott sich selbst und alle Dinge uns zu freiem Eigen geben will, darum will er uns alles Eigentum ganz und gar benehmen. Ja, fürwahr, Gott will durchaus nicht, daß wir auch nur so viel Eigenes besitzen, wie mir in meinen Augen liegen könnte. Denn alle die Gaben, die er uns je gegeben hat, sowohl Gaben der Natur wie Gaben der Gnade, gab er nie in anderem Willen als in dem, daß wir nichts zu eigen besitzen sollten; und derart zu eigen hat er weder seiner Mutter noch irgendeinem Menschen oder sonst einer Kreatur etwas gegeben in irgendeiner Weise. Und um uns zu belehren und uns damit zu versehen, darum nimmt er uns oft beides, leibliches und geistiges Gut. Denn der Besitz der Ehre soll nicht unser sein, sondern nur ihm. Wir vielmehr sollen alle Dinge (nur so) haben, als ob sie uns geliehen seien und nicht gegeben, ohne jeden Eigenbesitz, es sei Leib oder Seele, Sinne, Kräfte, äußeres Gut oder Ehre, Freunde, Verwandte, Haus, Hof und alle Dinge.

Was beabsichtigt aber Gott damit, daß er darauf so sehr erpicht ist? Nun, er will selbst allein und gänzlich unser Eigen sein. Dies will und erstrebt er, und darauf allein hat er es abgesehen, daß er's sein könne und dürfe. Hierin liegt seine größte Wonne und Lust. Und je mehr und umfassender er das sein kann, um so größer ist seine Wonne und seine Freude; denn, je mehr wir von allen Dingen zu eigen haben, um so weniger haben wir ihn zu eigen, und je weniger Liebe zu allen Dingen wir haben, um so mehr haben wir ihn mit allem, was er zu bieten vermag. Darum, als unser Herr von allen Seligkeiten reden wollte, da setzte er die Armut des Geistes zum Haupt ihrer aller, und sie war die erste zum Zeichen dafür, daß alle Seligkeit und Vollkommenheit samt und sonders ihren Anfang haben in der Armut des Geistes. Und wahrlich, wenn es einen Grund gäbe, auf dem alles Gute aufgebaut werden könnte, der würde ohne dies nicht sein.

Daß wir uns frei halten von den Dingen, die außer uns sind, dafür will uns Gott zu eigen geben alles, was im Himmel ist, und den Himmel mit all seiner Kraft, ja alles, was je aus ihm ausfloß und was alle Engel und Heiligen haben, auf daß uns das so zu eigen sei wie ihnen, ja, in höherem Maße als mir irgendein Ding zu eigen ist. Dafür, daß ich um seinetwillen mich meiner selbst entäußere, dafür wird Gott mit allem, was er ist und zu bieten vermag, ganz und gar mein Eigen sein, ganz so mein wie sein, nicht weniger noch mehr. Tausendmal mehr wird er mein Eigen sein, als je ein Mensch ein Ding erwarb, das er in dem Kasten hat oder er je sich selbst zu eigen wurde. Nie ward etwas einem so zu eigen, wie Gott mein sein wird mit allem, was er vermag und ist.

Dieses Eigen sollen wir damit verdienen, daß wir hienieden ohne Eigenbesitz unserer selbst und und alles dessen sind, was nicht Er ist. Und jede vollkommener und entblößter diese Armut ist, um so mehr zu eigen ist dieses Eigentum. Auf dieses Entgelt aber darf man es nicht absehen noch je danach ausschauen, und das Auge soll sich nie auch nur einmal darauf richten, ob man je etwas gewinnen oder empfangen werde als einzig durch die Liebe zur Tugend. Denn: je ungebundener (der Besitz), um so eigener, wie der edle Paulus sagt: »Wir sollen haben, als ob wir *nicht* hätten, und doch alle Dinge besitzen« (2 Kor. 6, 10). Der hat keinen Eigenbesitz, der nichts begehrt noch haben will, weder an sich selbst noch an alledem, was außer ihm ist, ja, (und da) selbst weder an Gott noch an allen Dingen.

Willst du wissen, was ein wahrhaft armer Mensch ist?

Der Mensch ist wahrhaft arm im Geiste, der alles das wohl entbehren kann, was nicht nötig ist. Darum sprach der, der nackt in der Tonne saß, zum großen Alexander, der die ganze Welt unter sich hatte: »Ich bin«, sagte er, »ein viel größerer Herr als du bist; denn ich habe mehr verschmäht, als du in Besitz genommen hast. Was du zu besitzen für groß achtest, das ist mir zu klein, (es auch nur) zu verschmähen.« Der ist viel glücklicher, der alle Dinge entbehren kann und ihrer nicht bedarf, als wer alle Dinge mit Bedürfnis (nach ihnen) im Besitz hält. *Der* Mensch ist der beste, der das entbehren kann, was ihm nicht not tut. Darum: wer am allermeisten entbehren und verschmähen kann, der hat am allermeisten gelassen. Es erscheint als ein groß Ding, wenn ein Mensch tausend Mark Goldes um Gottes willen hingäbe und mit seinem Gut viele Klausen und Klöster erbaute und alle Armen speiste; das wäre eine große Sache. Aber der wäre viel glücklicher daran, der ebensoviel um Gottes willen verschmähte. *Der* Mensch hätte ein rechtes Himmelreich, der um Gottes willen auf alle Dinge verzichten könnte, was immer Gott gäbe oder nicht gäbe.

Nun sagst du: »Ja, Herr, wäre ich denn nicht eine (hemmende) Ursache und ein Hindernis dafür mit meinen Gebresten?«

Hast du Gebresten, so bitte Gott immer wieder, ob es nicht seine Ehre sei und es ihm gefalle, daß er sie dir abnehme, denn ohne ihn vermagst du nichts. Nimmt er sie (dir) ab, so danke ihm; tut er's aber nicht, nun, so erträgst du's um seinetwillen, jedoch (nun) nicht (mehr) als das Gebresten einer Sünde, sondern als eine große Übung, mit der du Lohn verdienen und Geduld üben sollst. Du sollst zufrieden sein, ob er dir seine Gabe gibt oder nicht.

Er gibt einem jeden nach dem, was sein Bestes ist und für ihn paßt. Soll man jemand einen Rock zuschneiden, so muß man ihn nach seinem Maß machen; und der dem einen paßte, der paßte dem andern gar nicht. Man nimmt einem jeglichen so Maß, wie's ihm paßt. So auch gibt Gott einem jeglichen das Allerbeste nach dem, wie er erkennt, daß es das ihm Gemäßeste ist. Fürwahr, wer ihm darin ganz vertraut, der empfängt und besitzt im Geringsten ebensoviel wie im Allergrößten. Wollte Gott mir geben, was er Sankt Paulus gab, ich nähme es, wenn er's wünschte, gern. Da er es mir nun aber nicht geben will – denn nur bei ganz wenigen Leuten will er, daß sie in diesem Leben (schon) zu solchem Wissen (wie Paulus) gelangen – wenn mir's also Gott nicht gibt, so ist er mir darum doch ebenso lieb, und ich sage ihm ebenso großen Dank und bin ebenso völlig zufrieden darum, daß er mir's vorenthält, wie darum, daß er mir's gibt; und mir ist daran ebenso genug, und es ist mir ebenso lieb, als wenn er's mir verliehe, wenn anders es recht um mich steht. Wahrlich, so sollte es mir am Willen Gottes genügen: In allem, wo Gott wirken oder geben wollte, sollte mir sein Wille so lieb und wert sein, daß mir das nicht weniger bedeutete, als wenn er *mir* diese Gabe gäbe oder dies *in mir* wirkte. So wären alle Gaben und alle Werke Gottes mein, und mögen dann alle Kreaturen ihr Bestes oder ihr Ärgstes dazu tun, sie können's mir nicht rauben. Wie kann ich dann klagen, da aller Menschen Gaben mein eigen sind? Wahrlich, so wohl genügt's mir an dem, was Gott mir täte oder gäbe oder nicht gäbe, daß ich (auch) nicht einen einzigen Heller dafür zahlen wollte, das beste Leben führen zu können, das *ich* mir vorzustellen vermöchte.

Nun sagst du: »Ich fürchte, ich setze nicht genug Fleiß daran und hege ihn nicht so, wie ich könnte.«

Das laß dir leid sein, und ertrage es mit Geduld, und nimm es als eine Übung und sei zufrieden. Gott der leidet gern Schmach und Ungemach und will gern Dienst und Lob entbehren, auf daß die Frieden in sich haben, die ihn lieben und ihm angehören. Weshalb sollten denn *wir* nicht Frieden haben, was er uns auch gebe oder was wir auch entbehren? Es steht geschrieben, und es spricht unser Herr, daß die selig sind, die da leiden um der Gerechtigkeit willen (Matth. 5, 10). Wahrhaftig: könnte ein Dieb, den man zu hängen im Begriff stünde und der's mit Stehlen wohl verdient hätte, oder einer, der gemordet hätte und den man mit Recht zu rädern sich anschickte, könnten die in sich zur Einsicht finden: »Sieh, du willst dies leiden um der Gerechtigkeit willen, denn dir geschieht nur recht«, sie würden ohne weiteres selig. Fürwahr, wie ungerecht wir sein mögen, nehmen wir von Gott, was er uns täte oder nicht täte, als von ihm aus gerecht hin und leiden um der Gerechtigkeit willen, so sind wir selig. Darum klage nicht, klage vielmehr nur darüber, *daß* du noch klagst und kein Genügen findest; darüber allein magst du klagen, daß du (noch) zuviel hast. Denn wer rechten Sinnes wäre, der empfinge im Darben ebenso wie im Haben.

Nun sagst du: »Sieh doch, Gott wirkt so große Dinge in so vielen Menschen, und sie werden so mit göttlichem Sein überformt, und Gott (ist es, der) in ihnen wirkt, nicht aber sie.«

Dafür danke Gott in ihnen, und gibt er's *dir*, in Gottes Namen, so nimm's! Gibt er's dir nicht, so sollst du's willig entbehren; habe nur ihn im Sinn, und sei unbesorgt darum, ob Gott deine Werke wirke oder ob du sie wirkst; denn Gott *muß* sie wirken, wenn du nur ihn im Sinne hast, ob er (nun) wolle oder nicht.

Bekümmere dich auch nicht darum, welches Wesen oder welche Weise Gott jemandem gebe. Wäre ich so gut und heilig, daß man mich unter die Heiligen erheben müßte, so redeten die Leute und forschten wiederum, ob es sich um Gnade oder Natur handele, was darin stecke, und würden darüber beunruhigt. Darin tun sie unrecht. Laß Gott in dir wirken, ihm erkenne das Werk zu, und kümmere dich nicht darum, ob er mit der Natur oder übernatürlich wirke; beides ist sein: Natur wie Gnade. Was geht's dich an, womit zu wirken ihm füglich ist oder was er wirke in dir oder in einem andern? Er soll wirken, wie oder wo oder in welcher Weise es ihm paßt.

Ein Mann hätte gern einen Quell in seinen Garten geleitet und sprach: »Dafern mir nur das Wasser zuteil würde, so achtete ich gar nicht darauf, welcher Art die Rinne wäre, durch die es mir zuflösse, ob eisern, hölzern, knöchern oder rostig, wenn mir nur das Wasser zuteil würde.« So machen's die ganz verkehrt, die sich darum sorgen, wodurch Gott seine Werke in dir wirke, ob es Natur sei oder Gnade. Laß ihn dabei (nur allein) wirken, und habe du nur Frieden.

Denn so viel bist du in Gott, so viel du in Frieden bist, und so viel außer Gott, wie du außer Frieden bist. Ist etwas nur *in Gott*, so hat es Frieden. So viel in Gott, so viel in Frieden. Wieviel du in Gott bist, wie auch, ob dem nicht so sei, das erkenne daran: ob du Frieden oder Unfrieden hast. Denn wo du Unfrieden hast, darin *mußt* du notwendig Unfrieden haben, denn Unfriede kommt von der Kreatur und nicht von Gott. Auch ist nichts in Gott, das zu fürchten wäre; alles, was in Gott ist, das ist nur zu lieben. Ebenso ist nichts in ihm, über das zu trauern wäre.

Wer seinen vollen Willen hat und seinen Wunsch, der hat Freude. Das (aber) hat niemand, als wessen Wille mit Gottes Willen völlig eins ist. Diese Einung gebe uns Gott! Amen.

Vom edlen Menschen

Unser Herr spricht im Evangelium: »Ein edler Mensch zog aus in ein fernes Land, sich ein Reich zu gewinnen, und kehrte zurück« (Luk. 19, 12). Unser Herr lehrt uns in diesen Worten, wie edel der Mensch geschaffen ist in seiner Natur und wie göttlich das ist, wozu er aus Gnade zu gelangen vermag, und überdies, wie der Mensch dahin kommen soll. Auch ist in diesen Worten ein großer Teil der Heiligen Schrift berührt.

Man soll zum ersten wissen, und es ist auch deutlich offenbar, daß der Mensch in sich zweierlei Naturen hat: Leib und Geist. Darum sagt eine Schrift: Wer sich selbst erkennt, der erkennt alle Kreaturen, denn alle Kreaturen sind entweder Leib oder Geist. Darum sagt die Schrift vom Menschen, es gebe in uns einen äußeren und einen anderen, den inneren Menschen.

Zu dem äußeren Menschen gehört alles, was der Seele anhaftet, jedoch umfangen ist von und vermischt mit dem Fleische, und mit und in einem jeglichen Gliede ein körperliches Zusammenwirken hat, wie etwa mit dem Auge, dem Ohr, der Zunge, der Hand und dergleichen. Und dies alles nennt die Schrift den alten Menschen, den irdischen Menschen, den äußeren Menschen, den feindlichen Menschen, einen knechtischen Menschen.

Der andere Mensch, der in uns steckt, das ist der innere Mensch; den heißt die Schrift einen neuen Menschen, einen himmlischen Menschen, einen jungen Menschen, einen Freund und einen edlen Menschen. Und der ist gemeint, wenn unser Herr sagt, daß »ein edler Mensch auszog in ein fernes Land und sich ein Reich gewann und wiederkam.«

Man soll fürderhin wissen, daß Sankt Hieronymus und auch die Meister gemeinhin sagen, ein jeglicher Mensch habe von Anbeginn seines menschlichen Daseins an einen guten Geist, einen Engel, und einen bösen Geist, einen Teufel. Der gute Engel rät und treibt beständig an zu dem, was gut ist, was göttlich ist, was Tugend und himmlisch und ewig ist. Der böse Geist rät und treibt den Menschen allzeit hin zu dem, was zeitlich und vergänglich ist und was Untugend, böse und teuflisch ist. Derselbe böse Geist hält beständig Zwiesprache mit dem äußeren Menschen, und durch ihn stellt er heimlich allzeit dem inneren Menschen nach, ganz so wie die Schlange mit Frau Eva plauderte und durch sie mit dem Manne Adam (vgl. 1 Mos. 3, 3 ff.). Der innere Mensch ist *Adam*. Der *Mann* in der Seele ist der gute Baum, der immerfort ohne Unterlaß gute Frucht bringt, von dem auch unser Herr spricht (vgl. Matth. 7, 17). Er ist auch der Acker, in den Gott sein Bild und Gleichnis eingesät hat und darein er den guten Samen, die Wurzel aller Weisheit, aller Künste, aller Tugenden, aller Güte sät: den Samen göttlicher Natur (2 Petr. 1, 4). Göttlicher Natur Samen das ist Gottes Sohn, Gottes Wort (Luk. 8, 11).

Der äußere Mensch, das ist der feindliche Mensch und der böse, der Unkraut darauf gesät und geworfen hat (vgl. Matth. 13, 24 ff.). Von dem sagt Sankt Paulus: Ich finde in mir etwas, was mich hindert und wider das ist, was Gott gebietet und was Gott rät und was Gott gesprochen hat und noch spricht im Höchsten, im Grunde meiner Seele (vgl. Röm. 7, 23). Und anderswo spricht er und klagt: »O weh mir unseligem Menschen! Wer löst mich von diesem sterblichen Fleische und Leibe?« (Röm. 7, 24). Und er sagt wieder anderswo, daß des Menschen Geist und sein Fleisch allzeit widereinander streiten. Das Fleisch rät Untugend und Bosheit; der Geist rät Liebe Gottes, Freude,

Frieden und jede Tugend (vgl. Gal. 5, 17 ff.). Wer dem Geiste folgt und nach ihm, nach seinem Rate lebt, dem gehört das ewige Leben (vgl. Gal. 6, 8). Der innere Mensch ist der, von dem unser Herr sagt, daß »ein edler Mensch auszog in ein fernes Land, sich ein Reich zu gewinnen«. Das ist der gute Baum, von dem unser Herr sagt, daß er allzeit gute Frucht bringt und nimmer böse, denn er will die Gutheit und neigt zur Gutheit, zur Gutheit, wie sie in sich selbst schwebt, unberührt vom Dies und Das. Der äußere Mensch ist der böse Baum, der nimmer gute Frucht zu bringen vermag (vgl. Matth. 7, 18).

Vom Adel des inneren Menschen, des Geistes, und vom Unwert des äußeren Menschen, des Fleisches, sagen auch die heidnischen Meister Tullius und Seneca: Keine vernunftbegabte Seele ist ohne Gott; der Same Gottes ist in uns. Hätte er einen guten, weisen und fleißigen Ackerer, so würde er um so besser gedeihen und wüchse auf zu Gott, dessen Same er ist, und die Frucht würde gleich der Natur Gottes. Birnbaums Same erwächst zum Birnbaum, Nußbaums Same zum Nußbaum, Same Gottes zu Gott (vgl. 1 Joh. 3, 9). Ist's aber so, daß der gute Same einen törichten und bösen Ackerer hat, so wächst Unkraut und bedeckt und verdrängt den guten Samen, so daß er nicht ans Licht kommt noch auswachsen kann. Doch spricht Origenes, ein großer Meister: Da Gott selbst diesen Samen eingesät und eingedrückt und eingeboren hat, so kann er wohl bedeckt und verborgen und doch niemals vertilgt noch in sich ausgelöscht werden; er glüht und glänzt, leuchtet und brennt und neigt sich ohne Unterlaß zu Gott hin.

Die erste Stufe des inneren und des neuen Menschen, spricht Sankt Augustinus, ist es, wenn der Mensch nach dem Vorbilde guter und heiliger Leute lebt, dabei aber noch an den Stühlen geht und sich nahe bei den Wänden hält, sich noch mit Milch labt.

Die zweite Stufe ist es, wenn er jetzt nicht nur auf die äußeren Vorbilder, (darunter) auch auf gute Menschen, schaut, sondern läuft und eilt zur Lehre und zum Rate Gottes und göttlicher Weisheit, kehrt den Rücken der Menschheit und das Antlitz Gott zu, kriecht der Mutter aus dem Schoß und lacht den himmlischen Vater an.

Die dritte Stufe ist es, wenn der Mensch mehr und mehr sich der Mutter entzieht und er ihrem Schoß ferner und ferner kommt, der Sorge entflieht, die Furcht abwirft, so daß, wenn er gleich ohne Ärgernis aller Leute (zu erregen) übel und unrecht tun könnte, es ihn doch nicht danach gelüsten würde; denn er ist in Liebe so mit Gott verbunden in eifriger Beflissenheit, bis er ihn setzt und führt in Freude und in Süßigkeit und Seligkeit, wo ihm alles das zuwider ist, was ihm (= Gott) ungleich und fremd ist.

Die vierte Stufe ist es, wenn er mehr und mehr zunimmt und verwurzelt wird in der Liebe und in Gott, so daß er bereit ist, auf sich zu nehmen alle Anfechtung, Versuchung, Widerwärtigkeit und Leid-Erduldung willig und gern, begierig und freudig.

Die fünfte Stufe ist es, wenn er allenthalben in sich selbst befriedigt lebt, still ruhend im Reichtum und Überfluß der höchsten unaussprechlichen Weisheit.

Die sechste Stufe ist es, wenn der Mensch entbildet ist und überbildet von Gottes Ewigkeit und gelangt ist zu gänzlich vollkommenem Vergessen vergänglichen und zeitlichen Lebens und gezogen und hinüberverwandelt ist in ein göttliches Bild, wenn er Gottes Kind geworden ist. Darüber hinaus noch höher gibt es keine Stufe, und dort ist ewige Ruhe und Seligkeit, denn das Endziel des inneren Menschen und des neuen Menschen ist: ewiges Leben.

Für diesen inneren, edlen Menschen, in den Gottes Same und Gottes Bild eingerückt und eingesät ist, – wie nämlich dieser Same und dies Bild göttlicher Natur und göttlichen Wesens, Gottes Sohn, zum Vorschein komme und man seiner gewahr werde, wie er aber auch dann und wann verborgen werde, – dafür trägt der große Meister Origenes ein Gleichnis vor: Gottes Bild, Gottes Sohn, sei in der Seele Grund wie ein lebendiger Brunnen. Wenn aber jemand Erde, das ist irdisches Begehren, darauf wirft, so hindert und verdeckt es (ihn), so daß man nichts von ihm erkennt oder gewahr wird; gleichviel bleibt er in sich selbst lebendig, und wenn man die Erde, die von außen oben darauf geworfen ist, wegnimmt, so kommt er (wieder) zum Vorschein und wird man ihn gewahr. Und er sagt, daß auf diese Wahrheit hingedeutet sei im ersten Buche Mosis, wo geschrieben steht, daß Abraham in seinem Acker lebendige Brunnen ergraben hatte, Übeltäter aber füllten sie mit Erde; danach aber, als die Erde herausgeworfen worden war, kamen die Brunnen lebendig wieder zum Vorschein (1 Mos. 26, 14 ff.).

Noch gibt's dafür wohl ein weiteres Gleichnis: Die Sonne scheint ohne Unterlaß; jedoch, wenn eine Wolke oder Nebel zwischen uns und der Sonne ist, so nehmen wir den Schein nicht wahr. Ebenso auch, wenn das Auge in sich selbst krank ist und siech oder verschleiert, so ist ihm der Schein nicht erkennbar. Überdies habe ich gelegentlich ein deutliches Gleichnis vorgetragen: Wenn ein Meister ein Bild macht aus Holz oder Stein, so trägt er das Bild nicht in das Holz hinein, sondern er schnitzt die Späne ab, die das Bild verborgen und verdeckt hatten; er gibt dem Holze nichts, sondern er benimmt und gräbt ihm die Decke ab und nimmt den Rost weg, und dann erglänzt, was darunter verborgen lag. Dies ist der Schatz, der verborgen lag im Acker, wie unser Herr im Evangelium spricht (Matth. 13, 44).

Sankt Augustinus sagt: Wenn des Menschen Seele sich vollends hinaufkehrt in die Ewigkeit, in Gott allein, so scheint auf und leuchtet das Bild Gottes; wenn aber die Seele sich nach außen kehrt, und sei's selbst zu äußerlicher Tugendübung, so wird dies Bild vollkommen verdeckt. Und dies soll es bedeuten, daß die Frauen das Haupt bedeckt tragen, die Männer aber entblößt, nach Sankt Paulus' Lehre (vgl. 1 Kor. 11, 4 ff.). Und darum: Alles das von der Seele, was sich niederwärts wendet, das empfängt von dem, zu dem es sich kehrt, eine Decke, ein Kopftuch; dasjenige der Seele aber, was sich emporträgt, das ist bloßes Bild Gottes, Gottes Geburt, unverdeckt bloß in entblößter Seele. Von dem edlen Menschen, wie (nämlich) Gottes Bild, Gottes Sohn, der Same göttlicher Natur in uns nimmer vertilgt wird, wenngleich er verdeckt werden mag, sagt König David im Psalter: Obzwar den Menschen mancherlei Nichtigkeit, Leiden und Schmerzensjammer befällt, so bleibt er dennoch im Bilde Gottes und das Bild in ihm (vgl. Ps. 4, 2 ff.). Das wahre Licht leuchtet in der Finsternis, wenngleich man es nicht gewahr wird (vgl. Joh. 1, 5).

»Nicht achtet darauf«, meint das Buch der Liebe, »daß ich braun bin, ich bin doch schön und wohlgestaltet; aber die Sonne hat mich entfärbt« (Hohel. 1, 5). »Die Sonne« ist das Licht dieser Welt und meint, daß (selbst) das Höchste und Beste, das *geschaffen* und *gemacht* ist, das Bild Gottes in uns verdeckt und entfärbt. »Nehmt weg«, spricht Salomon, »den Rost von dem Silber, so leuchtet und glänzt hervor das allerlauterste Gefäß« (Spr. 25, 4), das Bild, Gottes Sohn, in der Seele. Und das ist es, was unser Herr in jenen Worten sagen will, da er spricht, daß »ein edler Mensch auszog«, denn der Mensch muß aus allen Bildern und aus sich selbst ausgehen und allem dem gar fern und ungleich werden, wenn anders er (wirklich) den Sohn nehmen und Sohn werden will und soll in des Vaters Schoß und Herzen.

Jederart Vermittlung ist Gott fremd. »Ich bin«, spricht Gott, »der Erste und der Letzte« (Geh. Offenb. 22, 13). Unterschiedenheit gibt es weder in der Natur Gottes noch in den Personen entsprechend der Einheit der Natur. Die göttliche Natur ist Eins, und jede Person ist auch Eins und ist dasselbe Eine, das die Natur ist. Der Unterschied zwischen Sein und Wesenheit wird als Eins gefaßt und ist Eins. (Erst) da, wo es (d. h. dieses Eine) nicht (mehr) in sich verhält, da empfängt, besitzt und ergibt es Unterschied. Darum: Im Einen findet man Gott, und Eins muß der werden, der Gott finden soll. »*Ein* Mensch«, spricht unser Herr, »zog aus.« Im Unterschied findet man weder das Eine noch das Sein noch Gott noch Rast noch Seligkeit noch Genügen. Sei Eins, auf daß du Gott finden könntest! Und wahrlich, wärest du recht Eins, so bliebest du auch Eins im Unterschiedlichen, und das Unterschiedliche würde dir Eins und vermöchte dich nun ganz und gar nicht zu hindern. Das Eine bleibt gleichmäßig Eins in tausendmal tausend Steinen wie in vier Steinen, und Tausendmaltausend ist ebenso gewiß eine einfache Zahl, wie (die) Vier eine Zahl ist.

Ein heidnischer Meister sagt, daß das Eine aus dem obersten Gott geboren sei. Seine Eigenart ist es, mit dem Einen eins zu sein. Wer es unterhalb Gottes sucht, der betrügt sich selbst. Und zum vierten, sagt der gleiche Meister, hat dieses Eine mit nichts eigentlichere Freundschaft als mit Jungfrauen oder Mägden, wie denn Sankt Paulus spricht: »Ich habe euch keusche Jungfrauen dem Einen angetraut und verlobt« (2 Kor. 11, 2). Und ganz so sollte der Mensch sein, denn so spricht unser Herr: »*Ein* Mensch zog aus«.

»Mensch«, in der eigenen Bedeutung des Wortes im Lateinischen bedeutet in einem Sinne den, der sich mit allem, was er ist und was sein ist, unter Gott beugt und fügt und aufwärts Gott anschaut, nicht das Seine, das er hinter, unter, neben sich weiß. Dies ist volle und eigentliche Demut; diesen Namen hat er von der Erde. Davon will ich nun nicht weiter sprechen. Wenn man »Mensch« sagt, so bedeutet dieses Wort auch etwas, was über die Natur, über die Zeit und über alles, was der Zeit zugekehrt ist oder nach Zeit schmeckt, erhaben ist, und das gleiche sage ich auch mit Bezug auf Raum und Körperlichkeit. Überdies noch hat dieser »Mensch« in gewisser Weise mit nichts etwas gemein, das heißt, daß er weder nach diesem noch nach jenem gebildet oder verähnlicht sei und vom Nichts nichts wisse, so daß man in ihm nirgends vom Nichts etwas finde noch gewahr werde und daß ihm das Nichts so völlig benommen sei, daß man da einzig finde reines Leben, Sein, Wahrheit und Gutheit. Wer so geartet ist, der ist ein »edler Mensch«, fürwahr, nicht weniger und nicht mehr.

Noch gibt es eine andere Erklärungsweise und Belehrung für das, was unser Herr einen »edlen Menschen« nennt. Man muß nämlich auch wissen, daß diejenigen, die Gott unverhüllt erkennen, mit ihm zugleich die Kreaturen erkennen; denn die Erkenntnis ist ein Licht der Seele, und alle Menschen begehren von Natur nach Erkenntnis, denn selbst böser Dinge Erkenntnis ist gut. Nun sagen die Meister: Wenn man die Kreatur in ihrem eigenen Wesen erkennt, so heißt das eine »Abenderkenntnis«, und da sieht man die Kreaturen in Bildern mannigfaltiger Unterschiedenheit; wenn man aber die Kreaturen in Gott erkennt, so heißt und ist das eine »Morgenerkenntnis«, und auf diese Weise schaut man die Kreaturen ohne alle Unterschiede und aller Bilder entbildet und aller Gleichheit entkleidet in dem Einen, das Gott selbst ist. Auch dies ist der »edle Mensch«, von dem unser Herr sagt: »Ein edler Mensch zog aus«, darum edel, weil er Eins ist und Gott und Kreatur im Einen erkennt.

Noch auf einen andern Sinn dessen, was der »edle Mensch« sei, will ich zu sprechen kommen und eingehen. Ich sage: Wenn der Mensch, die Seele, der Geist Gott schaut, so weiß und erkennt er sich auch als erkennend, das heißt: er erkennt, daß er Gott schaut und erkennt. Nun hat es etliche Leute bedünkt, und es scheint auch ganz glaubhaft, daß Blume und Kern der Seligkeit in jener Erkenntnis liegen, bei der der Geist erkennt, *daß* er Gott erkennt; denn, wenn ich alle Wonne hätte und wüßte nicht darum, was hülfe mir das und was für eine Wonne wäre mir das? Doch sage ich mit Bestimmtheit, daß dem nicht so ist. Ist es gleich wahr, daß die Seele ohne dies wohl nicht selig wäre, so ist doch die Seligkeit nicht darin gelegen; denn das erste, worin die Seligkeit besteht, ist dies, daß die Seele Gott unverhüllt schaut. Darin empfängt sie ihr ganzes Sein und ihr Leben und schöpft alles, was sie ist, aus dem Grunde Gottes und weiß nichts von Wissen noch von Liebe noch von irgend etwas überhaupt. Sie wird still ganz und ausschließlich im Sein Gottes. Sie weiß dort nichts als das Sein und Gott. Wenn sie aber weiß und erkennt, daß sie Gott schaut, erkennt und liebt, so ist das der natürlichen Ordnung nach ein Ausschlag aus dem und ein Rückschlag in das Erste; denn niemand erkennt sich als weiß als der, der wirklich weiß ist. Darum, wer sich als weiß erkennt, der baut und trägt auf dem Weiß-Sein auf, und er nimmt sein Erkennen nicht unmittelbar und (noch) unwissend direkt von der Farbe, sondern er nimmt das Erkennen ihrer (d. h. der Farbe) und das Wissen um sie von dem ab, was da gerade weiß ist, und schöpft das Erkennen nicht ausschließlich von der Farbe an sich; vielmehr schöpft er das Erkennen und Wissen von Gefärbtem oder von Weißem und erkennt *sich* als weiß. Weißes ist etwas viel Geringeres und viel Äußerliches als das Weiß-Sein (oder: *die* Weiße). Etwas ganz anderes ist die Wand und das Fundament, darauf die Wand gebaut ist.

Die Meister sagen, eine andere Kraft sei es, mit Hilfe deren das Auge sieht, und eine andere, durch die es erkennt, *daß* es sieht. Das erstere: daß es *sieht*, das nimmt es ausschließlich von der Farbe, nicht von dem, was gefärbt ist. Daher ist es ganz einerlei, ob das, was gefärbt ist, ein Stein sei oder (ein Stück) Holz, ein Mensch oder ein Engel: einzig darin, daß es Farbe habe, liegt das Wesentliche.

So auch, sage ich, nimmt und schöpft der edle Mensch sein ganzes Sein, Leben und seine Seligkeit bloß nur von Gott bei Gott und in Gott, nicht vom Gott-Erkennen, -Schauen oder -Lieben oder dergleichen. Darum sagt unser Herr beherzigenswert treffend, ewiges Leben sei dies: Gott allein als den einen, wahren Gott zu erkennen (Joh. 17, 3), nicht (aber): zu erkennen, daß man Gott erkennt. Wie sollte (denn auch) der Mensch sich als Gott-erkennend erkennen, der *sich selbst* nicht erkennt? Denn sicherlich, der Mensch erkennt sich selbst und andere Dinge überhaupt nicht, vielmehr nur Gott allein, fürwahr, wenn er selig wird und selig ist in der Wurzel und im Grunde der Seligkeit. Wenn aber die Seele erkennt, *daß* sie Gott erkennt, so gewinnt sie zugleich Erkenntnis von Gott und von sich selbst.

Nun ist aber eine andere Kraft – wie ich ausgeführt habe –, vermöge deren der Mensch sieht, und eine andere, durch die er weiß und erkennt, *daß* er sieht. Wahr ist es zwar, daß jetzt, hienieden, *in uns* jene Kraft, durch die wir wissen und erkennen, *daß* wir sehen, edler und höher ist als die Kraft, vermöge deren wir sehen; denn die Natur beginnt ihr Wirken mit dem Geringsten, Gott aber beginnt bei seinen Werken mit dem Vollkommensten. Die Natur macht den Mann aus dem Kinde und das Huhn aus dem Ei; Gott aber macht den Mann vor dem Kinde und das

Huhn vor dem Ei. Die Natur macht das Holz zuerst warm und heiß, und danach erst läßt sie das Sein des Feuers entstehen; Gott aber gibt zuerst aller Kreatur das Sein, und danach in der Zeit und doch ohne Zeit und (jeweils) gesondert alles das, was dazu (d. h. zum Sein) hinzugehört. Auch gibt Gott den Heiligen Geist eher als die Gaben des Heiligen Geistes.

So also sage ich, daß es zwar Seligkeit nicht gibt, ohne daß der Mensch sich bewußt werde und wohl wisse, *daß* er Gott schaut und erkennt; doch verhüte Gott, daß meine Seligkeit darauf beruhe! Wem's anders genügt, der behalte es für sich, doch erbarmt's mich. Die Hitze des Feuers und das Sein des Feuers sind gar ungleich und erstaunlich fern voneinander in der Natur, obzwar sie nach Zeit und Raum gar nahe beieinander sind. Gottes Schauen und unser Schauen sind einander völlig fern und ungleich.

Darum sagt unser Herr gar recht, daß »ein edler Mensch auszog in ein fernes Land, sich ein Reich zu gewinnen, und zurückkam«. Denn der Mensch muß in sich selber Eins sein und muß dies suchen in sich und im Einen und empfangen im Einen, das heißt: Gott lediglich *schauen*; und »zurückkommen«, das heißt: wissen und erkennen, *daß* man Gott erkennt und weiß.

Und alles hier Vorgetragene hat der Prophet Ezechiel vorausgesprochen, als er sagte, daß »ein mächtiger Adler mit großen Flügeln, mit langen Gliedern voll mancherlei Federn zu dem lautern Berge kam und entnahm das Mark oder den Kern des höchsten Baumes, riß ab die Krone seines Laubes und brachte es herunter« (Ez. 17, 3 f.). Was unser Herr einen edlen Menschen heißt, das nennt der Prophet einen großen Adler. Wer ist denn nun edler, als der einerseits vom Höchsten und Besten, was die Kreatur besitzt, geboren ist und zum andern aus dem innersten

Grunde göttlicher Natur und dessen Einöde? »Ich«, spricht unser Herr im Propheten Osee, »will die edle Seele führen in eine Einöde, und ich will dort sprechen in ihr Herz« (Hosea 2, 14). Eines mit Einem, Eines von Einem, Eines in Einem und in Einem Eines ewiglich. Amen.

Predigten

1.

Intravit Jesus in templum et coepit eicere vendentes et ementes. Matthaei.

(Matth. 21, 12)

Wir lesen im heiligen Evangelium, daß unser Herr in den Tempel ging und hinauswarf, die da kauften und verkauften, und zu den anderen, die da Tauben und dergleichen Dinge feilhielten, sprach: »Tut dies fort, schafft dies hinweg!« (Joh. 2, 16). Warum warf Jesus hinaus, die da kauften und verkauften, und hieß die, die da Tauben feilhielten, wegräumen? Er meinte damit nichts anderes, als daß er den Tempel leer haben wollte, recht, als ob er hätte sagen wollen: Ich habe das Recht auf diesen Tempel und will allein darin sein und die Herrschaft darin haben. Was will das besagen? Dieser Tempel, darin Gott gewaltig herrschen will nach seinem Willen, das ist des Menschen Seele, die er so recht als ihm selbst gleich gebildet und geschaffen hat, wie wir lesen, daß unser Herr sprach: »Machen wir den Menschen nach unserm Bilde und zu unserm Gleichnis!« (1 Mos. 1, 26). Und dies hat er auch getan. So gleich ihm selber hat er des Menschen Seele gemacht, daß im Himmelreich noch auf Erden unter allen herrlichen Kreaturen, die Gott so wundervoll geschaffen hat, keine ist, die ihm so gleicht, wie einzig des Menschen Seele. Hierum will Gott diesen Tempel leer haben, auf daß denn auch nichts weiter darin sei als er allein. Das ist deshalb so, weil ihm dieser Tempel so wohl gefällt, da er ihm so recht gleicht und es ihm selber so wohl behagt in diesem Tempel, wenn immer er allein darin ist.

Wohlan, nun gebt acht! Wer waren die Leute, die da kauften und verkauften, und wer sind sie noch? Nun hört mir genau zu! Ich will jetzt ausnahmslos nur von guten

Leuten predigen. Dennoch will ich diesmal aufzeigen, welches die Kaufleute waren und (heute) noch sind, die so kauften und verkauften und es noch tun, die unser Herr hinausschlug und hinaustrieb. Und dies tut er immer noch allen denen, die da kaufen und verkaufen in diesem Tempel; von denen will er keinen einzigen darin lassen. Seht, alle die sind Kaufleute, die sich hüten vor groben Sünden und wären gern gute Leute und tun ihre guten Werke Gott zu Ehren, wie Fasten, Wachen, Beten und was es dergleichen gibt, allerhand gute Werke, und tun sie doch darum, daß ihnen unser Herr etwas dafür gebe oder daß ihnen Gott etwas dafür tue, was ihnen lieb wäre: dies sind alles Kaufleute. Das ist im groben Sinn zu verstehen, denn sie wollen das eine um das andere geben und wollen auf solche Weise markten mit unserm Herrn. Bei solchem Handel sind sie betrogen. Denn alles, was sie besitzen, und alles, was sie zu wirken vermögen, gäben sie das alles um Gottes willen hin, was sie haben, und wirkten sich um Gottes willen gänzlich aus, so wäre ihnen Gott dafür ganz und gar nichts zu geben oder zu tun schuldig, es sei denn, daß er es freiwillig umsonst tun wolle. Denn, was sie sind, das sind sie durch Gott, und was sie haben, das haben sie von Gott und nicht von sich selbst. Darum ist ihnen Gott für ihre Werke und für ihr Geben gar nichts schuldig, es sei denn, er wolle es freiwillig tun aus seiner Gnade und nicht um ihrer Werke noch um ihrer Gaben willen; denn sie geben nicht von dem Ihren, sie wirken auch nicht aus sich selbst, wie Christus selbst sagt: »Ohne mich könnt ihr nichts tun« (Joh. 15, 5). Dies sind sehr törichte Leute, die so markten wollen mit unserm Herrn; sie erkennen von der Wahrheit wenig oder nichts. Darum schlug sie unser Herr aus dem Tempel und trieb sie hinaus. Es kann nicht miteinander bestehen das Licht und die Finsternis. Gott ist die Wahrheit und ein Licht in sich selbst. Wenn denn

Gott in diesen Tempel kommt, so vertreibt er daraus die Unwissenheit, das ist die Finsternis, und offenbart sich selbst mit Licht und mit Wahrheit. Dann sind die Kaufleute fort, wenn die Wahrheit erkannt wird, und die Wahrheit begehrt nicht nach irgendwelchem Kaufhandel. Gott sucht das Seine nicht; in allen seinen Werken ist er ledig und frei und wirkt sie aus echter Liebe. Ganz ebenso tut auch *der* Mensch, der mit Gott vereint ist; der steht auch ledig und frei in allen seinen Werken und wirkt sie allein Gott zu Ehren und sucht das Seine nicht, und Gott wirkt es in ihm.

Ich sage noch weitergehend: Solange der Mensch mit allen seinen Werken irgend etwas sucht von all dem, was Gott zu geben vermag oder geben will, so ist er diesen Kaufleuten gleich. Willst du der Kaufmannschaft gänzlich ledig sein, so daß dich Gott in diesem Tempel belasse, so sollst du alles, was du in allen deinen Werken vermagst, rein nur Gott zum Lobe tun und sollst davon so ungebunden bleiben, wie das Nichts ungebunden ist, das weder hier noch dort ist. Du sollst gar nichts dafür begehren. Wenn du so wirkst, dann sind deine Werke geistig und göttlich, und dann sind die Kaufleute allzumal aus dem Tempel vertrieben, und Gott ist allein darin; denn dieser Mensch hat nur Gott im Sinn. Seht, in solcher Weise ist dieser Tempel ledig aller Kaufleute. Seht, der Mensch, der weder sich noch irgend etwas außer Gott allein und Gottes Ehre im Auge hat, der ist wahrhaft frei und ledig aller Kaufmannschaft in allen seinen Werken und sucht das Seine nicht, so wie Gott ledig und frei ist in allen seinen Werken und das Seine nicht sucht.

Ich habe weiterhin auch gesagt, daß unser Herr zu den Leuten sprach, die da Tauben feilhielten: »Schafft dies hinweg, tut dies fort!« Diese Leute trieb er nicht hinaus, noch auch schalt er sie sehr, sondern er sprach gar gütlich:

»Schafft dies hinweg!«, als hätte er sagen wollen: Dies ist (zwar) nicht böse, und doch bringt es Hindernis für die lautere Wahrheit. Diese Leute, das sind alles *gute* Leute, die ihre Werke rein nur um Gottes willen tun und des Ihren nichts darin suchen und die sie doch mit Bindung an das eigene Ich, an Zeit und an Zahl, an Vor und an Nach tun. In diesen Werken sind sie gehindert an der (Erreichung der) allerbesten Wahrheit: daß sie nämlich sollten frei und ledig sein, wie unser Herr Jesus Christus frei und ledig ist und sich allzeit ohne Unterlaß und zeitlos neu empfängt von seinem himmlischen Vater und sich im selben Nun ohne Unterlaß vollkommen wieder eingebiert mit dankerfülltem Lobe in die väterliche Hoheit, in gleicher Würde. Ganz so sollte der Mensch dastehen, der für die allerhöchste Wahrheit empfänglich werden und darin leben möchte ohne Vor und ohne Nach und ohne Behinderung durch alle Werke und alle jene Bilder, deren er sich je bewußt wurde, ledig und frei göttliche Gabe in diesem Nun neu empfangend und sie ungehindert in diesem gleichen Lichte mit dankerfülltem Lobe in unserm Herrn Jesus Christus wieder eingebärend. So wären die Tauben hinweg, das heißt die Behinderung und die Ich-Bindung durch alle jene Werke, die ansonsten gut sind, in denen der Mensch das Seine nicht sucht. Darum sprach unser Herr gar gütlich: »Tut dies fort, schafft dies hinweg!«, als hätte er sagen wollen: Es ist zwar gut, doch bringt es Behinderung mit sich.

Wenn dieser Tempel so frei wird von allen Hindernissen, das heißt von Ich-Bindung und Unwissenheit, so glänzt er so schön und leuchtet so lauter und klar über alles (hinaus) und durch alles (hindurch), das Gott geschaffen hat, daß niemand ihm mit gleichem Glanz zu begegnen vermag als einzig der ungeschaffene Gott. Und in voller Wahrheit: Diesem Tempel ist wirklich niemand gleich als der ungeschaffene Gott allein. Alles, was unterhalb der Engel ist, das gleicht diesem Tempel überhaupt nicht. Die höchsten Engel selbst gleichen diesem Tempel der edlen Seele bis zu gewissem Grade, aber doch nicht völlig. Daß sie der Seele in gewissem Maße gleichen, das trifft zu für die Erkenntnis und die Liebe. Jedoch ist ihnen ein Ziel gesetzt; darüber können sie nicht hinaus. Die Seele aber kann wohl darüber hinaus. Stünde eine Seele – und zwar die (Seele) eines Menschen, der noch in der Zeitlichkeit lebte – auf gleicher Höhe mit dem obersten Engel, so könnte dieser Mensch immer noch in seinem freien Vermögen unermeßlich höher über den Engel hinausgelangen in jedem Nun neu, zahllos, das heißt ohne Weise, und über die Weise der Engel und aller geschaffenen Vernunft hinaus. Gott allein ist frei und ungeschaffen, und daher ist er allein ihr gleich der Freiheit nach, nicht aber im Hinblick auf die Unerschaffenheit, denn *sie* ist geschaffen. Wenn die Seele in das ungemischte Licht kommt, so schlägt sie in ihr Nichts so weit weg von ihrem geschaffenen Etwas in dem Nichts, daß sie aus eigener Kraft mitnichten zurückzukommen vermag in ihr geschaffenes Etwas. Und Gott stellt sich mit seiner Ungeschaffenheit unter ihr Nichts und hält die Seele in seinem Etwas. Die Seele hat gewagt, zunichte zu werden und kann auch von sich selbst aus nicht (wieder) zu sich selbst gelangen – so weit ist sie sich entgangen, ehe Gott sich unter sie gestellt hat. Das muß notwendig so sein. Denn, wie ich früher sagte: »Jesus war hineingegangen in den Tempel und warf hinaus, die da verkauften, und sprach zu den anderen: ›Tut dies fort!‹« – Ja, seht, nun nehme ich das Wörtlein: »Jesus ging hinein und hub an zu sprechen: ›Tut dies fort!‹«, und sie taten es hin. Seht, nun war da niemand mehr als Jesus allein, und er begann in dem Tempel zu sprechen. Seht, dies sollt ihr fürwahr wissen: Will jemand anders in dem Tempel, das ist in der Seele, reden als Jesus allein, so schweigt Jesus, als sei er nicht daheim, und er ist auch nicht daheim in der Seele, denn sie hat fremde Gäste, mit denen sie redet. Soll aber Jesus in der Seele reden, so muß sie allein sein und muß selbst schweigen, wenn sie Jesus reden hören soll. Nun denn, so geht er hinein und beginnt zu sprechen. Was spricht der Herr Jesus? Er spricht das, was er ist. Was ist er denn? Er ist ein Wort des Vaters. In diesem nämlichen Worte spricht der Vater sich selbst und die ganze göttliche Natur und alles, was Gott ist, so wie er es erkennt (aus); und er erkennt es, wie es ist. Und da er vollkommen ist in seinem Erkennen und in seinem Vermögen, darum ist er auch vollkommen in seinem Sprechen. Indem er das Wort spricht, spricht er sich und alle Dinge in einer andern Person und gibt ihm dieselbe Natur, die er selbst hat, und spricht alle vernunftbegabten Geistwesen in demselben Worte als demselben Worte (wesens-)*gleich* (aus) nach dem »Bild«, insofern es *innebleibend* ist, – *nicht gleich* jedoch demselben Worte in jeder Weise, insofern es *ausleuchtet*, insofern also ein jedes für sich gesondert Sein hat; sie (d. h. die *ausleuchtenden* »Bilder«) haben aber die Möglichkeit erhalten, eine gnadenhafte Gleichheit mit demselben Worte zu erlangen. Und dasselbe Wort, wie es in sich selbst ist, das hat der Vater gänzlich gesprochen, das Wort und alles, was in dem Worte ist.

Da nun der Vater *dies* gesprochen hat, was spricht denn Jesus in der Seele? Wie ich gesagt habe: Der Vater spricht das Wort und spricht in dem Worte und sonst nicht; Jesus aber spricht *in der Seele*. Die Weise seines Sprechens ist die, daß er sich selbst und alles, was der Vater in ihm gesprochen hat, offenbart in der Weise, wie der Geist empfänglich ist. Er offenbart die väterliche Herrscherkraft in dem Geiste in gleicher unermeßlicher Gewalt. Wenn der Geist diese Gewalt in dem Sohne und durch den Sohn empfängt, so wird er (selbst) gewaltig in jedem Fortgang, so daß er gleich und gewaltig wird in allen Tugenden und in aller vollkommenen Lauterkeit, also daß weder Liebes noch Leides noch alles, was Gott in der Zeit geschaffen hat, den Menschen zu verstören vermag, er vielmehr machtvoll darin stehen bleibt wie in einer göttlichen Kraft, der gegenüber alle Dinge klein und unvermögend sind.

Zum andern Male offenbart sich Jesus in der Seele mit einer unermeßlichen Weisheit, die er selbst ist, in welcher Weisheit sich der Vater selbst mit seiner ganzen väterlichen Herrscherkraft sowie jenes nämliche Wort erkennt, das ja auch die Weisheit selbst ist, und alles, was darin ist, so, wie es Eins ist. Wenn diese Weisheit mit der Seele vereint wird, so ist ihr aller Zweifel und alle Irrung und alle Finsternis ganz und gar abgenommen, und sie ist versetzt in ein lauteres, klares Licht, das Gott selbst ist, wie der Prophet spricht: »Herr, in deinem Lichte wird man das Licht erkennen« (Ps. 35, 10). Da wird Gott mit Gott erkannt in der Seele; dann erkennt sie mit dieser Weisheit sich selbst und alle Dinge, und diese Weisheit erkennt sie mit ihm selbst, und mit derselben Weisheit erkennt sie die väterliche Herrschermacht in (ihrer) fruchtbaren Zeugungskraft und das wesenhafte Ur-Sein in einfaltiger Einheit ohne jegliche Unterschiedenheit.

Jesus offenbart sich zudem mit einer unermeßlichen Süßigkeit und Fülle, die herausquillt aus des Heiligen Geistes Kraft und überquillt und einströmt mit überfließend reicher Fülle und Süßigkeit in alle empfänglichen Herzen. Wenn Jesus sich mit dieser Fülle und mit dieser Süßigkeit offenbart und mit der Seele vereinigt, so fließt die Seele mit dieser Fülle und mit dieser Süßigkeit in sich selbst und aus sich selbst und über sich selbst und über alle Dinge hinaus gnadenweise mit Macht ohne Mittel zurück in ihren ersten Ursprung. Dann ist der äußere Mensch seinem inneren

Menschen gehorsam bis zu seinem Tod und ist dann in stetem Frieden im Dienste Gottes allezeit.

Daß Jesus auch in uns kommen und hinauswerfen und wegräumen möge alle Hindernisse und uns Eins mache, wie er als Eins mit dem Vater und dem heiligen Geiste ein Gott ist, auf daß wir so mit ihm eins werden und ewig bleiben, dazu helfe uns Gott. Amen.

[Quint: Predigt 1]

2.

*Intravit Jesus in quoddam castellum et mulier
quaedam, Martha nomine, excepit illum in
domum suam. Lucae II.*

(Luc. 10, 38)

Ich habe ein Wörtlein gesprochen, zunächst auf lateinisch, das steht geschrieben im Evangelium und lautet zu deutsch also: »Unser Herr Jesus Christus ging hinauf in ein Burgstädtchen und ward empfangen von einer Jungfrau, die ein Weib war.«

Wohlan, achtet nun aufmerksam auf dieses Wort: Notwendig muß es so sein, daß sie eine »Jungfrau« war, jener Mensch, von dem Jesus empfangen ward. Jungfrau besagt so viel wie ein Mensch, der von allen fremden Bildern ledig ist, wie er war, da er noch nicht war. Seht, nun könnte man fragen, wie ein Mensch, der geboren ist und fortgediehen bis in vernunftfähiges Leben, wie der so ledig sein könne von allen Bildern, wie da er noch nicht war, und dabei weiß er doch vieles, das sind alles Bilder; wie kann er dann ledig sein? Nun gebt acht auf die Unterweisung, die will ich euch dartun. Wäre ich von so umfassender Vernunft, daß alle Bilder, die sämtliche Menschen je (in sich) aufnahmen und (zudem) die, die in Gott selbst sind, in meiner Vernunft stünden, doch so, daß ich so frei von Ich-Bindung an sie wäre, daß ich ihrer keines im Tun noch im Lassen, mit Vor noch mit Nach als mir zu eigen ergriffen hätte, daß ich vielmehr in diesem gegenwärtigen Nun frei und ledig stünde für den liebsten Willen Gottes und ihn zu erfüllen ohne Unterlaß, wahrlich, so wäre ich Jungfrau ohne Behinderung durch alle Bilder, ebenso gewiß, wie ich's war, da ich noch nicht war.

Ich sage weiter: Daß der Mensch Jungfrau ist, das benimmt ihm gar nichts von allen den Werken, die er je tat; das alles (aber) läßt ihn magdlich und frei dastehen ohne jede Behinderung an der obersten Wahrheit, so wie Jesus ledig und frei ist und magdlich in sich selbst. Wie die Meister sagen, daß nur gleich und gleich Grund für die Vereinigung ist, darum muß der Mensch Magd sein, Jungfrau, die den magdlichen Jesus empfangen soll.

Nun gebt acht und seht genau zu! Wenn nun der Mensch immerfort Jungfrau wäre, so käme keine Frucht von ihm. Soll er fruchtbar werden, so ist es notwendig, daß er *Weib* sei. »Weib« ist der edelste Name, den man der Seele zulegen kann, und ist viel edler als »Jungfrau«. Daß der Mensch Gott in sich *empfängt*, das ist gut, und in dieser Empfänglichkeit ist er Jungfrau. Daß aber Gott fruchtbar in ihm werde, das ist besser; denn Fruchtbarwerden der Gabe das allein ist Dankbarkeit für die Gabe, und da ist der Geist Weib in der wiedergebärenden Dankbarkeit, wo er Jesum wiedergebiert in Gottes väterliches Herz.

Viele gute Gaben werden empfangen in der Jungfräulichkeit, werden aber nicht in weiblicher Fruchtbarkeit mit dankbarem Lobe wieder eingeboren in Gott. Diese Gaben verderben und werden alle zunichte, so daß der Mensch nimmer seliger noch besser davon wird. Dabei ist ihm seine Jungfräulichkeit zu nichts nütze, denn er ist über seine Jungfräulichkeit hinaus nicht Weib mit voller Fruchtbarkeit. Darin liegt der Schaden. Darum habe ich gesagt: »Jesus ging hinauf in ein Burgstädtchen und ward empfangen von einer Jungfrau, die ein Weib war.« Das muß notwendig so sein, wie ich euch dargetan habe.

Eheleute bringen im Jahr kaum mehr als eine Frucht hervor. Aber eine andere Art »Eheleute« habe ich nun diesmal im Sinn: alle diejenigen, die ichhaft gebunden sind an Gebet, an Fasten, an Wachen und allerhand äußerliche Übungen und Kasteiungen. Jegliche Ichgebundenheit an irgendwelches Werk, das dir die Freiheit benimmt, in diesem gegenwärtigen Nun Gott zu Gebote zu stehen und ihm allein zu folgen in dem Lichte, mit dem er dich anweisen würde zum Tun und Lassen, frei und neu in jedem Nun, als ob du anders nichts hättest noch wolltest noch könntest: – jegliche Ichgebundenheit oder jegliches vorsätzliche Werk, das dir diese allzeit neue Freiheit benimmt, das heiße ich nun ein Jahr; denn deine Seele bringt dabei keinerlei Frucht, ohne daß sie das Werk verrichtet hat, das du ichgebunden in Angriff genommen hast, und du hast auch weder zu Gott noch zu dir selbst Vertrauen, du habest denn dein Werk vollbracht, das du mit Ich-Bindung ergriffen hast; sonst hast du keinen Frieden. Darum bringst du auch keine Frucht, du habest denn dein Werk getan. *Dies* setze ich als ein Jahr an, und die Frucht ist dennoch klein, weil sie aus dem Werke hervorgegangen ist in Ichgebundenheit und nicht in Freiheit. Solche Menschen heiße ich »Eheleute«, weil sie in Ich-Bindung gebunden sind. Solche bringen wenig Frucht, und die ist zudem noch klein, wie ich gesagt habe.

Eine Jungfrau, die ein Weib ist, die frei ist und ungebunden ohne Ich-Bindung, die ist Gott und sich selbst allzeit gleich nahe. Die bringt viele Früchte, und die sind groß, nicht weniger und nicht mehr als Gott selbst ist. Diese Frucht und diese Geburt bringt diese Jungfrau, die ein Weib ist, zustande, und sie bringt alle Tage hundertmal oder tausendmal Frucht, ja unzählige Male, gebärend und fruchtbar werdend aus dem alleredelsten Grunde; noch besser gesagt: fürwahr, aus demselben Grunde, daraus der Vater sein ewiges Wort gebiert, aus dem wird sie fruchtbar mitgebärend. Denn Jesus, das Licht und der Widerschein des väterlichen Herzens – wie Sankt Paulus sagt, daß er eine Ehre und ein Widerschein des väterlichen Herzens sei und mit Gewalt das väterliche Herz durchstrahle (vgl. Hebr. 1, 3) –, dieser Jesus ist mit ihr vereint und sie mit ihm, und sie leuchtet und glänzt mit ihm als ein einiges Eins und als ein lauterklares Licht im väterlichen Herzen.

Ich habe auch öfter schon gesagt, daß eine Kraft in der Seele ist, die weder Zeit noch Fleisch berührt; sie fließt aus dem Geiste und bleibt im Geiste und ist ganz und gar geistig. In dieser Kraft ist Gott ganz so grünend und blühend in aller der Freude und in aller der Ehre, wie er in sich selbst ist. Da ist so herzliche Freude und so unbegreiflich große Freude, daß niemand erschöpfend davon zu künden vermag. Denn der ewige Vater gebiert seinen ewigen Sohn in dieser Kraft ohne Unterlaß so, daß diese Kraft den Sohn des Vaters und sich selbst als denselben Sohn in der einigen Kraft des Vaters mitgebiert. Besäße ein Mensch ein ganzes Königreich oder alles Gute der Erde und gäbe das lauterlich um Gottes willen hin und würde der ärmsten Menschen einer, der irgendwo auf Erden lebt, und gäbe ihm dann Gott so viel zu leiden, wie er je einem Menschen gab, und litte er alles dies bis an seinen Tod und ließe ihn dann Gott einmal nur mit einem Blick schauen, wie er in dieser Kraft ist: – seine Freude würde so groß, daß es an allem diesem Leiden und an dieser Armut immer noch zu wenig gewesen wäre. Ja, selbst wenn Gott ihm nachher nimmermehr das Himmelreich gäbe, er hätte dennoch allzu großen Lohn empfangen für alles, was er je erlitt; denn Gott ist in dieser Kraft wie in dem ewigen Nun. Wäre der Geist allzeit mit Gott in dieser Kraft vereint, der Mensch könnte nicht altern; denn das Nun, darin Gott den ersten Menschen schuf, und das Nun, darin der letzte Mensch vergehen wird, und das Nun, darin ich spreche, die sind gleich in Gott und sind nichts als *ein* Nun. Nun seht, dieser Mensch wohnt in *einem* Lichte mit Gott; darum ist in ihm weder Leiden noch Zeitfolge, sondern eine gleichbleibende Ewigkeit. Diesem Menschen ist in Wahrheit alles Verwundern abgenommen, und alle Dinge stehen wesenhaft in ihm. Darum empfängt er nichts Neues von künftigen Dingen noch von irgendeinem »Zufall«, denn er wohnt in *einem* Nun, allzeit neu, ohne Unterlaß. Solche göttliche Hoheit ist in dieser Kraft.

Noch eine Kraft gibt es, die ist auch unleiblich; sie fließt aus dem Geiste und bleibt im Geiste und ist ganz und gar geistig. In dieser Kraft ist Gott ohne Unterlaß glimmend und brennend mit all seinem Reichtum, mit all seiner Süßigkeit und mit all seiner Wonne. Wahrlich, in dieser Kraft ist so große Freude und so große, unermeßliche Wonne, daß es niemand erschöpfend auszusagen oder zu offenbaren vermag. Ich sage wiederum: Gäbe es irgendeinen Menschen, der hierin mit der Vernunft wahrheitsgemäß einen Augenblick lang die Wonne und die Freude schaute, die darin ist, – alles, was er leiden könnte und was Gott von ihm erlitten haben wollte, das wäre ihm alles geringfügig, ja ein Nichts: ich sage noch mehr: es wäre ihm vollends eine Freude und ein Gemach.

Willst du recht wissen, ob dein Leiden dein sei oder Gottes, das sollst du hieran erkennen: Leidest du um deiner selbst willen, in welcher Weise es immer sei, so tut dir dieses Leiden weh und ist dir schwer zu ertragen. Leidest du aber um Gott und um Gottes willen allein, so tut dir dieses Leiden nicht weh und ist dir auch nicht schwer, denn Gott trägt die Last. In voller Wahrheit: Gäbe es einen Menschen, der um Gott und rein um Gottes willen leiden wollte, und fiele auf ihn alles das Leiden miteinander, das sämtliche Menschen je erlitten und das die ganze Welt zusammen trägt, das täte ihm nicht weh und wäre ihm auch nicht schwer, denn Gott trüge die Last. Wenn mir einer einen Zentner auf meinen Nacken legte und ihn dann ein *anderer* auf *meinem* Nacken hielte, so lüde ich mir ebenso lieb hundert auf wie einen, denn es wäre mir nicht schwer und täte mir auch nicht weh. Kurz gesagt: »Was immer der Mensch um Gott und um Gottes willen allein leidet, das macht ihm Gott leicht und süß. So denn habe ich am Anfang gesagt, womit wir unsere Predigt begannen: »Jesus ging hinauf in ein Burgstädtchen und ward empfangen von einer Jungfrau, die ein Weib war.« Warum? Das mußte notwendig so sein, daß sie eine Jungfrau war und dazu ein Weib. Nun habe ich euch darüber gesprochen, daß Jesus empfangen ward; ich habe euch aber (noch) nicht gesagt, was das »Burgstädtchen« sei, so wie ich (denn) jetzt darüber sprechen will.

Ich habe bisweilen gesagt, es sei eine Kraft im Geiste, die sei allein frei. Bisweilen habe ich gesagt, es sei eine Hut des Geistes; bisweilen habe ich gesagt, es sei ein Licht des Geistes; bisweilen habe ich gesagt, es sei ein Fünklein. Nun aber sage ich: Es ist weder dies noch das; trotzdem ist es ein Etwas, das ist erhabener über dies und das als der Himmel über der Erde. Darum benenne ich es nun auf eine edlere Weise, als ich es je benannte, und doch spottet es sowohl solcher Edelkeit wie der Weise und ist darüber erhaben. Es ist von allen Namen frei und allen Formen bloß, ganz ledig und frei, wie Gott ledig und frei ist in sich selbst. Es ist so völlig eins und einfaltig, wie Gott eins und einfaltig ist, so daß man mit keinerlei Weise dahinein zu lugen vermag. Jene nämliche Kraft, von der ich gesprochen habe, darin Gott blühend und grünend ist mit seiner ganzen Gottheit und der Geist in Gott, in dieser selben Kraft gebiert der Vater seinen eingeborenen Sohn so wahrhaft wie in sich selbst, denn er lebt wirklich in dieser Kraft, und der Geist gebiert mit dem Vater denselben eingeborenen Sohn und sich selbst als denselben Sohn und ist derselbe Sohn in diesem Lichte und ist die Wahrheit. Könntet ihr mit meinem Herzen erkennen, so verstündet ihr wohl, was ich sage; denn es ist wahr, und die Wahrheit sagt es selbst.

Seht, nun merkt auf! So eins und einfaltig ist dies »Bürglein« in der Seele, von dem ich spreche und das ich im Sinn habe, über alle Weise erhaben, daß jene edle Kraft, von der ich gesprochen habe, nicht würdig ist, daß sie je ein einziges Mal (nur) einen Augenblick in dies Bürglein hineinluge, und auch die andere Kraft, von der ich sprach, darin Gott glimmt und brennt mit all seinem Reichtum und mit all seiner Wonne, die wagt auch nimmermehr da hineinzulugen; so ganz eins und einfaltig ist dies Bürglein und so erhaben über alle Weise und alle Kräfte ist dies einige Eine, daß niemals eine Kraft oder eine Weise hineinzulugen vermag noch Gott selbst. In voller Wahrheit und so wahr Gott lebt: Gott selbst wird niemals nur einen Augenblick da hineinlugen und hat noch nie hineingelugt, soweit er in der Weise und »Eigenschaft« seiner Personen existiert. Dies ist leicht einzusehen, denn dieses einige Eine ist ohne Weise und ohne Eigenheit. Und drum: Soll Gott je darein lugen, so muß es ihn alle seine göttlichen Namen kosten und seine personhafte Eigenheit; das muß er allzumal draußen lassen, soll er je darein lugen. Vielmehr, so wie er einfaltiges Eins ist, ohne alle Weise und Eigenheit, so ist er weder Vater noch Sohn noch Heiliger Geist in diesem Sinne und ist doch ein Etwas, das weder dies noch das ist.

Seht, so wie er eins und einfaltig ist, so kommt er in dieses Eine, das ich da heiße ein Bürglein in der Seele, und anders kommt er auf keine Weise da hinein; sondern nur so kommt er da hinein und ist darin. Mit *dem* Teile ist die Seele Gott gleich und sonst nicht. Was ich euch gesagt habe, das ist wahr; dafür setze ich euch die Wahrheit zum Zeugen und meine Seele zum Pfande.

Daß wir so ein »Bürglein« seien, in dem Jesus aufsteige und empfangen werde und ewig in uns bleibe in der Weise, wie ich's gesagt habe, dazu helfe uns Gott. Amen.

[Quint: Predigt 2]

3.

Nunc scio vere, quia misit dominus angelum suum.
(Act. 12, 11)

Als Petrus durch die Gewalt des hohen, obersten Gottes aus den Banden seiner Gefangenschaft befreit worden war, da sprach er: »Nun weiß ich wahrhaft, daß Gott mir seinen Engel gesandt und mich erlöst hat aus der Gewalt des Herodes und aus den Händen der Feinde« (Apg. 12, 11; vgl. auch Ps. 17, 1).

Nun kehren wir dieses Wort um und sagen: Weil Gott mir seinen Engel gesandt hat, deshalb erkenne ich wahrhaft. »Petrus« besagt soviel wie Erkenntnis. Ich habe es auch sonst schon gesagt: Erkenntnis und Vernunft vereinigen die Seele mit Gott. Vernunft dringt in das lautere Sein, Erkenntnis läuft voran, sie läuft vorauf und bricht durch, auf daß (da) Gottes eingeborener Sohn geboren wird. Unser Herr sagt bei Matthäus, daß niemand den Vater erkennt als nur der Sohn (Matth. 11, 27). Die Meister sagen, Erkenntnis hänge an Gleichheit. Etliche Meister sagen, die Seele sei aus allen Dingen gemacht, weil sie das Vermögen hat, alle Dinge zu erkennen. Es klingt töricht und ist doch wahr. Die Meister sagen: Was ich erkennen soll, das muß mir völlig gegenwärtig sein und meiner Erkenntnis gleichen. Die Heiligen sagen, im Vater sei Macht, im Sohne Gleichheit und im Heiligen Geist Einigung. Weil der Vater dem Sohn vollends gegenwärtig und der Sohn ihm vollends gleich ist, darum erkennt niemand den Vater als nur der Sohn.

Nun spricht Petrus: »Jetzt erkenne ich wahrhaft.« Warum erkennt man hier wahrhaft? Darum, weil es ein göttliches Licht ist, das niemanden trügt. Zum andern, weil man da bloß und lauter erkennt und durch nichts verhüllt. Deshalb spricht Paulus: »Gott wohnt in einem Lichte, zu dem es keinerlei Zugang gibt« (1 Tim. 6, 16). Die Meister sagen, die Weisheit, die wir hier lernen, die werde uns dort bleiben. Paulus aber sagt, sie werde vergehen (1 Kor. 13, 8). Ein Meister sagt: Reine Erkenntnis, selbst hier (noch) in diesem Leben, die berge so große Lust in sich selbst, daß aller geschaffenen Dinge Lust recht wie ein Nichts gegenüber der Lust sei, die reine Erkenntnis in sich trägt. Und doch, wie edel sie auch sei, so ist sie doch ein »Zufall«; und so klein ein Wörtlein ist, verglichen mit der ganzen Welt, so klein ist alle die Weisheit, die wir hier lernen können, gegenüber der bloßen, lauteren Wahrheit. Deshalb sagt Paulus, sie werde vergehen. Selbst wenn sie bleibt, so wird sie recht zu einer Törin und so, als ob sie nichts sei gegenüber der bloßen Wahrheit, die man dort erkennt. Der dritte Grund, weshalb man dort wahrhaft erkennt, liegt darin: Die Dinge, die man hier dem Wandel unterworfen sieht, die erkennt man dort als unwandelbar, und man nimmt sie dort, wie sie ganz ungeteilt und nahe beieinander sind; denn, was hier fern ist, das ist dort nahe, denn alle Dinge sind da gegenwärtig. Was an dem ersten und am jüngsten Tage geschieht, das ist dort gegenwärtig.

»Nun weiß ich wahrhaft, daß Gott mir seinen Engel gesandt hat.« Wenn Gott seinen Engel zu der Seele sendet, so wird sie wahrhaft erkennend. Nicht umsonst hat Gott Sankt Peter den Schlüssel anbefohlen, denn »Petrus« besagt soviel wie Erkenntnis (vgl. Matth. 16, 19). Erkenntnis aber hat den Schlüssel und schließt auf und dringt und bricht durch und findet Gott unverhüllt und sagt sodann ihrem Gespielen, dem Willen, was sie in Besitz genommen habe, wiewohl sie doch den Willen (dazu) schon vorher gehabt hat; denn was ich *will*, das suche ich. Erkenntnis geht voraus. Sie ist eine Fürstin und sucht Herrschaft im Höchsten und Lautersten und gibt es an die Seele weiter und die Seele weiter an die Natur und die Natur an alle leiblichen Sinne. Die Seele ist so edel in ihrem Höchsten und Lautersten, daß die Meister keinen Namen für sie finden können. Sie nennen sie »Seele«, sofern sie dem Leibe Wesen gibt. Nun sagen die Meister, nächst dem ersten Ausbruch der Gottheit, wo der Sohn aus dem Vater ausbricht, sei der Engel zu allernächst nach Gott gebildet. Wohl ist es wahr: die Seele ist nach Gott gebildet in ihrem obersten Teile; aber der Engel ist ein näheres Bild Gottes. Alles, was am Engel ist, das ist nach Gott gebildet. Darum wird der Engel zur Seele gesandt, auf daß er sie zurückbringe zu demselben Bild, nach dem er gebildet ist; denn Erkenntnis fließt aus der Gleichheit. Da nun die Seele ein Vermögen hat, alle Dinge zu erkennen, deshalb ruht sie nimmer, bis sie in das erste Bild kommt, wo alle Dinge eins sind, und dort kommt sie zur Ruhe, das heißt: in Gott. In Gott ist keine Kreatur edler als die andere.

Die Meister sagen: Sein und Erkennen sei ganz eins, denn was nicht ist, das erkennt man auch nicht; was am allermeisten Sein hat, das erkennt man auch am allermeisten. Da denn Gott ein überschwengliches Sein hat, darum übersteigt er auch alle Erkenntnis, wie ich vorgestern in meinem letzten Sermon sagte: daß die Seele in die erste Lauterkeit eingebildet wird, in der Eindruck der lauteren Wesenheit, wo sie Gott schmeckt, ehe er Wahrheit oder Erkennbarkeit annimmt, dort, wo alle Nennbarkeit abgelegt ist; dort erkennt sie am allerlautersten, dort nimmt sie das Sein in voller Gemäßheit. Deshalb sagt Paulus: »Gott wohnt in einem Lichte, zu dem es keinerlei Zugang gibt« (1 Tim. 6, 16). Er ist ein Einwohnen in seiner eigenen lauteren Wesenheit, in der es nichts Anhaftendes gibt. Was »Zu-fall« hat, das muß hinweg. Er ist ein lauteres In-sich-selbst-Stehen, wo es weder dies noch das gibt; denn was in Gott ist, das ist Gott. Ein heidnischer Meister sagt: Die

Kräfte, die unterhalb Gottes schweben, die haben ein Einhangen in Gott, und wiewohl sie rein in sich bestehen, so haben sie doch ein Einhangen in dem, der weder Anfang noch Ende hat; denn in Gott kann nichts Fremdes fallen. Habet dafür ein Zeugnis am Himmel: der kann keinen fremden Eindruck empfangen in fremder Weise.

Es geschieht so: Was immer zu Gott kommt, das wird verwandelt; so geringwertig es auch sei, wenn wir es zu Gott bringen, so entfällt es sich selbst. Dafür nehmt ein Gleichnis: Habe ich Weisheit, so bin ich die nicht selbst. Ich kann Weisheit gewinnen, ich kann sie auch verlieren. Was immer aber in Gott ist, das ist Gott; das kann ihm nicht entfallen. Es wird in göttliche Natur versetzt, denn göttliche Natur ist so kräftig, daß, was immer darein gegeben wird, entweder vollkommen darein versetzt wird oder gänzlich draußen bleibt. Nun vernehmt mit Staunen! Da Gott so geringwertige Dinge in sich verwandelt, was glaubt ihr wohl, daß er mit der Seele tue, die er mit dem Bild seiner selbst ausgezeichnet hat?

Daß wir dazu gelangen mögen, dazu helfe uns Gott. Amen.

[Quint: Predigt 3]

4.

Omne datum optimum et omne donum perfectum desursum est. Jacobi I.

(Jac. 1, 17)

Sankt Jakob sagt in der Epistel: »Die allerbeste Gabe und Vollkommenheit kommen von oben herab vom Vater der Lichter« (Jak. 1, 17).

Nun gebt acht! Ihr müßt dies wissen: Die Menschen, die sich Gott überlassen und mit allem Fleiß nur seinen Willen suchen, was immer Gott einem solchen Menschen gibt, das ist das Beste; sei dessen so gewiß, wie daß Gott lebt, daß es notwendig das Allerbeste sein muß und daß es sonst keine Weise geben könnte, die besser wäre. Mag es auch sein, daß doch etwas anderes besser scheine, so wäre es für dich doch nicht so gut; denn Gott will eben diese Weise und nicht eine andere, und *diese* Weise muß notwendig für dich die beste Weise sein. Es sei (nun) Krankheit oder Armut oder Hunger oder Durst oder was immer es sei, das Gott über dich verhängt oder nicht verhängt oder was dir Gott gibt oder nicht gibt, das alles ist für dich das Beste; sei's, daß du keines von beiden, weder Andacht noch Innerlichkeit hast und was immer du hast oder nicht hast: stelle dich nur recht darauf ein, daß du Gottes Ehre in allen Dingen im Auge hast, und was immer er dir dann antut, das ist das Beste.

Nun könntest du vielleicht sagen: Woher weiß ich, ob es der Wille Gottes sei oder nicht? Wisset: Wäre es Gottes Wille nicht, so wäre es auch nicht. Du hast weder Krankheit noch irgend etwas, Gott wolle es denn. Und da du denn weißt, daß es Gottes Wille ist, so solltest du soviel Wohlgefallen und Befriedigung daran haben, daß du keine Pein als Pein erachtest; ja, käme es selbst zum Alleräußersten der Pein, empfändest du dann irgend etwas von Pein oder Leiden, so wäre das selbst dann noch völlig verkehrt; denn du sollst es von Gott als Allerbestes nehmen, weil es notwendig dein Allerbestes sein muß. Denn Gottes Sein hängt daran, daß er das Beste wolle. Darum muß auch ich es wollen, und nichts soll mir besser behagen. Wollte ich einem Menschen mit allem Fleiß gefallen und wüßte ich dann für gewiß, daß ich diesem Menschen besser gefiele in einem grauen Kleide als in irgendeinem andern, wie gut es auch wäre, so gibt es darüber keinen Zweifel, daß mir dieses Kleid wohlgefälliger und lieber wäre als irgendein anderes, wär's auch noch so gut. Wär's denn, daß ich einem jeden gefallen wollte: wovon ich dann wüßte, daß es einer gern hätte, an Worten und an Werken, das täte ich und nichts anderes. Wohlan, nun prüft euch selbst daraufhin, wie es mit eurer Liebe bestellt ist! Liebtet ihr Gott, so könnte euch nichts lustvoller sein, als was ihm am allerbesten gefiele und daß sein Wille am allermeisten an uns vollbracht würde. Wie schwer auch die Pein oder das Ungemach scheinen mag, hast du nicht ebenso großes Wohlbehagen darin, so steht es nicht recht damit.

Ich pflege oft ein Wörtlein zu sprechen, und es ist auch wahr: Wir rufen alle Tage und schreien im Paternoster: »Herr, dein Wille werde!« (Matth. 6, 10). Und wenn dann sein Wille wird, so wollen wir zürnen, und sein Wille befriedigt uns nicht. Indessen, was immer er täte, das sollte uns am allerbesten gefallen. Die es so als Bestes hinnehmen, die bleiben bei allen Dingen in vollkommenem Frieden. Nun dünkt es euch mitunter, und ihr sagt: »Ach, wäre es anders gekommen, so wäre es besser«, oder: »Wäre es nicht so gekommen, so wäre es vielleicht besser gekommen.« Solange es dich so dünkt, wirst du niemals Frieden gewinnen. Du sollst es als Allerbestes hinnehmen. Dies ist der erste Sinn dieses Schriftwortes.

Es gibt auch noch einen anderen Sinn, den bedenket mit Fleiß! Er (= Sankt Jakob) sagt: »Alle Gabe«. Nur was das Allerbeste und Allerhöchste ist, das sind eigentlich Gaben und im allereigensten Sinne. Gott gibt nichts so gern wie große Gaben. Ich sagte einst an dieser Stätte, daß Gott sogar lieber große Sünden vergibt als kleine. Und je größer sie sind, um so lieber und schneller vergibt er sie. Und ganz so steht es mit der Gnade und Gabe und Tugend: je größer sie sind, um so lieber gibt er sie; denn seine Natur hängt daran, daß er große Dinge gebe. Und darum, je wertvoller die Dinge sind, um so mehr gibt es ihrer. Die edelsten Kreaturen sind die Engel, und sie sind rein geistig und haben keinerlei Körperlichkeit an sich, und von ihnen gibt es am allermeisten, und ihrer gibt es mehr als die Summe aller körperlichen Dinge. Große Dinge heißen recht eigentlich »Gaben« und gehören ihm (= Gott) am allereigentlichsten und allerinnigsten zu.

Ich sagte einst: Was im eigentlichen Sinne in Worten geäußert werden kann, das muß von innen heraus kommen und sich durch die innere Form bewegen, nicht dagegen von außen herein kommen, sondern: von innen muß es heraus kommen. Es lebt recht eigentlich im Innersten der Seele. Dort sind dir alle Dinge gegenwärtig und im Innern lebend und suchend und sind (dort) im Besten und im Höchsten. Weshalb merkst du nichts davon? Weil du dort nicht daheim bist. Je edler etwas ist, um so allgemeiner ist es. Den Sinn habe ich mit den Tieren gemein und das Leben (zudem) mit den Bäumen. Das Sein ist mir noch innerlicher, das habe ich gemein mit allen Kreaturen. Der Himmel ist umfassender als alles, was unter ihm ist; darum ist er auch edler. Je edler die Dinge sind, um so umfassender und allgemeiner sind sie. Die Liebe ist edel, weil sie allumfassend ist.

Es scheint schwer, was unser Herr geboten hat: daß man

den Mitchristen lieben soll wie sich selbst (Mark. 12, 31; Matth. 22, 39). Grobsinnige Leute sagen gemeinhin, es sei so gemeint: man solle sie (= die Mitchristen) im Hinblick auf das gleiche Gute lieben, um dessentwillen man sich selbst liebt. Nein, dem ist nicht so. Man soll sie ebensosehr lieben wie sich selbst, und das ist nicht schwer. Wollt ihr's recht bedenken, so ist Liebe mehr Belohnung als ein Gebot. Das Gebot scheint schwer, der Lohn aber ist begehrenswert. Wer Gott liebt, wie er ihn lieben soll und auch lieben muß, ob er wolle oder nicht, und wie ihn alle Kreaturen lieben, der muß seinen Mitmenschen lieben wie sich selbst und sich seiner Freuden freuen wie seiner eigenen Freuden und nach seiner Ehre so sehr verlangen wie nach seiner eigenen Ehre und den Fremden (so lieben) wie den Angehörigen. Und auf solche Weise ist der Mensch allzeit in Freude, in Ehre und in Vorteil, so ist er recht wie im Himmelreich, und so hat er öfter Freuden, als wenn er sich nur seines eigenen Guten freute. Und wisset fürwahr: Ist dir deine eigene Ehre beglückender als die eines andern, so ist das unrecht.

Wisse, wenn immer du irgendwie das Deine suchst, so findest du Gott nimmer, weil du nicht Gott ausschließlich suchst. Du suchst etwas mit Gott und tust gerade so, wie wenn du aus Gott eine Kerze machtest, auf daß man etwas damit suche; und wenn man die Dinge findet, die man sucht, so wirft man die Kerze hinweg. Ganz so tust du: Was immer du mit Gott suchst, das ist *nichts*, was es auch sei, sei's Nutzen oder Lohn oder Innerlichkeit oder was es auch sei; du suchst ein *Nichts*, darum findest du auch ein *Nichts*. Daß du ein *Nichts* findest, ist nur dadurch verursacht, daß du ein *Nichts* suchst. Alle Kreaturen sind ein reines Nichts. Ich sage nicht, daß sie geringwertig oder überhaupt etwas seien: sie sind ein reines *Nichts*. Was kein Sein hat, das ist nichts. Alle Kreaturen (nun) haben kein

Sein, denn ihr Sein hängt an der Gegenwart Gottes. Kehrte sich Gott nur einen Augenblick von allen Kreaturen ab, so würden sie zunichte. Ich habe mitunter gesagt, und es ist auch wahr: Wer die ganze Welt zu Gott hinzunähme, der hätte nicht mehr, als wenn er Gott allein hätte. Alle Kreaturen haben ohne Gott nicht mehr (Sein) als eine Mücke ohne Gott besäße, genau gleich viel, nicht weniger und nicht mehr.

Wohlan, nun hört auf ein wahres Wort! Gäbe ein Mensch tausend Mark Goldes, auf daß man dafür Kirchen und Klöster baute, das wäre eine große Sache. Dennoch hätte der viel mehr gegeben, der tausend Mark für nichts erachten könnte; der hätte bei weitem mehr getan als jener. Als Gott alle Kreaturen erschaffen hatte, waren sie so geringwertig und so eng, daß er sich in ihnen nicht regen konnte. Die Seele jedoch machte er sich so gleich und so ebenbildlich, auf daß er sich der Seele geben könne; denn was er ihr sonst gäbe, das achtet sie für nichts. Gott muß mir sich selbst so zu eigen geben, wie er sich selbst gehört, oder aber mir wird (überhaupt) nichts zuteil, und nichts sagt mir zu. Wer ihn so ganz empfangen soll, der muß sich selbst ganz aufgeben und sich seiner selbst ganz entäußert haben; so einer empfängt von Gott alles, was Gott hat, und gleich ebenso zu eigen, wie der es selbst hat und Unsere Frau und alle die, die im Himmelreich sind: das gehört solchen ebenso gleich und ebenso eigen zu. Die so gleichmäßig sich entäußert und sich selbst aufgegeben haben, die werden auch Gleiches empfangen und nicht weniger.

Und nun das dritte in unserem Schrifttext: »von dem Vater des Lichtes«. Bei dem Wort »Vater« denkt man an Sohnschaft, und das Wort »Vater« besagt ein lauteres Gebären und ist gleichbedeutend mit: ein Leben aller Dinge. Der Vater gebiert seinen Sohn im ewigen Erkennen, und ganz so gebiert der Vater seinen Sohn in der Seele wie in seiner eigenen Natur, und er gebiert ihn der Seele zu eigen, und sein Sein hängt daran, daß er in der Seele seinen Sohn gebäre, es sei ihm lieb oder leid. Ich ward einst gefragt, was der Vater im Himmel täte. Da sagte ich: Er gebiert seinen Sohn, und dieses Tun ist ihm so lustvoll und gefällt ihm so wohl, daß er nie etwas anderes tut als seinen Sohn gebären, und sie beide blühen den Heiligen Geist aus. Wo der Vater seinen Sohn in mir gebiert, da bin ich derselbe Sohn und nicht ein anderer; wir sind wohl verschieden im Menschsein, dort aber bin ich derselbe Sohn und nicht ein anderer. »Wo wir Söhne sind, da sind wir rechte Erben« (Röm. 8, 17). Wer die Wahrheit recht erkennt, der weiß wohl, daß das Wort »Vater« ein lauteres Gebären und ein Söhne-Haben in sich trägt. Darum sind wir hierin Sohn und sind derselbe Sohn.

Nun merkt noch auf das Wort: »sie kommen von oben herab«. Ich habe euch nun vor kurzem gesagt: Wer von oben her empfangen will, der muß notwendig unten sein in rechter Demut. Und wisset in Wahrheit: Wer nicht völlig unten ist, dem wird auch nichts zuteil, und er empfängt auch nichts, wie geringfügig es auch immer nur sein möge. Hast du es irgendwie auf dich oder auf irgend etwas oder irgendwen abgesehen, so bist du nicht unten und empfängst auch nichts; bist du aber völlig unten, so empfängst du auch völlig und vollkommen. Gottes Natur ist es, daß er gibt, und sein Sein hängt daran, daß er uns gebe, wenn wir unten sind. Sind wir's nicht und empfangen wir nichts, so tun wir ihm Gewalt an und töten ihn. Können wir's nicht an ihm selbst tun, so tun wir's doch an uns und soweit es uns betrifft. Auf daß du es ihm alles zu eigen gebest, sieh zu, daß du dich in rechter Demut unter Gott erniedrigst und Gott in deinem Herzen und in deinem Erkennen erhebst. »Gott, unser Herr, sandte seinen Sohn in die Welt« (Gal. 4, 4). Ich sprach einst ebenhier: Gott sandte seinen Sohn in der Fülle der Zeit: – zu der Seele, wenn sie über alle Zeit hinausgeschritten ist. Wenn die Seele der Zeit und des Raumes ledig ist, so sendet der Vater seinen Sohn in die Seele. Nun, dies bedeutet das Wort: »Die allerbeste Gabe und Vollkommenheit kommen von oben herab vom Vater der Lichter.«

Daß wir bereitet werden, die beste Gabe zu empfangen, dazu helfe uns der Vater der Lichter. Amen.

[Quint: Predigt 4]

5.

In hoc apparuit caritas dei in nobis, quoniam filium suum unigenitum misit deus in mundum ut vivamus per eum

(1 Joh. 4, 9)

Sankt Johannes spricht: »Darin ist uns Gottes Liebe geoffenbart, daß er seinen Sohn in die Welt gesandt hat, auf daß wir durch ihn und mit ihm leben« (Joh. 4, 9), und so ist unsere menschliche Natur unermeßlich erhöht dadurch, daß der Höchste gekommen ist und die Menschennatur an sich genommen hat.

Ein Meister sagt: Wenn ich daran denke, daß unsere Natur über die Kreaturen erhoben worden ist und im Himmel über den Engeln sitzt und von ihnen angebetet wird, so muß ich mich aus tiefstem Herzensgrunde freuen, denn Jesus Christus, mein lieber Herr, hat mir alles das zu eigen gemacht, was er in sich besitzt. Er (der Meister) sagt auch, daß der Vater es in allem dem, was er seinem Sohn Jesus Christus je in der menschlichen Natur verlieh, eher auf mich abgesehen und mich mehr geliebt hat als ihn und es mir eher verlieh als ihm. Wieso denn? Er gab es ihm um meinetwillen, denn mir tat es not. Darum, was immer er ihm gab, damit zielte er auf mich und gab mir's recht so wie ihm; ich nehme da nichts aus, weder Einigung noch Heiligkeit der Gottheit noch irgend etwas. Alles, was er ihm je in der menschlichen Natur gab, das ist mir nicht fremder noch ferner als ihm, denn Gott kann nicht (nur) weniges geben; entweder muß er alles oder gar nichts geben. Seine Gabe ist völlig einfach und vollkommen ohne Teilung und nicht in der Zeit, immerzu (nur) in der Ewigkeit; und seid dessen so gewiß, wie ich lebe: Wenn wir so von ihm empfangen sollen, so müssen wir in der Ewigkeit sein, erhaben über die Zeit. In der Ewigkeit sind alle Dinge gegenwärtig. Das, was über mir ist, das ist mir so nahe und so gegenwärtig wie das, was hier bei mir ist; und dort werden wir von Gott empfangen, was wir von Gott haben sollen. Gott erkennt auch nichts außerhalb seiner, sondern sein Auge ist nur auf ihn selbst gerichtet. Was er sieht, das sieht er alles in sich. Darum sieht uns Gott nicht, wenn wir in Sünden sind. Drum: So weit wir in ihm sind, so weit erkennt uns Gott, das heißt: soweit wir ohne Sünde sind. Und alle die Werke, die unser Herr je wirkte, die hat er mir so zu eigen gegeben, daß sie für mich nicht weniger lohnwürdig sind als meine eigenen Werke, die ich wirke. Da nun uns allen sein ganzer Adel gleich eigen und gleich nahe ist, mir wie ihm, weshalb empfangen wir denn nicht Gleiches? Ach, das müßt ihr verstehen! Wenn einer zu dieser Spende kommen will, daß er dieses Gut gleicherweise und die allgemeine und allen Menschen gleich nahe menschliche Natur empfange, dann ist es dazu nötig, daß, so wie es in menschlicher Natur nichts Fremdes noch Ferneres noch Näheres gibt, du in der menschlichen Gesellschaft gleich stehest, dir selbst nicht näher als einem andern. Du sollst alle Menschen gleich wie dich lieben und gleich achten und halten; was einem andern geschieht, sei's bös oder gut, das soll für dich so sein, als ob es dir geschehe.

Nun ist dies der zweite Sinn: »Er sandte ihn in die Welt.« Nun wollen wir (darunter) die große Welt verstehen, in die die Engel schauen. Wie sollen wir sein? Wir sollen mit unserer ganzen Liebe und mit unserem ganzen Verlangen dort sein, wie Sankt Augustinus sagt: Was der Mensch liebt, das wird er in der Liebe. Sollen wir nun sagen: Wenn der Mensch Gott liebt, daß er dann Gott werde? Das klingt, wie wenn es Unglaube sei. In der Liebe, die ein Mensch schenkt, gibt es keine Zwei, sondern (nur)

Eins und Einung, und in der Liebe bin ich mehr Gott, als daß ich in mir selbst bin. Der Prophet spricht: »Ich habe gesagt, ihr seid Götter und Kinder des Allerhöchsten« (Ps. 81, 6). Das klingt verwunderlich, daß der Mensch in solcher Weise Gott zu werden vermag in der Liebe; jedoch ist es wahr in der ewigen Wahrheit. Unser Herr Jesus Christus beweist es.

»Er sandte ihn in die Welt.« »Mundum« besagt in *einer* Bedeutung »rein«. Merkt auf! Gott hat keine eigentlichere Stätte als ein reines Herz und eine reine Seele; dort gebiert der Vater seinen Sohn, wie er ihn in der Ewigkeit gebiert, nicht mehr und nicht weniger. Was ist ein reines Herz? Das ist rein, was von allen Kreaturen abgesondert und geschieden ist, denn alle Kreaturen beflecken, weil sie ein Nichts sind; denn das Nichts ist Mangel und befleckt die Seele. Alle Kreaturen sind ein reines Nichts; weder die Engel noch die Kreaturen sind ein Etwas. Sie haben... und beflecken, denn sie sind aus nichts gemacht; sie sind und waren nichts. Was allen Kreaturen zuwider ist und Unlust schafft, das ist das Nichts. Legte ich eine glühende Kohle in meine Hand, so täte mir das weh. Das kommt allein vom »Nicht«, und wären wir frei vom »Nicht«, so wären wir nicht unrein.

Und nun: »wir leben in ihm« mit ihm. Es gibt nichts, was man so sehr begehrt wie das Leben. Was ist mein Leben? Was von innen her aus sich selbst bewegt wird. Das (aber) lebt nicht, was von außen bewegt wird. Leben wir denn also mit ihm, so müssen wir auch von innen her in ihm mitwirken, so daß wir nicht von außen her wirken; wir sollen vielmehr daraus bewegt werden, woraus wir leben, das heißt: durch ihn. Wir können und müssen (aber nun) aus unserm Eigenen von innen her wirken. Sollen wir also denn in ihm oder durch ihn leben, so muß er unser Eigen sein und müssen wir aus unserm Eigenen wirken; so wie Gott alle Dinge aus seinem Eigentum und durch sich selbst wirkt, so müssen (auch) wir aus dem Eigenen wirken, das er in uns ist. Er ist ganz und gar unser Eigen, und alle Dinge sind unser Eigen in ihm. Alles, was alle Engel und alle Heiligen und Unsere Frau haben, das ist mir in ihm eigen und ist mir nicht fremder noch ferner als das, was ich selber habe. Alle Dinge sind mir gleich eigen in ihm; und wenn wir zu diesem Eigenen kommen sollen, daß alle Dinge unser Eigen seien, so müssen wir ihn gleicherweise in allen Dingen nehmen, in einem nicht mehr als in dem andern, denn er ist in allen Dingen gleich.

Man findet Leute, denen schmeckt Gott wohl in *einer* Weise, nicht aber in der andern, und sie wollen Gott durchaus (nur) in *einer* Weise des Sichversenkens besitzen und in der andern nicht. Ich lasse es gut sein, aber es ist völlig verkehrt. Wer Gott in rechter Weise nehmen soll, der muß ihn in allen Dingen gleicherweise nehmen, in der Bedrängnis wie im Wohlbefinden, im Weinen wie in Freuden; überall soll er dir gleich sein. Glaubst du, daß, weil du, ohne es durch Todsünde verschuldet zu haben, weder Andacht noch Ernst hast, du deshalb eben, *weil* du keine Andacht und keinen Ernst hast, (auch) Gott nicht hast, und ist dir das dann leid, so ist *dies* eben jetzt (deine) Andacht und (dein) Ernst. Darum sollt ihr euch nicht auf irgendeine *Weise* verlegen, denn Gott ist in keiner Weise weder dies noch das. Darum tun die, die Gott in solcher Weise nehmen, ihm unrecht. Sie nehmen die Weise, nicht aber Gott. Darum behaltet dieses Wort: daß ihr rein nur Gott im Auge habt und sucht. Welche Weisen dann anfallen, mit denen seid ganz zufrieden. Denn euer Absehen soll rein nur auf Gott gerichtet sein und auf sonst nichts. Was ihr dann gern oder ungern habt, das ist dann recht, und wisset, daß es sonst völlig verkehrt ist. Sie schieben Gott unter eine Bank, die so viele Weisen haben wollen.

Sei's nun Weinen oder Seufzen und dergleichen vieles: das alles ist nicht Gott. Fällt es an, nun so nehmt es hin und seid zufrieden; stellt es sich nicht ein, so seid abermals zufrieden und nehmt das, was euch Gott zu dem Zeitpunkt geben will, und bleibt allzeit in demütiger Vernichtung und Selbsterniedrigung, und es soll euch allzeit dünken, daß ihr unwürdig seid irgendeines Guten, das euch Gott antun könnte, wenn er wollte. So ist denn das Wort ausgelegt, das Sankt Johannes schreibt: »Darin ist uns Gottes Liebe geoffenbart worden«; wären wir so, so würde dieses Gute in uns geoffenbart. Daß es uns verborgen ist, daran trägt nichts anderes die Schuld als wir. *Wir* sind die Ursache aller unserer Hindernisse. Hüte dich vor dir selbst, so hast du wohl gehütet. Und ist es so, daß wir's nicht nehmen *wollen*, so hat er uns (doch) dazu gewählt; nehmen wir's *nicht*, so wird es uns gereuen müssen, und es wird uns sehr verwiesen werden. Daß wir nicht dahin gelangen, wo dieses Gut empfangen wird, das liegt nicht an ihm, sondern an uns.

[Quint: Predigt 5]

6.

In hoc apparuit caritas dei in nobis
(I Joh. 4, 9)

»Darin ist uns Gottes Liebe erzeigt und in uns sichtbar geworden, daß Gott seinen eingeborenen Sohn in die Welt gesandt hat, auf daß wir leben mit dem Sohne und in dem Sohne und durch den Sohn« (1 Joh. 4, 9); denn alle, die da nicht durch den Sohn leben, die sind wahrlich nicht recht daran.

Wenn nun irgendwo ein reicher König wäre, der eine schöne Tochter hätte: gäbe er die dem Sohne eines armen Mannes, so würden alle, die zu dem Geschlecht gehörten, dadurch erhöht und geadelt. Nun sagt ein Meister: Gott ist Mensch geworden, dadurch ist erhöht und geadelt das ganze Menschengeschlecht. Dessen mögen wir uns wohl freuen, daß Christus, unser Bruder, aus eigener Kraft aufgefahren ist über alle Chöre der Engel und sitzt zur rechten Hand des Vaters. Dieser Meister hat recht gesprochen; aber wahrlich, ich gäbe nicht viel darum. Was hülfe es mir, wenn ich einen Bruder hätte, der da ein reicher Mann wäre und ich wäre dabei ein armer Mann? Was hülfe es mir, hätte ich einen Bruder, der da ein weiser Mann wäre, und ich wäre dabei ein Tor?

Ich sage etwas anderes und Eindringenderes: Gott ist nicht nur Mensch geworden, vielmehr: er hat die menschliche Natur angenommen.

Die Meister sagen gemeinhin, alle Menschen seien in ihrer Natur gleich edel. Ich aber sage wahrheitsgemäß: All das Gute, das alle Heiligen besessen haben und Maria, Gottes Mutter, und Christus nach seiner Menschheit, das ist *mein* Eigen in dieser Natur. Nun könntet ihr mich fragen: Da ich in dieser Natur alles habe, was Christus nach seiner Menschheit zu bieten vermag, woher kommt es dann, daß wir Christum erhöhen und als unsern Herrn und unsern Gott verehren? Das kommt daher, weil er ein Bote von Gott zu uns gewesen ist und uns unsere Seligkeit zugetragen hat. Die Seligkeit, die er uns zutrug, die war *unser*. Dort, wo der Vater im innersten Grunde seinen Sohn gebiert, da schwebt diese (Menschen-)Natur mit ein. Diese Natur ist Eines und einfaltig. Es mag hier wohl etwas herauslugen und etwas anhangen, aber das ist dieses Eine nicht.

Ich sage ein Weiteres und sage ein Schwereres: Wer unmittelbar in der Bloßheit dieser Natur stehen will, der muß allem Personhaften entgangen sein, so daß er dem Menschen, der jenseits des Meeres ist, den er mit Augen nie gesehen hat, ebensowohl Gutes gönne wie dem Menschen, der bei ihm ist und sein vertrauter Freund ist. Solange du deiner Person mehr Gutes gönnst als dem Menschen, den du nie gesehen hast, so steht es wahrlich unrecht mit dir, und du hast noch nie nur einen Augenblick lang in diesen einfaltigen Grund gelugt. Du magst aber wohl in einem abgezogenen Bilde die Wahrheit wie in einem Gleichnis gesehen haben: das Beste aber war es nicht.

Zum andern mußt du reinen Herzens sein, denn *das* Herz ist allein rein, das alle Geschaffenheit zunichte gemacht hat. Zum dritten mußt du frei sein vom Nicht. Man stellt die Frage, was in der Hölle brenne? Die Meister sagen allgemein: das tut der Eigenwille. Ich aber sage wahrheitsgemäß, daß das Nicht in der Hölle brennt. Vernimm denn nun ein Gleichnis! Man nehme eine brennende Kohle und lege sie auf meine Hand. Wollte ich nun sagen, die Kohle brenne meine Hand, so täte ich ihr gar unrecht. Soll ich aber zutreffend sagen, was mich brennt: das »Nicht« tut's, denn die Kohle hat etwas in sich, was meine Hand *nicht* hat. Seht, eben dieses »Nicht« brennt mich. Hätte aber meine Hand alles das in sich, was die Kohle ist und zu leisten vermag, so hätte sie ganz und gar Feuersnatur. Nähme einer dann alles Feuer, das je brannte, und schüttete es auf meine Hand, so könnte es mich nicht schmerzen. In gleicher Weise sage ich: Da Gott und alle die, die in der Anschauung Gottes sind, in der rechten Seligkeit etwas in sich haben, was die *nicht* haben, die von Gott getrennt sind, so peinigt dieses »Nicht« die Seelen, die in der Hölle sind, mehr als Eigenwille oder irgendein Feuer. Ich sage fürwahr: Soviel dir vom »Nicht« anhaftet, so weit bist du unvollkommen. Hierum, wollt ihr vollkommen sein, so müßt ihr frei sein vom »Nicht«.

Hierum sagt das Wörtlein, das ich euch vorgelegt habe: »Gott hat seinen eingeborenen Sohn in die Welt gesandt«; das dürft ihr nicht im Hinblick auf die äußere Welt verstehen, wie er mit uns aß und trank: ihr müßt es verstehen mit bezug auf die *innere* Welt. So wahr der Vater in seiner einfaltigen Natur seinen Sohn natürlich gebiert, so wahr gebiert er ihn in des Geistes Innigstes, und dies ist die innere Welt. Hier ist Gottes Grund mein Grund und mein Grund Gottes Grund. Hier lebe ich aus meinem Eigenen, wie Gott aus seinem Eigenen lebt. Wer in diesem Grund je nur einen Augenblick lang lugte, dem Menschen sind tausend Mark roten, geprägten Goldes (soviel) wie ein falscher Heller. Aus diesem innersten Grunde sollst du alle deine Werke wirken ohne Warum. Ich sage fürwahr: Solange du deine Werke wirkst um des Himmelreiches oder um Gottes oder um deiner ewigen Seligkeit willen, (also) von außen her, so ist es wahrlich nicht recht um dich bestellt. Man mag dich zwar wohl hinnehmen, aber das Beste ist es doch nicht. Denn wahrlich, wenn einer wähnt, in Innerlichkeit, Andacht, süßer Verzücktheit und in besonderer Begnadung Gottes mehr zu bekommen als beim

Herdfeuer oder im Stalle, so tust du nicht anders, als ob du Gott nähmest, wändest ihm einen Mantel um das Haupt und schöbest ihn unter eine Bank. Denn wer Gott in einer (bestimmten) *Weise* sucht, der nimmt die Weise und verfehlt Gott, der in der Weise verborgen ist. Wer aber Gott *ohne* Weise sucht, der erfaßt ihn, wie er in sich selbst ist; und ein solcher Mensch lebt mit dem Sohne, und er ist das Leben selbst. Wer das Leben fragte tausend Jahre lang: »Warum lebst du?« – könnte es antworten, es spräche nichts anderes als: »Ich lebe darum, *daß* ich lebe«. Das kommt daher, weil das Leben aus seinem eigenen Grunde lebt und aus seinem Eigenen quillt; darum lebt es ohne Warum eben darin, daß es (für) sich selbst lebt. Wer nun einen wahrhaftigen Menschen, der aus seinem eigenen Grunde wirkt, fragte: »Warum wirkst du deine Werke?« – sollte er recht antworten, er spräche nichts anderes als: »Ich wirke darum, *daß* ich wirke.«

Wo die Kreatur endet, da beginnt Gott zu sein. Nun begehrt Gott nichts mehr von dir, als daß du aus dir selbst ausgehest deiner kreatürlichen Seinsweise nach und Gott Gott in dir sein läßt. Das geringste kreatürliche Bild, das sich je in dich einbildet, das ist so groß, wie Gott groß ist. Warum? Weil es dich an einem *ganzen* Gotte hindert. Eben da, wo dieses Bild (in dich) eingeht, da muß Gott weichen und seine ganze Gottheit. Wo aber dieses Bild ausgeht, da geht Gott ein. Gott begehrt so sehr danach, daß du deiner kreatürlichen Seinsweise nach aus dir selber ausgehest, als ob seine ganze Seligkeit daran läge. Nun denn, lieber Mensch, was schadet es dir, wenn du Gott vergönnst, daß Gott Gott in dir sei? Geh völlig aus dir selbst heraus um Gottes willen, so geht Gott völlig aus sich selbst heraus um deinetwillen. Wenn diese beiden herausgehen, so ist das, was da bleibt, ein einfaltiges Eins. In diesem Einen gebiert der Vater seinen Sohn im innersten

Quell. Dort blüht aus der Heilige Geist, und dort entspringt in Gott ein Wille, der gehört der Seele zu. Solange der Wille unberührt steht von allen Kreaturen und von aller Geschaffenheit, ist der Wille frei. Christus spricht: »Niemand kommt zum Himmel, als wer vom Himmel gekommen ist« (Joh. 3, 13). Alle Dinge sind geschaffen aus nichts; darum ist ihr wahrer Ursprung das Nichts, und soweit sich dieser edle Wille den Kreaturen zuneigt, verfließt er mit den Kreaturen in ihr Nichts.

Nun stellt man die Frage, ob dieser edle Wille so weit verfließe, daß er nie wieder zurückkommen könne? Die Meister sagen gemeinhin, er komme nie wieder zurück, soweit er mit der Zeit verflossen sei. Ich aber sage: Wenn immer sich dieser Wille von sich selbst und aller Geschaffenheit (nur) einen Augenblick zurück in seinen ersten Ursprung kehrt, so steht der Wille (wieder) in seiner rechten freien Art und ist frei; und in diesem Augenblick wird alle verlorene Zeit wieder eingebracht.

Die Leute sagen oft zu mir: »Bittet für mich!« Dann denke ich: »Warum geht ihr aus? Warum bleibt ihr nicht in euch selbst und greift in euer eigenes Gut? Ihr tragt doch alle Wahrheit wesenhaft in euch!«

Daß wir in solcher Weise wahrhaft drinnen bleiben mögen, daß wir alle Wahrheit unmittelbar und ohne Unterschiedenheit in rechter Seligkeit besitzen, dazu helfe uns Gott! Amen.

[Quint: Predigt 6]

7.

Iusti vivent in aeternum
(Sap. 5, 16)

»Die Gerechten werden leben ewiglich, und ihr Lohn ist bei Gott« (Weish. 5, 16). Nun merkt recht genau auf den Sinn dieses Wortes; mag er auch schlicht und allgemeinverständlich klingen, so ist er doch sehr beachtenswert und durchaus gut.

»Die Gerechten werden leben.« Welches sind die Gerechten? Eine Schrift sagt: »Der ist gerecht, der einem jeden gibt, was sein ist«: die Gott geben, was sein ist, und den Heiligen und den Engeln, was ihrer ist, und dem Mitmenschen, was sein ist.

Gottes ist die *Ehre*. Wer sind die, die Gott ehren? Die aus sich selbst gänzlich ausgegangen sind und des Ihrigen ganz und gar nichts suchen in irgendwelchen Dingen, was immer es sei, weder Großes noch Kleines; die auf nichts unter sich noch über sich noch neben sich noch an sich sehen; die nicht nach Gut noch Ehre noch Gemach noch Lust noch Nutzen noch Innigkeit noch Heiligkeit noch Lohn noch Himmelreich trachten und sich alles dieses entäußert haben, alles Ihrigen, – von diesen Leuten hat Gott Ehre, und die ehren Gott im eigentlichen Sinne und geben ihm, was sein ist.

Den Engeln und den Heiligen soll man *Freude* geben. O Wunder über alle Wunder! Kann ein Mensch in diesem Leben Freude geben denen, die in dem ewigen Leben sind? Ja, wahrhaftig! Jeglicher Heilige hat so große Lust und so unaussprechliche Freude durch jegliches gute Werk, – durch ein gutes Wollen oder ein Begehren haben sie so große Freude, daß kein Mund es auszusprechen und kein Herz auszudenken vermag, wie große Freude sie dadurch haben. Warum ist dem so? Weil sie Gott so ganz über alle Maßen lieben und ihn so recht lieb haben, daß seine Ehre ihnen lieber ist als ihre Seligkeit. Und nicht nur die Heiligen und die Engel, vielmehr Gott selbst hat so große Lust daran, recht als sei es seine Seligkeit, und sein Sein hängt daran und sein Genügen und sein Wohlbehagen. Wohlan, nun merkt auf! Wollten wir Gott aus keinem andern Grunde dienen als um der großen Freude willen, welche die daran haben, die im ewigen Leben sind, und Gott selbst, wir könnten es gern tun und mit allem Fleiß.

Man soll auch denen Hilfe geben, die im Fegefeuer sind, und Förderung und (gutes Beispiel) denen, die noch leben.

Ein solcher Mensch ist gerecht in einer Weise, aber in einem andern Sinne sind die gerecht, die alle Dinge von Gott als gleich hinnehmen, was immer es sei, groß oder klein, lieb oder leid, und zwar ganz gleich, ohne Weniger oder Mehr, das eine wie das andere. Schlägst du das eine irgendwie höher an als das andere, so ist es verkehrt. Du sollst dich deines eigenen Willens entäußern.

Mir kam neulich der Gedanke: Wollte Gott nicht wie ich, so wollte ich doch wie er. Manche Leute wollen in allen Dingen ihren eigenen Willen haben; das ist böse, es steckt ein Makel darin. Die anderen sind ein wenig besser: die wollen wohl, was Gott will, und gegen seinen Willen wollen sie nichts; wären sie aber krank, so wollten sie wohl, es möchte Gottes Wille sein, daß sie gesund wären. So wollten also diese Leute lieber, daß Gott nach ihrem Willen wollte, als daß sie nach seinem Willen wollten. Man muß es hingehen lassen, es ist aber das Rechte nicht. Die Gerechten haben überhaupt keinen Willen; was Gott will, das gilt ihnen alles gleich, wie groß das Ungemach auch sei.

Den gerechten Menschen ist es so ernst mit der Gerechtigkeit, daß, wenn Gott nicht gerecht wäre, sie nicht die Bohne auf Gott achten würden; und sie stehen so fest in der Gerechtigkeit und haben sich so gänzlich ihrer selbst entäußert, daß sie weder die Pein der Hölle noch die Freude des Himmelreiches noch irgend etwas beachten. Ja, wäre alle Pein, die jene haben, die in der Hölle sind, Menschen oder Teufel, oder alle Pein, die je auf Erden erlitten ward oder wird erlitten werden, wäre die mit der Gerechtigkeit verknüpft, sie würden es nicht im mindesten beachten; so fest stehen sie zu Gott und zur Gerechtigkeit. Nichts ist dem gerechten Menschen peinvoller und schwerer, als was der Gerechtigkeit zuwider ist: daß er nicht in allen Dingen gleich(mütig) ist. Wie das? Kann ein Ding die Menschen erfreuen und ein anderes sie betrüben, so sind sie zu allen Zeiten froh; sind sie zu einer Zeit mehr und zur andern weniger froh, so sind sie unrecht daran. Wer die Gerechtigkeit liebt, der steht so fest darauf, daß, was er liebt, sein Sein ist; kein Ding vermag ihn davon abzuziehen, und auch nichts sonst achtet er. Sankt Augustinus spricht: »Wo die Seele liebt, da ist sie eigentlicher als da, wo sie Leben gibt.« Unser Schriftwort klingt schlicht und gemeinverständlich, und doch versteht kaum jemand, was es mit ihm auf sich hat; und doch ist es wahr. Wer die Lehre von der Gerechtigkeit und vom Gerechten versteht, der versteht alles, was ich sage.

»Die Gerechten werden leben.« Nichts ist so lieb und so begehrenswert unter allen Dingen wie das Leben. Und wiederum ist kein Leben so schlimm noch so beschwerlich, daß der Mensch nicht dennoch leben wolle. Eine Schrift sagt: Je näher etwas dem Tode ist, um so peinvoller ist es. Gleichviel, wie schlimm das Leben auch ist, es will doch leben. Warum issest du? Warum schläfst du? Auf daß du lebest. Warum begehrst du Gut oder Ehre? Das weißt du sehr wohl. Aber: Warum lebst du? Um des Lebens willen, und du weißt dennoch nicht, warum du lebst.

So begehrenswert ist das Leben in sich selbst, daß man es um seiner selbst willen begehrt. Die in der Hölle sind, in ewiger Pein, selbst die wollten ihr Leben nicht verlieren, weder die Teufel noch die Seelen, denn ihr Leben ist so edel, daß es unvermittelt von Gott in die Seele fließt. Weil es so unmittelbar von Gott fließt, darum wollen sie leben. Was ist Leben? Gottes Sein ist mein Leben. Ist denn mein Leben Gottes Sein, so muß Gottes Sein mein sein und Gottes Wesenheit meine Wesenheit, nicht weniger und nicht mehr.

Sie leben ewig »bei Gott«, ganz gleich *bei* Gott, weder darunter noch darüber. Sie wirken alle ihre Werke bei Gott und Gott bei ihnen. Sankt Johannes spricht: »Das Wort war bei Gott« (Joh. 1, 1). Es war völlig gleich und daneben, nicht darunter noch darüber, sondern gleich. Als Gott den Menschen schuf, da schuf er die Frau aus des Mannes Seite, auf daß sie ihm gleich wäre. Er schuf sie weder aus dem Haupte noch aus den Füßen, auf daß sie weder unter noch über ihm wäre, sondern daß sie gleich wäre. So auch soll die gerechte Seele gleich *bei* Gott sein und neben Gott, ganz gleich, weder darunter noch darüber.

Wer sind die, die in solcher Weise gleich sind? Die nichts gleich sind, die allein sind Gott gleich. Göttliches Wesen ist nichts gleich; in ihm gibt es weder Bild noch Form. Die Seelen, die in solcher Weise gleich sind, denen gibt der Vater gleich und enthält ihnen nichts vor. Was der Vater zu leisten vermag, das gibt er einer solchen Seele in gleicher Weise, fürwahr, wenn sie sich selbst nicht mehr gleicht als einem andern, und sie soll sich selbst nicht näher sein als einem andern. Ihre eigene Ehre, ihren Nutzen und was immer das Ihre ist, das soll sie nicht mehr begehren noch beachten als das eines Fremden. Was immer irgend jemandes ist, das soll ihr weder fremd noch fern sein, es sei böse oder gut. Alle Liebe dieser Welt ist gebaut auf Eigenliebe. Hättest du *die* gelassen, so hättest du die ganze Welt gelassen.

Der Vater gebiert seinen Sohn in der Ewigkeit sich selbst gleich. »Das Wort war bei Gott, und Gott war das Wort«: es war dasselbe in derselben Natur. Noch sage ich überdies: Er hat ihn geboren aus meiner Seele. Nicht allein ist sie bei ihm und er bei ihr als gleich, sondern er ist in ihr; und es gebiert der Vater seinen Sohn in der Seele in derselben Weise, wie er ihn in der Ewigkeit gebiert und nicht anders. Er muß es tun, es sei ihm lieb oder leid. Der Vater gebiert seinen Sohn ohne Unterlaß, und ich sage mehr noch: Er gebiert mich als seinen Sohn und als denselben Sohn. Ich sage noch mehr: Er gebiert mich nicht allein als seinen Sohn; er gebiert mich als sich und sich als mich und mich als sein Sein und als seine Natur. Im innersten Quell, da quelle ich aus im Heiligen Geiste; da ist *ein* Leben und *ein* Sein und *ein* Werk. Alles, was Gott wirkt, das ist Eins; darum gebiert er mich als seinen Sohn ohne jeden Unterschied. Mein leiblicher Vater ist nicht eigentlich mein Vater, sondern nur mit einem kleinen Stückchen seiner Natur, und ich bin getrennt von ihm; er kann tot sein und ich leben. Darum ist der himmlische Vater in Wahrheit mein Vater, denn ich bin sein Sohn und habe alles das von ihm, was ich habe, und ich bin derselbe Sohn und nicht ein anderer. Weil der Vater (nur) *ein* Werk wirkt, darum wirkt er mich als seinen eingeborenen Sohn ohne jeden Unterschied.

»Wir werden völlig in Gott transformiert und verwandelt« (2 Kor. 3, 18). Vernimm ein Gleichnis! Ganz so, wie wenn im Sakramente Brot in unseres Herrn Leib verwandelt wird: wieviel der Brote es auch wären, so wird doch nur *ein* Leib – ebenso würde, wenn alle Brote in meinen Finger verwandelt wären, doch nicht mehr als *ein* Finger sein. Würde wiederum mein Finger in das Brot verwandelt, so wäre dies soviel, wie jenes wäre. Was in ein anderes verwandelt wird, das wird eins mit ihm. Ganz so werde ich in ihn verwandelt, daß er mich als sein Sein wirkt, (und zwar) als eines, *nicht* als *gleiches*; beim lebendigen Gott ist es wahr, daß es da keinerlei Unterschied gibt.

Der Vater gebiert seinen Sohn ohne Unterlaß. Wenn der Sohn geboren *ist*, nimmt er nichts (mehr) vom Vater, denn er hat alles; wenn er aber geboren *wird*, nimmt er vom Vater. Im Hinblick darauf sollen wir auch nichts von Gott wie von einem Fremden begehren. Unser Herr sprach zu seinen Jüngern: »Ich habe euch nicht Knechte geheißen, sondern Freunde« (Joh. 15, 14 f.). Was irgend etwas vom andern begehrt, das ist »Knecht«, und was da lohnt, das ist »Herr«. Ich dachte neulich darüber nach, ob ich von Gott etwas nehmen oder begehren wollte. Ich will es mir sehr wohl überlegen, denn wenn ich von Gott (etwas) nehmen würde, so wäre ich unter Gott wie ein Knecht und er im Geben wie ein Herr. So aber soll es mit uns nicht sein im ewigen Leben.

Ich sagte einst ebenhier, und es ist auch wahr: Wenn der Mensch etwas von außerhalb seiner selbst bezieht oder nimmt, so ist das nicht recht. Man soll Gott nicht als außerhalb von einem selbst erfassen und ansehen, sondern als mein Eigen und als das, was *in* einem ist; zudem soll man nicht dienen noch wirken um irgendein Warum, weder um Gott noch um die eigene Ehre noch um irgend etwas, was außerhalb von einem ist, sondern einzig um dessen willen, was das eigene Sein und das eigene Leben in einem ist. Manche einfältigen Leute wähnen, sie sollten Gott (so) sehen, als stünde er dort und sie hier. Dem ist nicht so. Gott und ich, wir sind *eins*. Durch das Erkennen nehme ich Gott in mich hinein; durch die Liebe hingegen gehe ich in Gott ein. Manche sagen, die Seligkeit liege nicht im Erkennen, sondern allein im Willen. Die haben unrecht; denn läge sie allein im Willen, so handelte es sich nicht um Eines. Das Wirken und das Werden aber ist eins. Wenn der Zimmermann nicht wirkt, wird auch das Haus nicht. Wo die Axt ruht, ruht auch das Werden. Gott und ich, wir sind eins in solchem Wirken; er wirkt, und ich werde. Das Feuer verwandelt in sich, was ihm zugeführt wird, und dies wird zu seiner Natur. Nicht das Holz verwandelt das Feuer in sich, vielmehr verwandelt das Feuer das Holz in sich. So auch werden wir in Gott verwandelt, so daß wir ihn erkennen werden, wie er ist (1 Joh. 3, 2). Sankt Paulus sagt: So werden wir erkennen: recht ich ihn, wie er mich, nicht weniger und nicht mehr, schlechthin gleich (1 Kor. 13, 12). »Die Gerechten werden ewiglich leben, und ihr Lohn ist bei Gott« – ganz so *gleich*.

Daß wir die Gerechtigkeit um ihrer selbst willen und Gott ohne Warum lieben, dazu helfe uns Gott. Amen.

[Quint: Predigt 7]

8.

Populi eius qui in te est, misereberis
(Os. 14, 4)

Der Prophet spricht: »Herr, des Volkes, das in dir ist, dessen erbarme dich« (Hosea 14, 4). Unser Herr antwortete: »Alles, was anfällig ist, das werde ich gesund machen und werde sie willig lieben.«

Ich nehme das Schriftwort: »Der Pharisäer begehrte, daß unser Herr mit ihm äße« und dazu: »Unser Herr sprach zu der Frau: ›vade in pace, geh in den Frieden!‹« (Luk 7, 36/50). Es ist gut, wenn man vom Frieden zum Frieden kommt, es ist löblich; trotzdem ist es mangelhaft. Man soll *laufen* in den Frieden, man soll nicht *anfangen* im Frieden. Gott (= Unser Herr) will sagen: Man soll versetzt und hineingestoßen werden in den Frieden und soll *enden* im Frieden. Unser Herr sprach: »In mir allein habt ihr Frieden« (Joh 16, 33). Genau so weit wie in Gott, so weit in Frieden. Was irgend von einem in Gott ist, das hat Frieden; ist dagegen etwas von einem außerhalb Gottes, so hat es Unfrieden. Sankt Johannes spricht: »Alles, was aus Gott geboren ist, das überwindet die Welt« (1 Joh. 5, 4). Was aus Gott geboren ist, das sucht Frieden und läuft in den Frieden. Darum sprach er: »Vade in pace, lauf in den Frieden!« Der Mensch, der sich im Laufen und in beständigem Laufen befindet, und zwar in den Frieden, der ist ein himmlischer Mensch. Der Himmel läuft beständig um, und im Laufe sucht er Frieden.

Nun gebt acht! »Der Pharisäer begehrte, daß unser Herr mit ihm äße.« Die Speise, die ich esse, die wird so vereint mit meinem Leibe wie mein Leib mit meiner Seele. Mein Leib und meine Seele sind vereint in einem Sein, nicht wie in einem Wirken – (nicht also) wie sich meine

Seele dem Auge im Wirken, das heißt darin, daß es sieht, vereint –; so auch wird die Speise, die ich esse, mit meiner Natur im *Sein* vereint, nicht dagegen im Wirken, und dies deutet auf die große Einigung, die wir mit Gott im *Sein*, nicht aber im Wirken haben sollen. Darum bat der Pharisäer unsern Herrn, daß er mit ihm äße.

»Phariseus« besagt soviel wie: einer, der abgesondert ist und um kein Ende weiß. Alles Zubehör der Seele muß völlig abgelöst werden. Je edler die Kräfte sind, um so stärker lösen sie ab. Gewisse Kräfte sind so hoch über dem Körper und so abgesondert, daß sie völlig abschälend und abscheidend wirken! Ein Meister sagt ein schönes Wort: Was (nur je) einmal Körperliches berührt, das gelangt niemals da hinein. Zum zweiten (besagt »Pharisäer«), daß man abgelöst und abgezogen und eingezogen sein soll. Hieraus mag man entnehmen, daß ein ungelehrter Mensch (allein) durch Liebe und Begehren Wissen erlangen und lehren kann. Zum dritten besagt es (= »Pharisäer«), daß man kein Ende haben und nirgends abgeschlossen sein und nirgends haften und so in Frieden versetzt sein soll, daß man nichts (mehr) wisse von Unfrieden, wenn ein solcher Mensch in Gott versetzt wird durch die Kräfte, die völlig losgelöst sind. Darum sprach der Prophet: »Herr, des Volkes, das in dir ist, dessen *erbarme* dich.«

Ein Meister sagt: Das höchste Werk, das Gott je wirkte in allen Kreaturen, das ist Barmherzigkeit. Das Himmlischste und Verborgenste, selbst das, was er je in den Engeln wirkte, das wird emporgetragen in die Barmherzigkeit, und zwar in das Werk der Barmherzigkeit, so wie es in sich selbst ist und wie es in Gott ist. Was immer Gott wirkt, der erste Ausbruch ist (immer) Barmherzigkeit, (und zwar) nicht die, da er dem Menschen seine Sünde vergibt und da ein Mensch sich über den andern erbarmt; vielmehr will er (= der Meister) sagen: Das *höchste* Werk, das

Gott wirkt, das ist Barmherzigkeit. Ein Meister sagt: Das Werk (der) Barmherzigkeit ist Gott so wesensverwandt, daß zwar Wahrheit und Reichtum und Gutheit Gott benennen, wenngleich (von diesen) das eine ihn mehr aussagt als das andere: das *höchste* Werk Gottes aber ist Barmherzigkeit, und es bedeutet, daß Gott die Seele in das Höchste und Lauterste versetzt, das sie zu empfangen vermag: in die Weite, in das Meer, in ein unergründliches Meer; dort wirkt Gott Barmherzigkeit. Darum sprach der Prophet: »Herr, des *Volkes*, das in dir ist, dessen erbarme dich.«

Welches Volk ist in Gott? Sankt Johannes spricht: »Gott ist die Liebe, und wer in der Liebe bleibt, der bleibt in Gott und Gott in ihm« (1 Joh. 4, 16). Obwohl Sankt Johannes sagt, die Liebe vereinige, so versetzt doch die Liebe niemals in Gott; allenfalls verleimt sie (schon Vereinigtes). Die Liebe vereinigt nicht, in gar keiner Weise; was (schon) vereinigt *ist*, das heftet sie zusammen und bindet es zu. Liebe vereint im Wirken, nicht aber im Sein. Die besten Meister sagen, die Vernunft schäle völlig ab und erfasse Gott entblößt, wie er reines Sein in sich selbst sei. Das Erkennen bricht durch die Wahrheit und Gutheit hindurch und wirft sich auf das reine Sein und erfaßt Gott bloß, wie er ohne Namen ist. Ich (aber) sage: Weder das Erkennen noch die Liebe einigen. Die Liebe ergreift Gott selbst, insofern er gut ist, und entfiele Gott dem Namen »Gutheit«, so würde die Liebe nimmermehr weiterkommen. Die Liebe nimmt Gott unter einem Fell, unter einem Kleide. Das tut die Vernunft nicht; die Vernunft nimmt Gott so, wie er in ihr erkannt wird; sie kann ihn aber niemals erfassen im Meer seiner Unergründlichkeit. Ich sage: Über diese beiden, (über das) Erkennen und (die) Liebe (hinaus) ragt die Barmherzigkeit; im Höchsten und Lautersten, das Gott zu wirken vermag, dort wirkt Gott Barmherzigkeit.

Ein Meister spricht ein schönes Wort: daß etwas in der Seele ist, das gar heimlich und verborgen ist und weit oberhalb dessen, wo die Kräfte Vernunft und Wille ausbrechen. Sankt Augustinus sagt: Wie das, wo der Sohn aus dem Vater ausbricht im ersten Ausbruch, unaussprechlich ist, so auch gibt es etwas gar Heimliches oberhalb des ersten Ausbruchs, in dem Vernunft und Wille ausbrechen. Ein Meister, der am allerbesten von der Seele gesprochen hat, sagt, daß das gesamte menschliche Wissen niemals darein eindringt, was die Seele in ihrem Grunde sei. (Zu begreifen,) was die Seele sei, dazu gehört übernatürliches Wissen. Wissen wir doch nichts von dem, wo die Kräfte aus der Seele in die Werke ausgehen; wir wissen wohl ein wenig davon, es ist aber gering. Was die Seele in ihrem Grunde sei, davon weiß niemand etwas. Was man davon wissen kann, das muß übernatürlich sein, es muß aus Gnade sein: dort wirkt Gott Barmherzigkeit. Amen.

[Quint: Predigt 8]

9.

In occisione gladii mortui sunt
(2 Hebr. 11, 37)

Man liest von den Märtyrern, daß »sie gestorben sind unter dem Schwerte« (2 Hebr. 11, 37). Unser Herr sprach zu seinen Jüngern: »Selig seid ihr, so ihr etwas leidet um meines Namens willen« (Matth. 5, 11 + 10, 22).

Nun heißt es: »Sie sind tot.« Daß »sie tot sind« will zum ersten besagen, daß alles, was immer man in dieser Welt und in diesem Leben leidet, ein Ende nimmt. Sankt Augustinus sagt: Alle Pein und jedes Werk der Mühsal nimmt ein Ende, aber der Lohn, den Gott dafür gibt, der ist ewig. Zum zweiten, daß wir uns gegenwärtig halten sollen, daß dieses ganze Leben sterblich ist, daß wir alle Pein und alle die Mühsal, die uns zustoßen mögen, nicht fürchten sollen, denn das nimmt ein Ende. Zum dritten, daß wir uns verhalten sollen, als ob wir tot seien, so daß uns weder Lieb noch Leid berühre. Ein Meister sagt: Den Himmel vermag nichts zu berühren, und das will besagen, daß *der* Mensch ein himmlischer Mensch ist, dem alle Dinge nicht soviel gelten, daß sie ihn zu berühren vermögen. Es spricht ein Meister: Da alle Kreaturen so nichtig sind, woher kommt es denn, daß sie den Menschen so leicht von Gott abwenden; die Seele ist doch in ihrem Geringsten wertvoller als der Himmel und alle Kreaturen? Er antwortet: Es kommt daher, daß er Gottes wenig achtet. Achtete der Mensch Gottes, wie er sollte, so wäre es fast unmöglich, daß er jemals fiele. Und es ist eine gute Lehre, daß der Mensch sich verhalten soll in dieser Welt, als ob er tot sei. Sankt Gregorius sagt, niemand könne Gott in reichem Maße besitzen, als wer für diese Welt bis auf den Grund tot sei.

Die vierte Lehre (aber) ist die allerbeste. Es heißt, »sie seien tot«. Der Tod (aber) gibt ihnen ein Sein. Ein Meister sagt: Die Natur zerstört nichts, ohne daß sie ein Besseres (dafür) gibt. Wenn Luft zu Feuer wird, so ist das etwas Besseres; wenn aber Luft zu Wasser wird, so ist das ein Zerstören und eine Verirrung. Wenn dies die Natur (schon) tut, so tut's Gott um so mehr: niemals zerstört er, ohne ein Besseres (dafür) zu geben. Die Märtyrer sind tot und haben ein *Leben* verloren, haben aber ein *Sein* empfangen. Ein Meister sagt, das Edelste sei Sein und Leben und Erkennen. Erkennen ist höher als Leben oder Sein, denn darin, daß es erkennt, hat es (zugleich) Leben und Sein. Hinwiederum aber ist Leben edler als Sein oder Erkennen, wie der Baum, der *lebt,* während der Stein (nur) ein Sein hat. Fassen wir aber nun wiederum das Sein als rein und lauter, wie es in sich selbst ist: dann ist Sein höher als Erkennen oder Leben; denn darin, daß es Sein hat, hat es (zugleich) Erkennen und Leben.

Sie haben ein Leben verloren und haben ein Sein gefunden. Ein Meister sagt, daß Gott nichts so gleich sei wie Sein; soweit etwas Sein hat, soweit gleicht es Gott. Ein Meister sagt: Sein ist so lauter und so hoch, daß alles, was Gott ist, ein Sein ist. Gott erkennt nichts nur als Sein, er weiß nichts als Sein, Sein ist sein Ring. Gott liebt nichts als sein Sein, er denkt nichts als sein Sein. Ich sage: Alle Kreaturen sind ein Sein. Ein Meister sagt, daß gewisse Kreaturen Gott so nahe sind und so viel des göttlichen Lichtes in sich eingedrückt besitzen, daß sie anderen Kreaturen Sein verleihen. Das ist nicht wahr, denn Sein ist so hoch und so lauter und Gott so verwandt, daß niemand Sein verleihen kann als Gott allein in sich selbst. Gottes eigenstes Wesen ist Sein. Ein Meister sagt: Eine Kreatur kann wohl der andern *Leben* geben. Eben darum ist alles, was irgendwie ist, einzig nur im *Sein* begründet. Sein ist ein erster Name. Alles, was mangelhaft ist, das ist Abfall vom Sein. Unser ganzes Leben sollte ein Sein sein. Soweit unser Leben ein Sein ist, soweit ist es in Gott. Soweit unser Leben eingeschlossen ist im Sein, soweit ist es Gott verwandt. Ein Leben mag noch so gering sein, faßt man es, sofern es Sein ist, so ist es edler als alles, was je Leben gewann. Ich bin des gewiß: Erkennte eine Seele (auch nur) das Geringste, das Sein hat, sie kehrte sich nie wieder nur einen Augenblick davon ab. Das Geringste, das man (als) in Gott erkennt, ja, erkennte man selbst (nur) eine Blume so, wie sie ein Sein in Gott hat, das wäre edler als die ganze Welt. Das Geringste, das in Gott ist, sofern es ein *Sein ist,* das ist besser, als wenn jemand einen Engel *erkennte.*

Wenn der Engel sich dem Erkennen der Kreaturen zukehrte, so würde es Nacht. Sankt Augustinus sagt: Wenn die Engel die Kreaturen *ohne* Gott erkennen, so ist das ein Abendlicht; wenn sie aber die Kreaturen in *Gott* erkennen, so ist das ein Morgenlicht. Erkennen sie (wiederum) Gott, wie er rein in sich selbst Sein ist, so ist das der lichte Mittag. Ich sage: Dies sollte der Mensch begreifen und erkennen, daß das Sein so edel ist. Keine Kreatur ist so gering, daß sie nicht nach dem Sein begehrte. Die Raupen, wenn sie von den Bäumen herabfallen, so kriechen sie an einer Wand hoch, auf daß sie ihr Sein erhalten. So edel ist das Sein. Wir preisen das Sterben in Gott, auf daß er uns versetze in ein Sein, das besser ist als Leben: ein Sein, in dem unser Leben lebt, darin unser Leben ein Sein wird. Der Mensch soll sich willig in den Tod geben und sterben, auf daß ihm ein besseres Sein zuteil werde.

Ich sage mitunter, Holz sei besser als Gold; das ist gar verwunderlich. Ein Stein ist edler, sofern er ein Sein hat, als Gott und seine Gottheit ohne Sein, dafern man ihm das Sein entziehen könnte. Es muß ein gar kräftiges Leben sein, in dem tote Dinge lebendig werden, ja, in dem selbst der Tod ein Leben wird. Gott, dem stirbt nichts; alle Dinge leben in ihm. »Sie sind tot«, sagt die Schrift von den Märtyrern, und sind versetzt in ein ewiges Leben, in jenes Leben, in dem das Leben ein Sein ist. Man soll bis auf den Grund tot sein, so daß uns weder Lieb noch Leid berühre. Was man erkennen soll, muß man in seiner Ursache erkennen. Niemals kann man ein Ding recht in sich selbst erkennen, wenn man es nicht in seiner Ursache erkennt. Das kann niemals wahres Erkennen sein, das etwas nicht in seiner offenbaren Ursache erkennt. So auch kann das Leben niemals vollendet werden, es werde denn in seine offenbare Ursache gebracht, in der das Leben ein Sein ist, das die Seele empfängt, wenn sie bis in den Grund stirbt, auf daß wir leben in jenem Leben, in dem das Leben ein Sein ist. Was uns daran hindert, darin beständig zu sein, das weist ein Meister auf und sagt: Es kommt daher, daß wir die Zeit berühren. Was die Zeit berührt, das ist sterblich. Ein Meister sagt: Des Himmels Lauf ist ewig; wohl ist es wahr, daß die Zeit von ihm herkommt, aber das geschieht im Abfallen. In seinem Lauf (selbst) hingegen ist er ewig, er weiß (da) nichts von Zeit, und das deutet darauf hin, daß die Seele in ein reines Sein gesetzt sein soll. Das zweite (, das hindert,) ist, wenn etwas einen Gegensatz in sich enthält. Was ist Gegensatz? Lieb und Leib, weiß und schwarz, das steht im Gegensatz, und der hat im *Sein* keinen Bestand.

Ein Meister sagt: Die Seele ist dazu dem Leibe gegeben, daß sie geläutert werde. Die Seele, wenn sie vom Leibe geschieden ist, hat weder Vernunft noch Willen: sie ist eins, sie vermöchte nicht die Kraft aufzubringen, mit der sie sich zu Gott kehren könnte; sie hat sie (= Vernunft und Willen) wohl in ihrem Grunde als in deren Wurzel, nicht aber in ihrem Wirken. Die Seele wird im Körper geläutert, auf daß sie sammele, was zerstreut und herausgetragen ist.

Wenn das, was die fünf Sinne hinaustragen, wieder in die Seele hereinkommt, so hat sie eine Kraft, in der es alles eins wird. Zum andern wird die Seele geläutert in der Übung der Tugenden, d. h. wenn die Seele hinaufklimmt in ein Leben, das geeint ist. Daran liegt der Seele Lauterkeit, daß sie geläutert ist von einem Leben, das geteilt ist, und eintritt in ein Leben, das geeint ist. Alles, was in niederen Dingen geteilt ist, das wird vereint, wenn die Seele hinaufklimmt in ein Leben, in dem es keinen Gegensatz gibt. Wenn die Seele in das Licht der Vernunft kommt, so weiß sie nichts von Gegensatz. Was *diesem* Lichte entfällt, das fällt in Sterblichkeit und stirbt. Zum dritten liegt darin der Seele Lauterkeit, daß sie auf nichts geneigt sei. Was zu irgend etwas anderm hingeneigt ist, das stirbt und kann nicht Bestand haben.

Wir bitten Gott, unsern lieben Herrn, darum, daß er uns helfe von einem Leben, das geteilt ist, in ein Leben, das eins ist. Dazu helfe uns Gott. Amen.

[Quint: Predigt 9]

10.

Quasi stella matutina in medio nebulae et quasi luna plena in diebus suis lucet et quasi sol refulgens, sic iste refulsit in templo dei
(Eccli. 50, 6/7)

»Wie ein Morgenstern mitten im Nebel und wie ein voller Mond in seinen Tagen und wie eine strahlende Sonne, so hat dieser geleuchtet im Tempel Gottes« (Jes. Sir. 50, 6/7).

Nun nehme ich das letzte Wort: »Tempel Gottes«. Was ist »Gott«, und was ist »Tempel Gottes«?

Vierundzwanzig Meister kamen zusammen und wollten besprechen, was Gott wäre. Sie kamen zu bestimmter Zeit (zusammen), und jeder von ihnen brachte sein Wort vor; von denen greife ich nun zwei oder drei heraus. Der eine sagte: »Gott ist etwas, dem gegenüber alle wandelbaren und zeitlichen Dinge nichts sind, und alles, was Sein hat, das ist vor ihm gering.« Der zweite sprach: »Gott ist etwas, das notwendig über dem Sein ist, das in sich selbst niemandes bedarf und dessen doch alle Dinge bedürfen.« Der dritte sprach: »Gott ist eine Vernunft, die da lebt in der Erkenntnis einzig ihrer selbst.«

Ich lasse das erste und das letzte Wort beiseite und spreche von dem zweiten: daß Gott etwas ist, das notwendig über dem Sein sein muß. Was Sein hat, Zeit oder Statt, rührt nicht an Gott; er ist darüber. Gott ist (zwar) *in* allen Kreaturen, sofern sie Sein haben, und ist doch *darüber*. Mit eben dem, was er *in* allen Kreaturen ist, ist er doch darüber; was da in vielen Dingen Eins ist, das muß notwendig *über* den Dingen sein. Etliche Meister meinten, daß die Seele nur im Herzen sei. Dem ist nicht so, und darin haben große Meister geirrt. Die Seele ist ganz und ungeteilt vollständig im Fuße und vollständig im Auge und in jedem Gliede. Nehme ich ein Stück Zeit, so ist das weder der heutige Tag noch der gestrige Tag. Nehme ich aber das *Nun*, so begreift das *alle* Zeit in sich. Das Nun, in dem Gott die Welt erschuf, das ist dieser Zeit so nahe wie das Nun, in dem ich jetzt spreche, und der Jüngste Tag ist diesem Nun so nahe wie der Tag, der gestern war.

Ein Meister sagt: Gott ist etwas, das da wirkt in Ewigkeit ungeteilt in sich selbst, das niemandes Hilfe noch eines Werkzeuges bedarf und in sich selbst verharrt, das nichts bedarf, dessen aber alle Dinge bedürfen und zu dem alle Dinge hindrängen als zu ihrem letzten Ziel. Dieses Endziel hat keine bestimmte Weise, es entwächst der Weise und geht in die Breite. Sankt Bernhard sagt: (Die Weise) Gott zu lieben, das ist Weise ohne Weise. Ein Arzt, der einen Kranken gesund machen will, der hat keine (bestimmte) Weise der Gesundheit, *wie* gesund er den Kranken machen wolle; er hat wohl eine Weise, *womit* er ihn gesund machen will; *wie* gesund aber er ihn machen will, das ist ohne (bestimmte) Weise: so gesund, wie er nur immer vermag. *Wie* lieb wir Gott haben sollen, dafür gibt es keine (bestimmte) Weise: so lieb, wie wir nur immer vermögen, das ist *ohne* Weise.

Ein jedes Ding wirkt in (seinem) Sein; kein Ding kann über sein Sein hinaus wirken. Das Feuer vermag nirgends als im Holze zu wirken. Gott wirkt oberhalb des Seins in der Weite, wo er sich regen kann; er wirkt im Nichtsein. Ehe es noch Sein gab, wirkte Gott; er wirkte Sein, als es Sein noch nicht gab. Grobsinnige Meister sagten, Gott sei ein lauteres Sein; er ist so hoch über dem Sein, wie es der oberste Engel über einer Mücke ist. Ich würde etwas ebenso Unrichtiges sagen, wenn ich Gott ein Sein nennte, wie wenn ich die Sonne bleich oder schwarz nennen wollte. Gott ist weder dies noch das. Und ein Meister sagt: Wer da glaubt, daß er Gott erkannt habe, und dabei irgend etwas erkennen würde, der erkennte Gott nicht. Wenn ich aber gesagt habe, Gott sei kein Sein und sei *über* dem Sein, so habe ich ihm damit nicht das Sein abgesprochen, vielmehr habe ich es in ihm erhöht. Nehme ich Kupfer im Golde, so ist es dort (vorhanden) und ist da in einer höheren Weise, als es in sich selbst ist. Sankt Augustinus sagt: Gott ist weise ohne Weisheit, gut ohne Gutheit, gewaltig ohne Gewalt.

Kleine Meister lehren in der Schule, alle Wesen seien geteilt in zehn Seinsweisen, und diese sprechen sie sämtlich Gott ab. Keine dieser Seinsweisen berührt Gott, aber er ermangelt auch keiner von ihnen. Die erste, die am meisten Sein besitzt, in der alle Dinge ihr Sein empfangen, das ist die Substanz; und die letzte, die am allerwenigsten Sein enthält, die heißt Relation, und die ist in Gott dem Allergrößten, das am meisten Sein besitzt, gleich: sie haben ein gleiches Urbild in Gott. In Gott sind aller Dinge Urbilder *gleich*; aber sie sind *ungleicher* Dinge Urbilder. Der höchste Engel und die Seele und die Mücke haben ein gleiches Urbild in Gott. Gott ist weder Sein noch Gutheit. Gutheit haftet am Sein und reicht nicht weiter als das Sein; denn gäbe es kein Sein, so gäbe es keine Gutheit, und das Sein ist noch lauterer als die Gutheit. Gott ist nicht gut noch besser noch allerbest. Wer da sagte, Gott sei gut, der täte ihm ebenso unrecht, wie wenn er die Sonne schwarz nennen würde.

Nun aber sagt doch Gott selbst: »Niemand ist gut als Gott allein.« Was ist gut? Das ist gut, das sich mitteilt. Den nennen wir einen guten Menschen, der sich mitteilt und nützlich ist. Darum sagt ein heidnischer Meister: Ein Einsiedler ist weder gut noch böse in diesem Sinne, weil er sich nicht mitteilt noch nützlich ist. Gott ist das Allermitteilsamste. Kein Ding teilt sich aus Eigenem mit, denn alle

Kreaturen sind nicht aus sich selbst. Was immer sie mitteilen, das haben sie von einem andern. Sie geben auch nicht sich selbst. Die Sonne gibt ihren Schein und bleibt doch an ihrem Ort stehen; das Feuer gibt seine Hitze und bleibt doch Feuer; Gott aber teilt das *Seine* mit, weil er aus sich selbst ist, was er ist, und in allen Gaben, die er gibt, gibt er zuerst stets sich selbst. Er gibt sich als Gott, wie er es in allen seinen Gaben ist, soweit es bei dem liegt, der ihn empfangen möchte. Sankt Jakob spricht: »Alle guten Gaben fließen von oben herab vom Vater der Lichter« (Jak. 1, 17).

Wenn wir Gott im Sein nehmen, so nehmen wir ihn in seinem Vorhof, denn das Sein ist sein Vorhof, in dem er wohnt. Wo ist er denn aber in seinem Tempel, in dem er als heilig erglänzt? *Vernunft* ist der Tempel Gottes. Nirgends wohnt Gott eigentlicher als in seinem Tempel, in der Vernunft, wie jener andere Meister sagt: Gott sei eine Vernunft, die da lebt im Erkennen einzig ihrer selbst, nur in sich selbst verharrend dort, wo ihn nie etwas berührt hat; denn da ist er allein in seiner Stille. Gott erkennt im Erkennen seiner selbst sich selbst in sich selbst.

Nun nehmen wir's (= das Erkennen), wie's in der Seele ist, die ein Tröpflein Vernunft, ein »Fünklein«, einen »Zweig« besitzt. Sie (= die Seele) hat Kräfte, die im Leibe wirken. Da ist eine Kraft, mit Hilfe derer der Mensch verdaut; die wirkt mehr in der Nacht als am Tage; kraft derer nimmt der Mensch zu und wächst. Die Seele hat weiterhin eine Kraft im Auge; durch die ist das Auge so subtil und so fein, daß es die Dinge nicht in der Grobheit aufnimmt, wie sie an sich selbst sind; sie müssen vorher gesiebt und verfeinert werden in der Luft und im Lichte; das kommt daher, weil es (= das Auge) die Seele bei sich hat. Eine weitere Kraft ist in der Seele, mit der sie denkt. Diese Kraft stellt in sich die Dinge vor, die nicht gegenwärtig sind, so daß ich diese Dinge ebensogut erkenne, als ob ich sie mit den Augen sähe, ja, noch besser – ich kann mir eine Rose sehr wohl (auch) im Winter denkend vorstellen –, und mit dieser Kraft wirkt die Seele im Nichtsein und folgt darin Gott, der im Nichtsein wirkt.

Ein heidnischer Meister sagt: Die Seele, die Gott liebt, die nimmt ihn unter der Hülle der Gutheit – noch sind es alles heidnischer Meister Worte, die bisher angeführt wurden, die nur in einem natürlichen Lichte erkannten; noch kam ich nicht zu den Worten der heiligen Meister, die da erkannten in einem viel höheren Lichte –, er sagt also: Die Seele, die Gott liebt, die nimmt ihn unter der Hülle der Gutheit. Vernunft aber zieht Gott die Hülle der Gutheit ab und nimmt ihn bloß, wo er entkleidet ist von Gutheit und von Sein und von allen Namen.

Ich sagte in der Schule, daß die Vernunft edler sei als der Wille, und doch gehören sie beide in dieses Licht. Da sagte ein Meister in einer andern Schule, der Wille sei edler als die Vernunft, denn der Wille nehme die Dinge, wie sie in sich selbst sind; Vernunft aber nehme die Dinge, wie sie in ihr sind. Das ist wahr. Ein Auge ist edler in sich selbst als ein Auge, das an eine Wand gemalt ist. Ich aber sage, daß die Vernunft edler ist als der Wille. Der Wille nimmt Gott unter dem Kleide der Gutheit. Die Vernunft nimmt Gott bloß, wie er entkleidet ist von Gutheit und von Sein. Gutheit ist ein Kleid, darunter Gott verborgen ist, und der Wille nimmt Gott unter diesem Kleide der Gutheit. Wäre keine Gutheit an Gott, so würde mein Wille ihn nicht wollen. Wer einen König kleiden wollte am Tage, da man ihn zum König machte, und kleidete ihn in graue Kleider, der hätte ihn nicht wohl gekleidet. Nicht davon bin ich selig, daß Gott gut ist. Ich will (auch) niemals danach begehren, daß Gott mich selig mache mit seiner Gutheit, denn das vermöchte er gar nicht zu tun. Davon allein bin ich selig, daß Gott vernünftig ist und ich dies erkenne. Ein Meister sagt: Gottes Vernunft ist es, woran des Engels Sein gänzlich hängt. Man stellt die Frage, wo das Sein des Bildes ganz eigentlich sei: im Spiegel oder in dem, wovon es ausgeht? Es ist eigentlicher in dem, wovon es ausgeht. Das Bild ist in mir, von mir, zu mir. Solange der Spiegel genau meinem Antlitz gegenübersteht, ist mein Bild darin; fiele der Spiegel hin, so verginge das Bild. Des Engels Sein hängt daran, daß ihm die göttliche Vernunft gegenwärtig ist, darin er sich erkennt.

»Wie ein Morgenstern mitten im Nebel.« Ich richte mein Augenmerk nun auf das Wörtlein »quasi«, das heißt »gleichwie«; das nennen die Kinder in der Schule ein »Beiwort«. Dies ist es, auf das ich's in allen meinen Predigten abgesehen habe. Das Allereigentlichste, was man von Gott aussagen kann, das ist »Wort« und »Wahrheit«. Gott nannte sich selbst ein »Wort«. Sankt Johannes sprach: »Im Anfang war das Wort« (Joh. 1, 1), und er deutet damit (zugleich) an, daß man bei diesem Worte ein »Beiwort« sein solle. So wie der »freie Stern«, nach dem der »Freitag« benannt ist, die Venus: der hat manchen Namen. Wenn er der Sonne voraufgeht und eher aufgeht als die Sonne, so heißt er ein »Morgenstern«; wenn er aber hinter der Sonne hergeht, so daß die Sonne eher untergeht, so heißt er ein »Abendstern«; manchmal läuft er oberhalb der Sonne, manchmal unterhalb. Vor allen Sternen ist er der Sonne beständig gleich nahe; er kommt ihr niemals ferner noch näher und zeigt damit an, daß ein Mensch, der hierzu kommen will, Gott allezeit nahe und gegenwärtig sein soll, so daß ihn nichts von Gott entfernen kann, weder Glück noch Unglück noch irgendeine Kreatur.

Der Schrifttext sagt weiterhin: »Wie ein voller Mond in seinen Tagen.« Der Mond hat Herrschaft über alle feuchte Natur. Nie ist der Mond der Sonne so nahe wie dann, wenn er voll ist und wenn er sein Licht unmittelbar von der Sonne empfängt. Davon aber, daß er der Erde näher ist als irgendein Stern, hat er zwei Nachteile: daß er bleich und fleckig ist und daß er sein Licht verliert. Nie ist er so kräftig, wie wenn er der Erde am allerfernsten ist, dann wirft er das Meer am allerweitesten aus; je mehr er abnimmt, um so weniger vermag er es auszuwerfen. Je mehr die Seele über irdische Dinge erhaben ist, um so kräftiger ist sie. Wer weiter nichts als die Kreaturen erkennen würde, der brauchte an keine Predigt zu denken, denn jegliche Kreatur ist Gottes voll und ist ein Buch. Der Mensch, der dazu gelangen will, wovon im voraufgehenden gesprochen wurde –, der muß sein wie ein Morgenstern: immerzu Gott gegenwärtig und immerzu »bei« (ihm) und gleich nahe und erhaben über alle irdischen Dinge und muß bei dem »Worte« ein »Beiwort« sein.

Es gibt ein hervorgebrachtes Wort: das ist der Engel und der Mensch und alle Kreaturen. Es gibt ein anderes Wort, gedacht und vorgebracht, durch das es möglich wird, daß ich mir etwas vorstelle. Noch aber gibt es ein anderes Wort, das da sowohl unvorgebracht wie ungedacht ist, das niemals austritt: vielmehr bleibt es ewig in dem, der es spricht. Es ist im Vater, der es spricht, immerfort im Empfangenwerden und innebleibend. Vernunft ist stets nach innen wirkend. Je feiner und je geistiger etwas ist, um so kräftiger wirkt es nach innen; und je kräftiger und feiner die Vernunft ist, um so mehr wird das, was sie erkennt, mit ihr vereint und mit ihr eins. So (aber) ist es nicht mit körperlichen Dingen; je kräftiger die sind, um so mehr wirken sie nach außen. Gottes Seligkeit (aber) liegt im Einwärtswirken der Vernunft, wobei das »Wort« innebleibend ist. Dort soll die Seele ein »Beiwort« sein und mit Gott *ein* Werk wirken, um in dem in sich selbst schwebenden Erkennen ihre Seligkeit zu schöpfen: in demselben, wo Gott selig ist.

Daß wir allzeit bei diesem »Wort« ein »Beiwort« sein mögen, dazu helfe uns der Vater und dieses nämliche Wort und der Heilige Geist. Amen.

[Quint: Predigt 10]

11.

In diebus suis placuit deo et inventus est iustus
(Eccli. 44, 16/17)

Dieses Wort, das ich auf lateinisch gesprochen habe, ist geschrieben in der Epistel, und man kann es von einem heiligen Bekenner aussagen, und das Wort lautet zu deutsch so: »Er ist innen gerecht erfunden worden in seinen Tagen, er hat Gott wohlgefallen in seinen Tagen« (Jes. Sir. 44, 16/17). Gerechtigkeit hat er innen gefunden. Mein Leib ist mehr in meiner Seele, als daß meine Seele in meinem Leibe sei. Mein Leib und meine Seele sind mehr in Gott, als daß sie in sich selbst seien; Gerechtigkeit aber ist dies: die Ursache aller Dinge in der Wahrheit. Wie Sankt Augustinus sagt: Gott ist der Seele näher, als sie sich selbst ist. Die Nähe zwischen Gott und der Seele kennt keinen Unterschied (zwischen beiden), fürwahr. Dasselbe Erkennen, in dem sich Gott selbst erkennt, das ist eines jeden losgelösten Geistes Erkennen und kein anderes. Die Seele nimmt ihr Sein unmittelbar von Gott; darum ist Gott der Seele näher, als sie sich selbst ist; darum ist Gott im Grunde der Seele mit seiner ganzen Gottheit.

Nun fragt ein Meister, ob das göttliche Licht in die Kräfte der Seele ebenso rein fließe, wie es im Sein (der Seele) ist, da (ja doch) die Seele ihr Sein unmittelbar von Gott hat und die Kräfte unmittelbar aus dem Sein der Seele fließen? Göttliches Licht ist zu edel dazu, als daß es mit den Kräften irgendwelche Gemeinschaft machen könnte; denn alles, was berührt und berührt wird, dem ist Gott fern und fremd. Und darum, weil die Kräfte berührt werden und berühren, verlieren sie ihre Jungfräulichkeit. Göttliches Licht kann nicht in sie leuchten; jedoch durch Übung und Läuterung können sie empfänglich werden.

Hierzu sagt ein anderer Meister, daß den Kräften ein Licht gegeben werde, das dem inneren (Lichte) gleiche. Es *gleicht* zwar dem innern Licht, es *ist* aber *nicht* das innere Licht. Von diesem Licht nun widerfährt ihnen (d. h. den Kräften) ein Eindruck, so daß sie des innern Lichtes empfänglich werden. Ein anderer Meister sagt, daß alle Kräfte der Seele, die im Leibe wirken, mit dem Leibe sterben, mit Ausnahme der Erkenntnis und des Willens: die allein bleiben der Seele. Sterben (nun zwar) die Kräfte, die im Leibe wirken, so bleiben sie doch in ihrer Wurzel bestehen.

Sankt Philippus sprach: »Herr, weise uns den Vater, so genügt es uns« (Joh. 14, 8). Nun kommt niemand zum Vater, es sei denn durch den Sohn (Joh. 14, 6). Wer den Vater sieht, der sieht den Sohn (Joh. 14, 9), und der Heilige Geist ist ihrer beider Liebe. Die Seele ist so einfaltig in sich selbst, daß sie immer nur *ein* Bild gegenwärtig wahrnehmen kann. Wenn sie des Steines Bild wahrnimmt, so nimmt sie nicht des Engels Bild wahr, und nimmt sie des Engels Bild wahr, so nimmt sie zugleich kein anderes wahr; das gleiche Bild aber, das sie wahrnimmt, das muß sie auch im Gegenwärtigsein lieben. Nähme sie tausend Engel wahr, das wäre soviel wie zwei Engel, und doch nähme sie nicht mehr als einen einzigen Engel wahr. Nun also soll der Mensch sich in sich selbst zur Eins zusammenfassen. Sankt Paulus spricht: »Seid ihr nun frei gemacht von euren Sünden, so seid ihr Knechte Gottes geworden« (Röm. 6, 22). Der eingeborene Sohn hat uns befreit von unseren Sünden. Nun aber spricht unser Herr viel treffender als Sankt Paulus: »Ich habe euch nicht Knechte geheißen, ich habe euch vielmehr meine Freunde geheißen.« »Der Knecht kennt seines Herrn Willen nicht«, aber der Freund weiß alles, was sein Freund weiß. »Alles, was ich von meinem Vater gehört habe, das habe ich euch kund getan« (Joh. 15, 15), und alles, was mein Vater weiß, das weiß ich, und alles, was ich weiß, das wißt ihr; denn ich und mein Vater haben *einen* Geist. Der Mensch, der nun alles weiß, was Gott weiß, der ist ein Gott-wissender Mensch. *Dieser* Mensch erfaßt Gott in seinem Eigensein und in seiner eigenen Einheit und in seiner eigenen Gegenwart und in seiner eigenen Wahrheit; mit einem solchen Menschen ist es gar recht bestellt. Aber der Mensch, der von inwendigen Dingen nichts gewöhnt ist, der weiß nicht, was Gott ist. Wie ein Mann, der Wein in seinem Keller hat, aber nichts davon getrunken noch versucht hätte, der weiß nicht, daß er gut ist. So auch steht es mit den Leuten, die in Unwissenheit leben: die wissen nicht, was Gott ist, und doch glauben und wähnen sie zu leben. Solches Wissen stammt nicht von Gott. Ein Mensch muß ein lauteres, klares Wissen haben von göttlicher Wahrheit. Der Mensch, der in allen seinen Werken ein rechtes Streben hat, bei dem ist der *Anfang* dieses seines Strebens Gott, und die *Ausführung* des Strebens ist (wiederum) Gott selber und ist die lautere göttliche Natur, und es (= sein Streben) *endet* in göttlicher Natur, in ihm selbst.

Nun sagt ein Meister, daß es keinen noch so törichten Menschen gibt, der nicht nach Weisheit begehre. Warum aber werden wir denn nicht weise? Da gehört viel dazu. Das Wichtigste ist, daß der Mensch durch alle Dinge hindurch – und über alle Dinge und aller Dinge Ursache hinausgehen muß, und das fängt dann an, den Menschen zu verdrießen. Infolgedessen bleibt der Mensch in seiner Beschränktheit. Wenn ich ein reicher Mensch bin, bin ich deshalb nicht (auch) schon weise; wenn mir aber das Wesen der Weisheit und deren Natur eingeformt ist und ich die Weisheit selbst bin, dann bin ich ein weiser Mensch.

Ich sagte einst in einem Kloster: Das ist das eigentliche Bild der Seele, wo nichts aus- noch eingebildet wird, außer was Gott selbst ist. Die Seele hat zwei Augen, ein inneres und ein äußeres. Das *innere* Auge der Seele ist jenes, das in das Sein schaut und sein Sein ganz unmittelbar von Gott empfängt: dies ist sein ihm eigenes Werk. Das *äußere* Auge der Seele ist jenes, das da allen Kreaturen zugewendet ist und sie in bildhafter Weise und in der Wirkweise einer Kraft wahrnimmt. Der Mensch aber nun, der in sich selbst gekehrt wird, so daß er Gott in dessen eigenem Geschmack und in dessen eigenem Grunde erkennt, ein solcher Mensch ist befreit von allen geschaffenen Dingen und ist in sich selbst verschlossen unter einem wahren Schlosse der Wahrheit. Wie ich einst sagte, daß unser Herr am Ostertage zu seinen Jüngern kam bei verschlossenen Türen; so auch ist es mit diesem Menschen, der da befreit ist von aller Fremdheit und von aller Geschaffenheit: in einen solchen Menschen *kommt* Gott nicht erst hinein: er *ist* (vielmehr) wesenhaft darin.

»Er ist Gott wohlgefällig gewesen in seinen Tagen.« Es liegt da mehr als nur *ein* Tag vor, wenn man sagt »in seinen Tagen«: (nämlich) der Seele Tag und Gottes Tag. Die Tage, die seit sechs oder sieben Tagen verflossen sind, und die Tage, die da waren vor sechstausend Jahren, die sind dem heutigen Tage so nahe wie der Tag, der gestern war. Warum? Weil da die Zeit in einem gegenwärtigen Nun ist. Dadurch daß der Himmel läuft, ist es durch den ersten Umlauf des Himmels Tag. Dort ereignet sich in einem Nun der Seele Tag, und in ihrem natürlichen Lichte, in dem alle Dinge sind, da ist er ein *ganzer* Tag: da ist Tag und Nacht eins. Da hingegen ist Gottes Tag, wo die Seele in dem Tage der Ewigkeit steht in einem wesenhaften Nun, und da gebiert der Vater seinen eingeborenen Sohn in einem gegenwärtigen Nun, und wird die Seele wiedergeboren in Gott. So oft diese Geburt geschieht, so oft gebiert sie den eingeborenen Sohn. Darum gibt es der Söhne viel mehr, die die Jungfrauen gebären, als derer, die die Frauen gebären, denn jene gebären über der Zeit in der Ewigkeit (vgl. Is. 54, 1). Wie viele der Söhne nun auch sein mögen, die die Seele in der Ewigkeit gebiert, so gibt's ihrer doch nicht mehr als *einen* Sohn, denn es geschieht (eben) über der Zeit im Tage der Ewigkeit.

Nun ist es gar recht bestellt mit dem Menschen, der in Tugenden lebt, denn ich sagte vor acht Tagen, daß die Tugenden in Gottes Herzen seien. Wer in Tugend lebt und in Tugend wirkt, mit dem steht es gar recht. Wer des Seinen nichts sucht an keinen Dingen, weder an Gott noch an den Kreaturen, der wohnt in Gott, und Gott wohnt in ihm. Einem solchen Menschen ist es lustvoll, alle Dinge zu lassen und zu verschmähen, und dem ist es eine Lust, alle Dinge auf ihr Allerhöchstes zu vollenden. Es spricht Sankt Johannes: »Deus caritas est« – »Gott ist die Liebe«, und die Liebe ist Gott, »und wer in der Liebe wohnt, der wohnt in Gott, und Gott wohnt in ihm« (1 Joh. 4, 16). Wer da in Gott wohnt, der hat gute Wohnung bezogen und ist ein Erbe Gottes, und in wem Gott wohnt, der hat würdige Hausgenossen bei sich. Nun sagt ein Meister, daß der Seele von Gott eine Gabe gegeben werde, durch die die Seele bewegt wird zu inneren Dingen. Es sagt ein Meister, daß die Seele unmittelbar vom Heiligen Geiste berührt wird, denn in der Liebe, darin sich Gott selbst liebt, in dieser Liebe liebt er mich, und die Seele liebt Gott in derselben Liebe, darin er sich selbst liebt; wäre aber diese Liebe nicht, darin Gott die Seele liebt, so wäre (auch) der Heilige Geist nicht. Es ist eine Hitze und ein Ausblühen des Heiligen Geistes, darin die Seele Gott liebt.

Nun schreibt der eine Evangelist: »Dies ist mein lieber Sohn, in dem ich mir wohlgefalle« (Mark. 1, 11), Der zweite Evangelist aber schreibt nun: »Dies ist mein lieber Sohn, in dem mir alle Dinge gefallen« (Luk 3, 22). Und nun schreibt der dritte Evangelist: »Dies ist mein lieber Sohn, in dem ich mir selbst gefalle« (Matth. 3, 17). Alles, was Gott gefällt, das gefällt ihm in seinem eingeborenen Sohn; alles, was Gott liebt, das liebt er in seinem eingeborenen Sohn. Nun soll der Mensch so leben, daß er eins sei mit dem eingeborenen Sohne und daß er der eingeborene Sohn sei. Zwischen dem eingeborenen Sohne und der Seele ist kein Unterschied. Zwischen dem Knechte und dem Herrn wird niemals gleiche Liebe. Solange ich Knecht bin, bin ich dem eingeborenen Sohne gar fern und ungleich. Wollte ich Gott ansehen mit meinen Augen, mit jenen Augen, mit denen ich die Farbe ansehe, so täte ich gar unrecht daran, denn dieses (Schauen) ist zeitlich; nun ist aber alles, was zeitlich ist, Gott fern und fremd. Nimmt man Zeit, und nimmt man sie auch nur im Kleinsten, im »Nun«, so ist es (doch noch) Zeit und besteht in sich selbst. Solange der Mensch Zeit und Raum hat und Zahl und Vielheit und Menge, so ist er gar unrecht daran und ist Gott ihm fern und fremd. Darum sagt unser Herr: Wer mein Jünger werden will, der muß sich selbst lassen (Luk. 9, 23); niemand kann mein Wort hören noch meine Lehre, er habe denn sich selbst gelassen. Alle Kreaturen sind in sich selbst nichts. Darum habe ich gesagt: Laßt ab vom Nichts und ergreift ein vollkommenes Sein, in dem der Wille recht ist. Wer seinen ganzen Willen gelassen hat, dem schmeckt meine Lehre, und er hört mein Wort. Nun sagt ein Meister, daß alle Kreaturen ihr Sein unmittelbar von Gott empfangen; darum ist es bei den Kreaturen so, daß sie Gott ihrer rechten Natur nach mehr lieben als sich selbst. Erkennte der Geist sein reines Abgeschiedensein, so könnte er sich auf kein Ding mehr hinneigen, er müßte vielmehr auf seinem reinen Abgeschiedensein verharren. Darum heißt es: »Er hat ihm wohlgefallen in seinen Tagen.«

Der Seele Tag und Gottes Tag sind unterschieden. Wo die Seele in ihrem natürlichen Tage ist, da erkennt sie alle

Dinge über Zeit und Raum; kein Ding ist ihr (da) fern oder nah. Darum habe ich gesagt, daß alle Dinge gleich edel seien in diesem Tage. Ich sagte einst, daß Gott die Welt *jetzt* erschafft, und alle Dinge sind gleich edel in diesem Tage. Würden wir sagen, daß Gott die Welt gestern oder morgen erschüfe, so würden wir uns töricht verhalten. Gott erschafft die Welt und alle Dinge in einem gegenwärtigen Nun, und die Zeit, die da vergangen ist vor tausend Jahren, die ist Gott jetzt ebenso gegenwärtig und ebenso nahe wie die Zeit, die jetzt ist. Die Seele, die da steht in einem gegenwärtigen Nun, in die gebiert der Vater seinen eingeborenen Sohn, und in derselben Geburt wird die Seele wieder in Gott geboren. Das ist *eine* Geburt: so oft sie (= die Seele) wiedergeboren wird in Gott, so oft gebiert der Vater seinen eingeborenen Sohn in sie.

Ich habe von einer Kraft in der Seele gesprochen; in ihrem ersten Ausbruche erfaßt sie Gott nicht, sofern er gut ist, sie erfaßt Gott auch nicht, sofern er die Wahrheit ist: sie dringt bis auf den Grund und sucht weiter und erfaßt Gott in seiner Einheit und in seiner Einöde; sie erfaßt Gott in seiner Wüste und in seinem eigenen Grunde. Deshalb läßt sie sich nichts genügen, sie sucht weiter danach, was das sei, das Gott in seiner Gottheit und im Eigentum seiner eigenen Natur sei. Nun sagt man, daß keine Einung größer sei als die, daß die drei Personen *ein* Gott seien. Danach – so sagt man – sei keine Einung größer als die zwischen Gott und Seele. Wenn der Seele ein Kuß widerfährt von der Gottheit, so steht sie in ganzer Vollkommenheit und in Seligkeit; da wird sie umfangen von der Einheit. Im ersten Berühren, in dem Gott die Seele als ungeschaffen und unerschaffbar berührt hat und berührt, da ist die Seele der Berührung Gottes nach ebenso edel wie Gott selbst. Gott berührt sie nach sich selbst. Ich predigte einst in lateinischer Sprache, und das war am Tage der

Dreifaltigkeit, da sagte ich: Die Unterschiedenheit kommt aus der Einheit, (ich meine) die Unterschiedenheit in der Dreifaltigkeit. Die Einheit *ist* die Unterschiedenheit, und die Unterschiedenheit *ist* die Einheit. Je größer die Unterschiedenheit ist, um so größer ist die Einheit, denn das (eben) ist die Unterschiedenheit ohne Unterschied. Wären da tausend Personen, so wäre doch da nichts als Einheit. Wenn Gott die Kreatur ansieht, gibt er ihr damit ihr Sein; wenn die Kreatur Gott ansieht, empfängt sie damit ihr Sein. Die Seele hat ein vernünftiges, erkennendes Sein; daher: wo Gott ist, da ist die Seele, und wo die Seele ist, da ist Gott.

Nun heißt es: »Er ist *innen* gefunden«. Das ist *innen*, was im Grunde der Seele wohnt, im Innersten der Seele, in der Vernunft, und nicht ausgeht und auf kein Ding (draußen) schaut. Dort sind alle Kräfte der Seele gleich edel; hier »ist er innen gerecht erfunden«. Das ist gerecht, was gleich ist in Lieb und Leid und in Bitterkeit und in Süßigkeit und wem kein Ding im Wege steht, daß er sich eins findet in der Gerechtigkeit. Der gerechte Mensch ist eins mit Gott. Gleichheit wird geliebt. Die Liebe liebt stets Gleiches; darum liebt Gott den gerechten Menschen als sich selbst gleich.

Daß wir uns *innen* finden im Tage und in der Zeit der Vernunft und im Tage der Weisheit und im Tage der Gerechtigkeit und im Tage der Seligkeit, dazu helfe uns der Vater und der Sohn und der Heilige Geist. Amen.

[Quint: Predigt 11]

12.

Impletum est tempus Elizabeth
(Luc. 1, 57)

»Für Elisabeth erfüllte sich die Zeit, und sie gebar einen Sohn. Johannes ist sein Name. Da sprachen die Leute: ›Was wunders soll werden aus diesem Kinde? Denn Gottes Hand ist mit ihm‹« (Luk. 1, 57/63/66). In einer Schrift heißt es: Das ist die größte Gabe, daß wir Gottes Kinder seien und daß er seinen Sohn in uns gebäre (1 Joh. 3, 1). Die Seele, die Gottes Kind sein will, soll nichts in sich gebären, und die, in der Gottes Sohn geboren werden soll, in die soll sich nichts anderes gebären. Gottes höchstes Streben ist: gebären. Ihm genügt es nimmer, er gebäre denn seinen Sohn in uns. Auch die Seele begnügt sich in keiner Weise, wenn der Sohn Gottes in ihr nicht geboren wird. Und da entspringt die Gnade. Die Gnade wird da eingegossen. Die Gnade *wirkt* nicht; ihr *Werden* ist ihr Werk. Sie fließt aus dem Sein Gottes und fließt in das Sein der Seele, nicht aber in die Kräfte.

Als die Zeit erfüllt war, da ward geboren »Gnade«. Wann ist »Fülle der Zeit«? – Wenn es keine Zeit mehr gibt. Wenn man *in* der Zeit sein Herz in die Ewigkeit gesetzt hat und alle zeitlichen Dinge in einem tot sind, so ist das »Fülle der Zeit«. Ich sagte einst: Der freut sich nicht *alle* Zeit, der sich freut *in* der Zeit. Sankt Paulus spricht: »Freut euch in Gott alle Zeit!« (Phil. 4, 4). Der freut sich alle Zeit, der sich über der Zeit und außerhalb der Zeit freut. Eine Schrift sagt: Drei Dinge hindern den Menschen, so daß er Gott auf keinerlei Weise erkennen kann. Das erste ist Zeit, das zweite Körperlichkeit, das dritte Vielheit. Solange diese drei in mir sind, ist Gott nicht in mir noch wirkt er in mir in eigentlicher Weise. Sankt Augustinus sagt: Es kommt von der Begehrlichkeit der Seele her, daß sie vieles ergreife und besitzen will, und so greift sie nach der Zeit und nach der Körperlichkeit und nach der Vielheit und verliert dabei eben das, was sie besitzt. Denn solange als mehr und mehr in dir ist, kann Gott nimmer in dir wohnen noch wirken. Diese Dinge müssen stets heraus, soll Gott hinein, es sei denn, du hättest sie in einer höheren und besseren Weise so, daß die Vielheit zur Eins in dir geworden wäre. Je mehr dann der Vielheit in dir ist, um so mehr Einheit ist vorhanden, denn das eine ist gewandelt in das andere.

Ich sagte einst: Einheit eint alle Vielheit, aber Vielheit eint nicht Einheit. Wenn wir emporgehoben werden über alle Dinge und alles, was in uns ist, hinaufgehoben ist, so drückt uns nichts. Was unter mir ist, das drückt mich nicht. Wenn ich rein nur nach Gott strebte, so daß nichts über mir wäre als Gott, so wäre mir nichts schwer und würde ich nicht so schnell betrübt. Sankt Augustinus spricht: Herr, wenn ich mich dir zuneige, so wird mir benommen alle Beschwer, Leid und Mühsal. Wenn wir über die Zeit und zeitliche Dinge hinausgeschritten sind, so sind wir frei und allezeit froh, und dann ist Fülle der Zeit; dann wird der Sohn Gottes in dir geboren. Ich sprach einst: Als die Zeit erfüllt war, da sandte Gott seinen Sohn (Gal. 4, 4). Wird irgend etwas in dir geboren als der Sohn, so hast du den Heiligen Geist nicht, und Gnade wirkt nicht in dir. Ursprung des Heiligen Geistes ist der Sohn. Wäre der Sohn nicht, so wäre auch der Heilige Geist nicht. Der Heilige Geist kann nirgends sein Ausfließen noch sein Ausblühen nehmen als einzig vom Sohne. Wo der Vater seinen Sohn gebiert, da gibt er ihm alles, was er in seinem Sein und in seiner Natur hat. In diesem Geben quillt der Heilige Geist aus. So auch ist es Gottes Streben, daß er sich *uns* völlig gebe. In gleicher Weise, wie wenn das Feuer das

Holz in sich ziehen will und sich hinwieder in das Holz, so befindet es vorerst das Holz als ihm (= dem Feuer) ungleich. Darum bedarf es der Zeit. Zuerst macht es (das Holz) warm und heiß, und dann raucht es und kracht, weil es ihm (= das Holz dem Feuer) ungleich ist; und je heißer das Holz dann wird, um so stiller und ruhiger wird es, und je gleicher es dem Feuer ist, um so friedlicher ist es, bis es ganz und gar Feuer wird. Soll das Feuer das Holz in sich aufnehmen, so muß alle Ungleichheit ausgetrieben sein.

Bei der Wahrheit, die Gott ist: Hast du es auf irgend etwas denn allein auf Gott abgesehen oder suchst du irgend etwas anderes als Gott, so ist das Werk, das du wirkst, nicht dein noch ist es fürwahr Gottes. Worauf deine Endabsicht in deinem Werke abzielt, das *ist* das Werk. Was in mir wirkt, das ist mein Vater, und ich bin ihm untertänig. Es ist unmöglich, daß es in der Natur zwei Väter gebe; es muß stets *ein* Vater sein in der Natur. Wenn die anderen Dinge heraus und »erfüllt« sind, dann geschieht diese Geburt. Was füllt, das rührt an alle Enden, und nirgends gebricht es an ihm; es hat Breite und Länge, Höhe und Tiefe. Hätte es Höhe, aber nicht Breite noch Länge noch Tiefe, so würde es nicht füllen. Sankt Paulus spricht: »Bitte, daß ihr zu begreifen vermöget mit allen Heiligen, welches sei die Breite, die Höhe, die Länge und die Tiefe« (Eph. 3, 18).

Diese drei Stücke bedeuten dreierlei Erkenntnis. Die eine ist sinnlich: Das Auge sieht gar weithin die Dinge, die außerhalb seiner sind. Die zweite ist vernünftig und ist viel höher. Mit der dritten ist eine edle Kraft der Seele gemeint, die so hoch und so edel ist, daß sie Gott in seinem bloßen, eigenen Sein erfaßt. Diese Kraft hat mit nichts etwas gemein; sie macht aus nichts etwas und alles. Sie weiß nichts vom Gestern noch vom Vorgestern, vom Morgen noch vom Übermorgen, denn in der Ewigkeit gibt es kein Gestern noch Morgen, da gibt es (vielmehr nur) ein gegenwärtiges Nun; was vor tausend Jahren war und was nach tausend Jahren kommen wird, das ist da gegenwärtig und (ebenso) das, was jenseits des Meeres ist. Diese Kraft erfaßt Gott in seinem Kleidhause. Eine Schrift sagt: »In ihm, mittels seiner und durch ihn« (Röm. 11, 36). »In ihm«, das ist in dem Vater, »mittels seiner«, das ist in dem Sohne, »durch ihn«, das ist in dem Heiligen Geiste. Sankt Augustinus spricht ein Wort, das diesem gar ungleich klingt, und es ist ihm doch ganz gleich: Nichts ist Wahrheit, was nicht alle Wahrheit in sich beschlossen hält. Jene Kraft erfaßt alle Dinge in der Wahrheit. Dieser Kraft ist kein Ding verdeckt. Eine Schrift sagt: Den Männern soll das Haupt entblößt sein und den Frauen bedeckt (1 Kor. 11, 7 + 6). Die »Frauen«, das sind die niedersten Kräfte, die sollen bedeckt sein. Der »Mann« aber, das ist jene Kraft, die soll entblößt und unbedeckt sein.

»Was wunders soll werden aus diesem Kinde?« Ich sprach neulich zu einigen Leuten, die vielleicht auch hier anwesend sind, ein Wörtlein und sagte so: Es ist nichts so verdeckt, das nicht aufgedeckt werden solle (Matth. 10, 26; Luk. 12, 2; Mark. 4, 22). Alles, was nichts ist, soll abgelegt werden und so verdeckt, daß es selbst nicht einmal mehr gedacht werden soll. Vom Nichts sollen wir nichts wissen, und mit dem Nichts sollen wir nichts gemein haben. Alle Kreaturen sind ein reines Nichts. Was weder hier noch dort ist und wo ein Vergessensein aller Kreaturen ist, da ist Fülle alles Seins. Ich sagte damals: Nichts soll in uns bedeckt sein, das wir nicht Gott völlig aufdecken und ihm vollständig geben. Worin immer wir uns finden mögen, sei's in Vermögen oder in Unvermögen, in Lieb oder in Leid, wozu wir uns immer geneigt finden, dessen sollen wir uns entäußern. In der Wahrheit: Wenn wir ihm (= Gott) alles aufdecken, so deckt er uns wiederum alles auf, was er hat, und er verdeckt uns in der Wahrheit ganz und gar nichts von alledem, was er zu bieten vermag, weder Weisheit noch Wahrheit noch Heimlichkeit noch Gottheit noch irgend etwas. Dies ist wahrlich so wahr, wie daß Gott lebt, dafern wir's ihm aufdecken. Decken wir's ihm nicht auf, so ist es kein Wunder, wenn er's uns *auch* nicht aufdeckt; denn es muß ganz gleich sein: wir ihm, wie er uns.

Man muß klagen über gewisse Leute, die sich gar hoch und gar eins mit Gott dünken und sind dabei doch noch ganz und gar ungelassen und halten sich noch an geringfügige Dinge in Lieb und in Leid. Diese sind weit entfernt von dem, was sie sich dünken. Sie streben nach viel und wollen ebenso viel. Ich sprach irgendwann: Wer das Nichts sucht, daß der das Nichts findet, wem kann er das klagen? Er fand, was er suchte. Wer irgend etwas sucht oder erstrebt, der sucht und erstrebt das Nichts, und wer um irgend etwas bittet, dem wird das Nichts zuteil. Aber wer nichts sucht und nichts erstrebt als rein nur Gott, dem entdeckt und gibt Gott alles, was er verborgen hat in seinem göttlichen Herzen, auf daß es ihm ebenso zu eigen wird, wie es Gottes Eigen ist, nicht weniger und nicht mehr, dafern er nur unmittelbar nach Gott allein strebt. Daß der Kranke die Speise und den Wein nicht schmeckt, was wunders ist das? Nimmt er ja doch den Wein und die Speise nicht in ihrem eigenen Geschmack wahr. Die Zunge hat eine Decke und ein Kleid, womit sie wahrnimmt, und dieses ist bitter gemäß der Krankheitsnatur der Krankheit. Es gelangte noch nicht bis dahin, wo es schmecken sollte; es dünkt den Kranken bitter, und er hat recht, denn es muß bitter sein bei dem Belag und dem Überzug. Wenn diese Zwischenschicht nicht weg ist, schmeckt nichts nach seinem Eigenen. Solange der »Belag« nicht von uns beseitigt ist, solange schmeckt uns Gott nimmermehr in seinem Eigenen, und unser Leben ist uns (dann) oft bekümmert und bitter.

Ich sagte einst: Die Mägde folgen dem Lamme nach, wohin es auch geht, unmittelbar (Geh. Offenb. 14, 4). Hier sind einige (wirklich) Mägde, andere aber sind hier nicht Mägde, die aber doch Mägde zu sein wähnen. Die die wahren Mägde sind, die folgen dem Lamm nach, wohin immer es geht, in Leid wie in Lieb. Manche folgen dem Lamm, wenn es in Süßigkeit und in Gemach geht; wenn es aber ins Leiden und in Ungemach und in Mühsal geht, so kehren sie um und folgen ihm nicht. Traun, die sind *nicht* Mägde, was immer sie auch scheinen mögen. Etliche sagen: Je nun, Herr, ich kann wohl dahin gelangen in Ehre und in Reichtum und in Gemach. Traun! hat das Lamm *so* gelebt und ist es *so* vorangegangen, so vergönne ich's euch wohl, daß ihr ebenso nachfolgt; die rechten Mägde jedoch streifen dem Lamm nach durch Enge und Weite und wohin immer es streift.

Als die Zeit erfüllt war, da ward geboren »Gnade«. Daß alle Dinge an uns vollendet werden, auf daß die göttliche Gnade in uns geboren werde, dazu helfe uns Gott. Amen.

[Quint: Predigt 12]

13.

*Intravit Jesus in quoddam castellum, et mulier
quaedam, Martha nomine excepit illum etc.*
(Luc. 10, 38)

Sankt Lukas schreibt im Evangelium: »Unser Herr ging in ein Städtlein; dort nahm ihn eine Frau auf, die hieß Martha; die hatte eine Schwester, die hieß Maria. Die saß nieder zu Füßen unseres Herrn und hörte auf sein Wort. Martha aber ging umher und diente unserm Herrn« (Luk. 10, 38/40).

Drei Dinge ließen Maria zu Füßen unseres Herrn sitzen. Das eine war dies: Die Güte Gottes hatte ihre Seele umfangen. Das zweite war ein großes, unaussprechliches Verlangen: sie sehnte sich, ohne zu wissen, wonach, und sie wünschte, ohne zu wissen, was! Das dritte war der süße Trost und die Wonne, die sie aus den ewigen Worten schöpfte, die da aus Christi Mund flossen.

Auch Martha trieben drei Dinge, die sie umhergehen und dem lieben Christus dienen ließen. Das eine war ein gereiftes Alter und ein bis ins Alleräußerste durchgeübter (Seins-)Grund. Deshalb glaubte sie, daß niemandem das Tätigsein so gut anstünde wie ihr. Das zweite war eine weise Besonnenheit, die das äußere Wirken recht auszurichten wußte auf das Höchste, das die Liebe gebietet. Das dritte war die hohe Würde des lieben Gastes.

Die Meister sagen, Gott stehe jedem Menschen für sein geistiges wie für sein sinnliches Genügen bis ins Letzte, wonach er begehrt, bereit. Daß Gott uns in geistigem Bezug genugtue und er uns andererseits auch unserer Sinnennatur nach Genügen verschaffte, das kann man an den lieben Freunden Gottes deutlich unterscheiden. Der Sinnennatur genugtun, das heißt, daß Gott uns Trost gibt,

Wonne und Befriedigung; und darin verzärtelt zu sein, das geht den lieben Freunden Gottes ab im Bereich der inneren Sinne. Hingegen *geistiges* Genügen, das ist Genügen im Geiste. Ich spreche dann von geistigem Genügen, wenn durch alle Wonne der oberste (Seelen-)Wipfel nicht hinabgebeugt wird, so daß er nicht ertrinkt im Wohlgefühl, vielmehr machtvoll darüber steht. Dann (nur) befindet sich der Mensch in geistigem Genügen, wenn Lieb und Leid der Kreatur den obersten (Seelen-)Wipfel nicht herabzubeugen vermögen. Kreatur aber nenne ich alles, was man unterhalb Gottes wahrnimmt.

Nun sagt Martha: »Herr, heiß sie, daß sie mir helfe.« Dies sprach Martha nicht aus Unwillen; sie sprach es vielmehr aus liebendem Wohlwollen, durch das sie gedrängt wurde. Wir müssen's nun wohl liebendes Wohlwollen oder eine liebenswürdige Neckerei nennen. Wieso? Gebt acht! Sie sah, daß Maria in Wohlgefühl schwelgte zu ihrer Seele vollem Genügen. Martha kannte Maria besser als Maria Martha, denn *sie* hatte (schon) lange und recht *gelebt*; das Leben (nämlich) schenkt die edelste Erkenntnis. Das Leben läßt Lust und Licht besser erkennen als alles, was man in diesem Leben unterhalb Gottes erlangen kann, und in gewisser Weise reiner, als es das Licht der Ewigkeit zu verleihen vermag. Das Licht der Ewigkeit (nämlich) läßt uns immer (nur) uns selbst *und* Gott erkennen, nicht aber uns selbst *ohne* Gott. Wo man aber nur sich selbst im Blick hat, da nimmt man den Unterschied von Gleich und Ungleich schärfer wahr. Das bezeugen Sankt Paulus (einerseits) und andererseits die heidnischen Meister: Sankt Paulus schaute in seiner Verzückung Gott *und* sich selbst in geistiger Weise in Gott; und doch erkannte er in ihm nicht anschaulich eine jegliche Tugend aufs genaueste; und das kam daher, daß er sie nicht in Werken geübt hatte. Die heidnischen Meister hingegen gelangten durch Übung der Tugenden zu so hoher Erkenntnis, daß sie eine jegliche Tugend anschaulich genauer erkannten als Paulus oder irgendein Heiliger in seiner ersten Verzückung.

Ganz so stand es mit Martha. Deshalb sprach sie: »Herr, heiß, daß sie mir helfe«, als hätte sie sagen wollen: Meiner Schwester dünkt's, sie *könne* (auch schon), was sie (nur) *wolle*, solange sie (nur) bei dir unter deinem Troste sitze. Laß sie nun erkennen, ob dem so sei, und heiß sie aufstehen und von dir gehen! Zum andern war's zärtliche Liebe, wenngleich sie's wohl überlegt sagte. Maria war so erfüllt von Verlangen, daß sie sich sehnte, ohne zu wissen wonach, und wünschte, ohne zu wissen was! Wir hegen den Verdacht, daß sie, die liebe Maria, irgendwie mehr um des wohligen Gefühls als um des geistigen Gewinns willen dagesessen habe. Deshalb sprach Martha: »Herr, heiß sie aufstehen!«, denn sie fürchtete, daß sie (= Maria) in diesem Wohlgefühl stecken bliebe und nicht weiter käme. Da antwortete ihr Christus und sprach: »Martha, Martha, du bist besorgt, du bist bekümmert um vieles. Eines ist not! Maria hat den besten Teil erwählt, der ihr nimmermehr genommen werden kann.« Dieses Wort sprach Christus zu Martha nicht in tadelnder Weise; vielmehr gab er ihr (lediglich) einen Bescheid und gab ihr die Vertröstung, daß Maria (noch) werden würde, wie sie's wünschte.

Warum aber sprach Christus »Martha, Martha« und nannte sie *zweimal* beim Namen? Isidorus sagt: Es duldet keinen Zweifel, daß Gott vor der Zeit, da er Mensch ward, niemals Menschen mit Namen benannt hat, von denen irgendeiner je verloren gegangen wäre; um diejenigen aber, die er nicht mit Namen benannte, steht es zweifelhaft. Als das Beim-Namen-Nennen Christi (nun) bezeichne ich sein ewiges Wissen: das unwandelbar vor der Schöpfung aller Kreaturen von Ewigkeit her im lebendigen Buche

»Vater-Sohn-und-Heiliger-Geist« (Verzeichnet-)Stehen. Was darin mit Namen benannt war und wenn Christus einen solchen Namen wörtlich ausgesprochen hat, so ist von solchen Menschen keiner je verlorengegangen. Das bezeugt Moses, zu dem Gott selbst sprach: »Ich habe dich mit Namen erkannt« (2 Mos. 33, 12), und Nathanael, zu dem der liebe Christus sprach: »Ich erkannte dich, als du unter dem Feigenbaum lagest« (Joh. 1, 50). Der Feigenbaum bedeutet ein Gemüt, das sich Gott nicht versagt und dessen Namen von Ewigkeit her in ihm (= Gott) geschrieben stand. Und so ist erwiesen, daß der Menschen keiner je verlorenging noch verlorengehen wird, die der liebe Christus je mit seinem menschlichen Munde aus dem ewigen Worte (d. h. aus dem ewigen Buch, aus sich selbst) mit Namen benannte.

Warum aber nannte er Martha *zweimal* mit Namen? Er deutete damit an, daß Martha alles, was es an zeitlichem und ewigem Gut gäbe und eine Kreatur besitzen sollte, vollends besaß. Mit dem ersten »Martha«, das er sprach, bedeutete er ihre Vollkommenheit in zeitlichem Wirken. Als er zum zweiten Male »Martha« sagte, bedeutete er damit, daß ihr (auch) nichts von alledem, was zur ewigen Seligkeit nötig ist, mangelte. Darum sprach er: »Du bist besorgt« und meinte damit: Du stehst *bei* den Dingen, nicht aber stehen die Dinge *in dir*. Die aber stehen *sorgenvoll*, die in allem ihrem »Gewerbe« *behindert* sind. Hingegen stehen die *ohne* Behinderung, die alle ihre Werke nach dem Vorbild des ewigen Lichtes ordnungsgemäß ausrichten. Ein »Werk« verrichtet man von außen, ein »Gewerbe« hingegen ist es, wenn man sich mit verständnisvoller Umsicht von innen her befleißigt. Und solche Leute stehen *bei* den Dingen und nicht *in* den Dingen. Sie stehen ganz nahe und haben (doch) nicht weniger, als wenn sie dort oben am Umkreis der Ewigkeit stünden. »Ganz nahe«, sage ich, denn alle Kreaturen »mitteln«. Es gibt zweierlei »Mittel«. Das eine ist jenes, ohne das ich nicht in Gott zu gelangen vermag: das ist Wirken und »Gewerbe« in der Zeit, und das mindert die ewige Seligkeit nicht. Das andere »Mittel« ist dies: eben jenes aufgeben. Denn dazu sind wir in die Zeit gestellt, daß wir durch vernunfterhelltes »Gewerbe« in der Zeit Gott näher und ähnlicher werden. Das meinte auch Sankt Paulus, als er sprach: »Überwindet die Zeit, die Tage sind übel« (Ephes. 5, 16). »Die Zeit überwinden« heißt, daß man ohne Unterlaß aufsteige zu Gott in der Vernunft, und zwar nicht in der Unterschiedlichkeit bildlicher Vorstellungen, sondern in vernunftgemäßer, lebensvoller Wahrheit. Und »die Tage sind übel«, das verstehet so: »Tag« weist auf »Nacht« hin, denn, gäbe es keine Nacht, so gäbe es keinen Tag und spräche man auch nicht davon, denn dann wäre alles *ein* Licht. Und *darauf* eben zielte Paulus ab; denn ein lichtes Leben ist gar zu gering, bei dem es noch Dunkelheit geben kann, die einem hehren Geist die ewige Seligkeit verschleiert und verschattet. Das meinte auch Christus, als er sprach: »Gehet (voran), solange ihr das Licht habt« (Joh. 12, 35). Denn wer da wirkt im Licht, der steigt hinauf zu Gott, frei und ledig alles Vermittelnden: sein *Licht* ist sein »Gewerbe«, und sein »Gewerbe« ist sein *Licht*.

Ganz so stand es mit der lieben Martha. Daher sprach er zu ihr: »*Eines* ist not«, nicht *zwei*. Ich und du, *einmal* umfangen vom ewigen Lichte – das ist *Eines*. Das »ZweiEine« aber ist ein brennender Geist, der da *über* allen Dingen und (doch noch) *unter* Gott steht am Umkreis der Ewigkeit. *Der* ist *Zwei*, weil er Gott nicht unmittelbar sieht. *Sein* Erkennen und *sein* Sein oder: sein Erkennen und das Erkenntnisbild, die werden (bei ihm) niemals zur *Eins*. Nur da *sieht* man Gott, wo Gott geistig gesehen wird, gänzlich bildlos. Da wird Eins Zwei, Zwei *ist* Eins,

Licht und Geist, die Zwei sind *Eins* im Umfangensein vom ewigen Licht.

Nun gebt acht, was der *»Umkreis der Ewigkeit«* sei. Die Seele hat drei Wege zu Gott. Der *eine* ist dies: mit mannigfachem »Gewerbe« mit brennender Liebe *in allen Kreaturen* Gott zu suchen. *Den* meinte König David, als er sprach: »In allen Dingen habe ich Ruhe gesucht« (Jes. Sir. 24, 11).

Der *zweite* Weg ist ein wegloser Weg, frei und doch gebunden, wo man willen- und bildlos über sich und alle Dinge weithin erhaben und entrückt ist, wiewohl es doch noch keinen wesenhaften Bestand hat. *Den* meinte Christus, als er sprach: »Selig bist du, Petrus! Fleisch und Blut erleuchtet dich nicht, sondern ein Erhobensein in die Vernunft, wenn du ›Gott‹ zu mir sagst: mein himmlischer Vater (vielmehr) hat es dir geoffenbart« (Matth. 16, 17). (Auch) Sankt Peter hat Gott nicht *unverhüllt* geschaut; wohl war er über alle geschaffene Fassungskraft durch des himmlischen Vaters Kraft bis an den »Umkreis der Ewigkeit« entrückt. Ich sage: Er ward vom himmlischen Vater in liebevollem Umfangen mit stürmischer Kraft unwissend ergriffen in einem hinaufstarrenden Geist, der über alle Fassungskraft emporgerissen ist in des himmlischen Vaters Macht. Dort ward von oben her Sankt Petro eingesprochen mit einem süßen geschöpflichen Ton, jedoch frei von allem sinnlichen Genießen, in der einfaltigen Wahrheit der Einheit des Gott-Menschen, in der Person des himmlischen Vater-Sohnes. Ich sage kühnlich: Hätte Sankt Peter Gott unmittelbar in seiner Natur geschaut, wie er es späterhin tat und wie Sankt Paulus, als er in den dritten Himmel verzückt ward: ihm wäre die Sprache selbst des edelsten Engels als grob erschienen. So aber redete er mancherlei süße Worte, deren der liebe Jesus nicht bedurfte; denn er schaut in des Herzens und in des Geistes

Grund, er, der da ganz unmittelbar vor Gott steht in der Freiheit wahrer Gegenwärtigkeit. Dies meinte Sankt Paulus, als er sprach: »Es ward ein Mensch verzückt und vernahm solche Worte, wie sie für alle Menschen unaussprechlich sind« (2 Kor. 12, 2–4). Daraus mögt ihr erkennen, daß Sankt Peter (erst) »am Umkreis der Ewigkeit« stand, (noch) nicht aber in der Einheit Gott schauend in seinem eigenen Sein.

Der *dritte* Weg heißt zwar »Weg« und ist doch ein »Zuhause«-Sein, er ist: Gott zu schauen unmittelbar in seinem eigenen Sein. Nun sagt der liebe Christus: »Ich bin (der) Weg, (die) Wahrheit und (das) Leben« (Joh. 14, 6): *ein* Christus in der Person, *ein* Christus im Vater, *ein* Christus im Geist als *Drei*: Weg, Wahrheit und Leben, *Eins* als der liebe Jesus, in dem dies alles ist. *Außerhalb* dieses Weges bilden alle Kreaturen Umringung und (trennendes) »Mittel«. *Auf* diesem Wege (aber) in Gott(-Vater) hineingeleitet vom Lichte seines »Wortes« und umfangen von der Liebe des (Heiligen) »Geistes« ihrer beider: *das* geht über alles, was man in Worte fassen kann.

Lausche (denn) auf das Wunder! Wie wunderbar: draußen stehen wie drinnen, begreifen und umgriffen werden, schauen und (zugleich) das Geschaute selbst sein, halten und gehalten werden – *das* ist das Ziel, wo der Geist in Ruhe verharrt, der lieben Ewigkeit vereint.

Nun wollen wir zurückkehren zu unserer Ausführung, wie die liebe Martha und mit ihr alle Gottesfreunde »*bei* der Sorge«, nicht aber »*in* der Sorge« stehen. Und dabei ist Wirken in der Zeit ebenso adlig wie irgendwelches Sich-Gott-Verbinden; denn es bringt uns ebenso nahe heran wie das Höchste, das uns zuteil werden kann – ausgenommen einzig das Schauen Gottes in (seiner) reinen Natur. Daher sagt er (= Christus): »Du stehst *bei* den Dingen und *bei* der Sorge«, und meint damit, daß sie mit den *nie-*

deren Kräften wohl der Trübsal und der Kümmernis ausgesetzt war, denn sie war nicht wie verzärtelt durch Schmecklertum des Geistes. Sie stand *bei* den Dingen, nicht *in* den Dingen; sie stand...

Drei Punkte insbesondere sind in unserem Wirken unerläßlich. Die sind: daß man wirke ordentlich und einsichtsvoll und besonnen. Das nenne ich »ordentlich«, was in allen Punkten dem Höchsten entspricht. Das aber nenne ich »einsichtsvoll«, über das hinaus man zur Zeit nichts Besseres kennt. Und »besonnen« schließlich nenne ich es, wenn man in guten Werken die lebensvolle Wahrheit mit ihrer beglückenden Gegenwart verspürt. Wo diese drei Punkte gegeben sind, da bringen sie ebenso nahe (zu Gott) und sind sie ebenso förderlich wie alle Wonnen Maria Magdalenens in der Wüste.

Nun sagt Christus: »Du bist *betrübt* um *vieles*, nicht um *Eines*.« Das will besagen: Wenn eine Seele lauter, einfaltig *ohne* alles »Gewerbe« hinaufgerichtet am »Umkreis der Ewigkeit« steht, dann wird sie »betrübt«, wenn sie durch ein Etwas als durch ein (trennendes) »Mittel« behindert wird, so daß sie nicht mit Lust dort oben zu stehen vermag. Ein solcher Mensch wird (dann) durch dieses Etwas »betrübt« und steht *in* der Sorge und in der Betrübnis. Martha aber stand in gereifter, wohlgefestigter Tugend und in einem unbekümmerten Gemüt, ungehindert von allen Dingen. Daher wünschte sie, daß ihre Schwester in den gleichen Stand gesetzt würde, denn sie sah, daß jene noch nicht *wesentlich* dastand. Es war ein gereifter (Seelen-)Grund, aus dem sie wünschte, daß auch jene (= Maria) in alledem stünde, was zur ewigen Seligkeit gehört. Deshalb sagt Christus: »*Eines* ist not!«

Was ist dieses *Eine*? Es ist *Gott*. Dies (Eine) tut allen Kreaturen not; denn zöge Gott das Seine an sich, alle Kreaturen würden zu nichts. Entzöge Gott der Seele

Christi das Seine, wo ihr Geist mit der ewigen Person vereint ist, so bliebe Christus bloße Kreatur. Darum bedarf man jenes Einen sehr wohl.

Martha fürchtete, daß ihre Schwester im Wohlgefühl und in der Süße stecken bliebe und wünschte, daß sie würde wie sie (selbst). Deshalb sprach Christus und meinte: Sei beruhigt, Martha, (auch) sie hat den besten Teil erwählt. Dies (hier) wird sich bei ihr verlieren. Das Höchste, das einer Kreatur zuteil werden kann, das wird ihr zuteil werden: sie wird selig werden wie du!

Nun laßt euch belehren über die Tugenden! Tugendhaftes Leben hängt an drei Punkten, die den Willen betreffen. Das eine ist dies: den Willen aufzugeben in Gott, denn es ist unerläßlich, daß man voll und ganz ausführe, was man *dann* erkennt, sei's im Ablegen oder im Aufnehmen. Es gibt nun dreierlei Willen. Der eine ist ein »sinnlicher« Wille, der zweite ein »vernunfterhellter« Wille, der dritte ein »ewiger« Wille.

Der *sinnliche* Wille verlangt nach Belehrung, (will), daß man auf wahrhafte Lehrer höre.

Der *vernunfterhellte* Wille besteht darin, daß man die Füße setze in alle Werke Jesu Christi und der Heiligen, das heißt: daß man Wort, Wandel und »Gewerbe« gleichmäßig ausrichte, hingeordnet auf das Höchste.

Wenn dies alles erfüllt ist, dann senkt Gott ein weiteres in der Seele Grund: das ist ein *ewiger* Wille mit dem liebenden Gebot des Heiligen Geistes. Dann spricht die Seele: »Herr, gib mir ein, was dein ewiger Wille sei!« Wenn sie auf solche Weise dem, was wir vorhin dargelegt haben, genügt und es Gott dann wohlgefällt, dann spricht der liebe Vater sein ewiges Wort in die Seele.

Nun (aber) sagen unsere biederen Leute, man müsse so vollkommen werden, daß uns keinerlei Freude mehr bewegen könne und man unberührbar sei für Freude und

Leid. Sie tun unrecht daran. *Ich* (aber) sage, daß es nie einen noch so großen Heiligen gegeben hat, der nicht hätte bewegt werden können. Indessen sage ich demgegenüber auch: Wohl wird es dem Heiligen (schon) in diesem Leben zuteil, daß ihn nichts von Gott abzubringen vermag. Ihr wähnt, solange Worte euch zu Freude und Leid zu bewegen vermögen, seiet ihr unvollkommen? Dem ist nicht so! (Selbst) Christus war *das* nicht eigen; das ließ er erkennen, als er sprach: »Meine Seele ist betrübt bis in den Tod« (Matth. 26, 38). Christus taten Worte so weh, daß, wenn aller Kreaturen Weh auf eine (einzige) Kreatur gefallen wäre, dies nicht so schlimm gewesen wäre, wie es Christus weh war; und das kam vom Adel seiner Natur und von der heiligen Vereinigung göttlicher und menschlicher Natur (in ihm). Daher sage ich: Einen Heiligen, dem Pein nicht wehe täte und Liebes nicht wohl, hat es noch nie gegeben, und niemals wird es einer dahin bringen. Wohl kommt es hie und da vor, bewirkt durch die Liebe und Huld und ein Wunder Gottes, daß einer, dem man seinen Glauben oder sonst was schölte, wenn er mit Gnade übergossen wäre, ganz gleichmütig in Lieb und Leid stünde. Und wiederum bringt es ein Heiliger wohl dahin, daß ihn nichts von Gott abzubringen vermag, so daß, obzwar das Herz gepeinigt wird, während der Mensch nicht in der Gnade steht, der Wille doch einfaltiglich in Gott verharrt und spricht: »Herr, ich (gehöre) dir und du mir!« Was immer dann (in einen solchen Menschen) einfällt, das behindert nicht die ewige Seligkeit, dieweil es nicht den obersten Wipfel des Geistes befällt dort oben, wo er mit Gottes allerliebstem Willen vereint steht.

Nun spricht Christus: »Um viele Sorge bekümmerst du dich.« Martha war so wesenhaft, daß ihr »Gewerbe« sie nicht behinderte. Ihr Wirken und »Gewerbe« führte sie zur ewigen Seligkeit hin. Die (= ewige Seligkeit) ward wohl (dabei) etwas mittelbar, aber eine adelige Natur und steter Fleiß und die Tugend im vorgenannten Sinne hilft (doch) sehr. (Auch) Maria ist erst (eine solche) Martha gewesen, ehe sie (die reife) Maria werden sollte; denn als sie (noch) zu Füßen unseres Herrn saß, da war sie (noch) nicht (die wahre) Maria: wohl war sie's dem Namen nach, sie war's aber (noch) nicht in ihrem Sein; denn sie saß (noch) im Wohlgefühl und süßer Empfindung und war in die Schule genommen und *lernte* (erst) leben. Martha aber stand ganz wesenhaft da. Daher sprach sie: »Herr, heiß sie aufstehen«, als hätte sie sagen wollen: »Herr, ich möchte, daß sie nicht da säße im Wohlgefühl; ich wünschte (vielmehr), daß sie leben lernte, auf daß sie es (= das Leben?) *wesenhaft* zu eigen hätte: heiß sie aufstehen, auf daß sie vollkommen werde.« Sie hieß nicht Maria, als sie zu Füßen Christi saß. Dies vielmehr (erst) nenne ich Maria: einen wohlgeübten Leib, gehorsam weiser Lehre. Gehorsam wiederum nenne ich dies: wenn der Wille dem genügt, was die Einsicht gebietet.

Nun wähnen unsere biederen Leute, es dahin bringen zu können, daß das Gegenwärtigsein sinnlicher Dinge für ihre Sinne nichts mehr bedeute. Das aber gelingt ihnen nicht. Daß ein peinsames Getön meinen Ohren so wohltuend sei wie ein süßes Saitenspiel, das werde ich nimmermehr erreichen. *Darüber* aber soll man verfügen, daß, wenn die Einsicht es (= das peinsame Getön) wahrnimmt, daß dann ein von Erkenntnis geformter Wille zu der Einsicht stehe und dem (sinnlichen) Willen gebiete, sich nicht darum zu kümmern, und der Wille dann sage: Ich tu's gerne! Seht, da würde Kampf zur Lust; denn, was der Mensch mit großer Anstrengung erkämpfen muß, das wird ihm zur Herzensfreude, und dann (erst) wird es fruchtbringend.

Nun (aber) wollen gewisse Leute es gar *so weit* bringen,

daß sie der Werke ledig werden. Ich (aber) sage: Das kann nicht sein! *Nach* dem Zeitpunkt, da die Jünger den Heiligen Geist empfingen, da erst fingen sie an, Tugenden zu wirken. Daher: als Maria zu Füßen unseres Herrn saß, da *lernte* sie (noch), denn noch erst war sie in die Schule genommen und lernte leben. Aber späterhin, als Christus gen Himmel gefahren war und sie den Heiligen Geist empfangen hatte, da erst fing sie an zu dienen und fuhr übers Meer und predigte und lehrte und ward eine Dienerin der Jünger. Wenn die Heiligen zu Heiligen werden, dann erst fangen sie an, Tugenden zu wirken; denn dann erst sammeln sie einen Hort für die ewige Seligkeit. Alles, was vorher gewirkt wird, das büßt nur Schuld und wendet Strafe ab. Dafür finden wir ein Zeugnis an Christo: von Anbeginn, da Gott Mensch und der Mensch Gott ward, fing er an, für unsere Seligkeit zu wirken bis an das Ende, da er starb am Kreuze. Kein Glied war an seinem Leibe, das nicht besondere Tugend geübt hätte.

Daß wir ihm wahrhaft nachfolgen in der Übung wahrer Tugenden, dazu helfe uns Gott. Amen.

[Quint: Predigt 28]

14.

Beati pauperes spiritu, quia ipsorum est regnum
coelorum

(Matth. 5, 3)

Die Seligkeit tat ihren Mund der Weisheit auf und sprach: »Selig sind die Armen im Geiste, das Himmelreich ist ihrer« (Matth. 5, 3). Alle Engel und alle Heiligen und alles, was je geboren ward, das muß schweigen, wenn diese ewige Weisheit des Vaters spricht; denn alle Weisheit der Engel und alle Kreaturen, das ist ein reines Nichts vor der grundlosen Weisheit Gottes. Diese Weisheit hat gesprochen, daß die Armen selig seien.

Nun gibt es zweierlei Armut. Die eine ist eine äußere Armut, und die ist gut und sehr zu loben an dem Menschen, der sie mit Willen auf sich nimmt aus Liebe zu unserm Herrn Jesus Christus, weil der sie selbst auf Erden gehabt hat. Von dieser Armut will ich nicht weiter sprechen. Indessen, es gibt noch eine andere Armut, eine innere Armut, die unter jenem Wort unseres Herrn zu verstehen ist, wenn er sagt: »Selig sind die Armen im Geiste.«

Nun bitte ich euch, ebenso (arm) zu sein, auf daß ihr diese Rede verstehet; denn ich sage euch bei der ewigen Wahrheit: Wenn ihr dieser Wahrheit, von der wir nun sprechen wollen, nicht gleicht, so könnt ihr mich nicht verstehen.

Etliche Leute haben mich gefragt, was (denn) Armut in sich selbst und was ein armer Mensch sei. Darauf wollen wir antworten.

Bischof Albrecht sagt, *das* sei ein armer Mensch, der an allen Dingen, die Gott je erschuf, kein Genügen habe, – und das ist gut gesagt. Wir aber sagen es noch besser und nehmen Armut in einem (noch) höheren Verstande: Das ist ein armer Mensch, der nichts *will* und nichts *weiß* und nichts *hat*. Von diesen drei Punkten will ich sprechen, und ich bitte euch um der Liebe Gottes willen, daß ihr diese Wahrheit versteht, wenn ihr könnt. Versteht ihr sie aber nicht, so bekümmert euch deswegen nicht, denn ich will von so gearteter Wahrheit sprechen, wie sie nur wenige gute Leute verstehen werden.

Zum ersten sagen wir, daß der ein armer Mensch sei, der nichts *will*. Diesen Sinn verstehen manche Leute nicht richtig: es sind jene Leute, die in Bußübung und äußerlicher Übung an ihrem selbstischen Ich festhalten, was diese Leute jedoch für groß erachten. Erbarm's Gott, daß solche Leute so wenig von der göttlichen Wahrheit erkennen! Diese Menschen heißen heilig auf Grund des äußeren Anscheins, aber von innen sind sie Esel, denn sie erfassen nicht den (genauen) eigentlichen Sinn göttlicher Wahrheit. Diese Menschen *sagen* zwar (auch), das sei ein armer Mensch, der nichts will. Sie deuten das aber so: daß der Mensch so leben müsse, daß er *seinen* (eigenen) Willen nimmermehr in irgend etwas erfülle, daß er (vielmehr) danach trachten solle, den allerliebsten Willen Gottes zu erfüllen. Diese Menschen sind wohl daran, denn ihre Meinung ist gut; darum wollen wir sie loben. Gott möge ihnen in seiner Barmherzigkeit das Himmelreich schenken. Ich aber sage bei der göttlichen Wahrheit, daß diese Menschen keine (wirklich) armen Menschen sind noch armen Menschen ähnlich. Sie werden als groß angesehen in den Augen (nur) *der* Leute, die nichts Besseres wissen. Doch *ich* sage, daß sie Esel sind, die nichts von göttlicher Wahrheit verstehen. Wegen ihrer guten Absicht mögen sie das Himmelreich erlangen; aber von *der* Armut, von der ich jetzt sprechen will, davon wissen sie nichts.

Wenn einer mich nun fragte, was denn aber das sei: ein armer Mensch, der nichts *will*, so antworte ich darauf und sage so: Solange der Mensch dies noch an sich hat, daß es sein *Wille* ist, den allerliebsten Willen Gottes erfüllen zu *wollen*, so hat ein solcher Mensch nicht die Armut, von der wir sprechen wollen; denn dieser Mensch hat (noch) einen Willen, mit dem er dem Willen Gottes genügen will, und das ist *nicht* rechte Armut. Denn, soll der Mensch wahrhaft Armut haben, so muß er seines geschaffenen Willens so ledig sein, wie er's war, als er (noch) nicht war. Denn ich sage euch bei der ewigen Wahrheit: Solange ihr den *Willen* habt, den Willen Gottes zu erfüllen, und Verlangen habt nach der Ewigkeit und nach Gott, solange seid ihr nicht richtig arm. Denn nur das ist ein armer Mensch, der *nichts* will und *nichts* begehrt.

Als ich (noch) in meiner ersten Ursache stand, da hatte ich keinen Gott, und da war ich Ursache meiner selbst. Ich wollte nichts, ich begehrte nichts, denn ich war ein lediges Sein und ein Erkenner meiner selbst im Genuß der Wahrheit. Da wollte ich mich selbst und wollte nichts sonst; was ich wollte, das war ich, und was ich war, das wollte ich, und hier stand ich Gottes und aller Dinge ledig. Als ich aber aus freiem Willensentschluß ausging und mein geschaffenes Sein empfing, da hatte ich einen Gott; denn ehe die Kreaturen waren, war Gott (noch) nicht »*Gott*«: er war vielmehr, was er war. Als die Kreaturen wurden und sie ihr geschaffenes Sein empfingen, da war Gott nicht in sich selber Gott, sondern in den Kreaturen war er Gott.

Nun sagen wir, daß Gott, soweit er (lediglich) »Gott« ist, nicht das höchste Ziel der Kreatur ist. Denn *so* hohen Seinsrang hat (auch) die geringste Kreatur *in* Gott. Und wäre es so, daß eine Fliege Vernunft hätte und auf dem Wege der Vernunft den ewigen Abgrund göttlichen Seins, aus dem sie gekommen ist, zu suchen vermöchte, so würden wir sagen, daß Gott mit alledem, was er als »Gott« ist, nicht (einmal) dieser Fliege Erfüllung und Genügen zu schaffen vermöchte. Darum bitten wir Gott, daß wir »Gottes« ledig werden und daß wir die Wahrheit dort erfassen und ewiglich genießen, wo die obersten Engel und die Fliege und die Seele gleich sind, dort, wo ich stand und wollte, was ich war, und war, was ich wollte. So denn sagen wir: Soll der Mensch arm sein an Willen, so muß er so wenig wollen und begehren, wie er wollte und begehrte, als er (noch) nicht war. Und in dieser Weise ist der Mensch arm, der nichts *will*.

Zum andern Male ist das ein armer Mensch, der nichts *weiß*. Wir haben gelegentlich gesagt, daß der Mensch so leben sollte, daß er weder sich selber noch der Wahrheit noch Gott lebe. Jetzt aber sagen wir's anders und wollen weitergehend sagen: Der Mensch, der diese Armut haben soll, der muß so leben, daß er nicht (einmal) *weiß*, daß er weder sich selber noch der Wahrheit noch Gott lebe. Er muß vielmehr so ledig sein alles Wissens, daß er nicht wisse noch erkenne noch empfinde, daß Gott in ihm lebt, – mehr noch: er soll ledig sein alles Erkennens, das in ihm lebt. Denn, als der Mensch (noch) im ewigen Wesen Gottes stand, da lebte in ihm nicht ein anderes; was da lebte, das war er selber. So denn sagen wir, daß der Mensch so ledig sein soll seines eigenen Wissens, wie er's tat, als er (noch) nicht war, und er lasse Gott wirken, was er wolle, und der Mensch stehe ledig.

Alles, was je aus Gott kam, das ist gestellt auf ein lauteres Wirken. Das dem Menschen zubestimmte Wirken aber ist: Lieben und Erkennen. Nun ist es eine Streitfrage, worin die Seligkeit vorzüglich liege. Etliche Meister haben gesagt, sie liege in der Liebe, andere sagen, sie liege in der Erkenntnis *und* in der Liebe, und die treffen's (schon) besser. *Wir* aber sagen, daß sie *weder* in der Erkenntnis *noch* in der Liebe liege; es gibt vielmehr ein Etwas in der Seele, aus dem Erkenntnis und Liebe ausfließen; es selbst erkennt und liebt nicht, wie's die *Kräfte* der Seele tun. Wer *dieses* (Etwas) kennen lernt, der erkennt, worin die Seligkeit liegt. Es hat weder Vor noch Nach, und es wartet auf nichts Hinzukommendes, denn es kann weder gewinnen noch verlieren. Deshalb ist es auch des Wissens darum, daß Gott in ihm wirke, beraubt; es ist vielmehr selbst dasselbe, das sich selbst genießt in der Weise, wie Gott es tut.

So quitt und ledig also, sage ich, soll der Mensch stehen, daß er nicht wisse noch erkenne, daß Gott in ihm wirke, und *so* kann der Mensch Armut besitzen.

Die Meister sagen, Gott sei ein Sein und ein vernünftiges Sein und erkenne alle Dinge. Ich aber sage: Gott ist weder Sein noch vernünftiges Sein noch erkennt er dies oder das. Darum ist Gott ledig aller Dinge – und (eben) darum *ist* er alle Dinge. Wer nun arm im Geiste sein soll, der muß arm sein an allem eigenen Wissen, so daß er von nichts wisse, weder von Gott noch von Kreatur noch von sich selbst. Darum ist es nötig, daß der Mensch danach begehre, von den Werken Gottes *nichts* zu wissen noch zu erkennen. In *dieser* Weise vermag der Mensch arm zu sein an eigenem Wissen.

Zum dritten ist das ein armer Mensch, der nichts *hat*. Viele Menschen haben gesagt, das sei Vollkommenheit, daß man nichts an materiellen Dingen der Erde (mehr) besitze, und das ist wohl wahr in *dem* Sinne: wenn's einer mit Vorsatz so hält. Aber dies ist nicht der Sinn, den *ich* meine.

Ich habe vorhin gesagt, *das* sei ein armer Mensch, der nicht (einmal) den Willen Gottes erfüllen *will*, der vielmehr so lebe, daß er seines eigenen Willens *und* des Willens Gottes so ledig sei, wie er's war, als er (noch) nicht war. Von *dieser* Armut sagen wir, daß sie die höchste Armut ist. – Zum zweiten haben wir gesagt, *das* sei ein armer Mensch, der (selbst) vom Wirken Gottes in sich nichts *weiß*. Wenn einer des Wissens und Erkennens so ledig steht, so ist *das* die reinste Armut. – Die dritte Armut aber, von der ich nun reden will, die ist die äußerste: es ist die, daß der Mensch nichts *hat*.

Nun gebt hier genau acht! Ich habe es (schon) oft gesagt, und große Meister sagen es auch: der Mensch solle aller Dinge und aller Werke, innerer wie äußerer, so ledig sein, daß er eine eigene Stätte Gottes sein könne, darin Gott wirken könne. Jetzt aber sagen wir anders. Ist es so, daß der Mensch aller Dinge ledig steht, aller Kreaturen und seiner selbst *und* Gottes, steht es aber noch so mit ihm, daß Gott in ihm eine Stätte zum Wirken findet, so sagen wir: Solange es das noch in dem Menschen gibt, ist der Mensch (noch) nicht arm in der eigentlichsten Armut. Denn Gott strebt für sein Wirken nicht danach, daß der Mensch eine Stätte in sich habe, darin Gott wirken könne; sondern *das* (nur) ist Armut im Geiste, wenn der Mensch *so* ledig Gottes und aller seiner Werke steht, daß Gott, dafern er in der Seele wirken wolle, jeweils *selbst* die Stätte sei, darin er wirken will, – und dies täte er (gewiß) gern. Denn, fände Gott den Menschen *so* arm, so *wirkt* Gott sein eigenes Werk und der Mensch *erleidet* Gott so in sich, und Gott ist eine *eigene* Stätte seiner Werke; der Mensch (aber) ist ein reiner Gott-Erleider in seinen (= Gottes) Werken angesichts der Tatsache, daß Gott einer ist, der *in sich selbst* wirkt. Allhier, in dieser Armut erlangt der Mensch das ewige Sein (wieder), das er gewesen ist und das er jetzt ist und das er ewiglich bleiben wird.

Es gibt ein Wort Sankt Pauls, in dem er sagt: »Alles, was ich bin, das bin ich durch die Gnade Gottes« (1 Kor. 15, 10). Nun aber *scheint* diese (meine) Rede (sich) *oberhalb* der Gnade und oberhalb des Seins und oberhalb der Erkenntnis und des Willens und alles Begehrens (zu halten) – wie kann denn (da) Sankt Pauls Wort wahr sein? Darauf hätte man dies zu antworten: daß Sankt Pauls Worte wahr seien. Daß die Gnade in ihm war, das war nötig, denn die Gnade Gottes bewirkte in ihm, daß die »Zufälligkeit« zur Wesenhaftigkeit vollendet wurde. Als die Gnade endete und ihr Werk vollbracht hatte, da blieb Paulus, was er war.

So denn sagen wir, daß der Mensch so arm dastehen müsse, daß er keine Stätte sei noch habe, darin Gott wirken könne. Wo der Mensch (noch) Stätte (in sich) behält, da behält er noch Unterschiedenheit. Darum bitte ich Gott, daß er mich Gottes quitt mache; denn mein wesentliches Sein ist oberhalb von Gott, sofern wir Gott als Beginn der Kreaturen fassen. In jenem Sein Gottes nämlich, wo Gott über allem Sein und über alle Unterschiedenheit ist, dort war ich selber, da wollte ich mich selber und erkannte mich selber (willens), diesen Menschen (= mich) zu schaffen. Und darum bin ich Ursache meiner selbst meinem *Sein* nach, das *ewig* ist, nicht aber meinem *Werden* nach, das zeitlich ist. Und darum bin ich ungeboren, und nach der Weise meiner Ungeborenheit kann ich niemals sterben. Nach der Weise meiner Ungeborenheit bin ich ewig gewesen und bin ich jetzt und werde ich ewiglich bleiben. Was ich meiner Geborenheit nach bin, das wird sterben und zunichte werden, denn es ist sterblich; darum muß es mit der Zeit verderben. In meiner (ewigen) Geburt wurden alle Dinge geboren, und ich war Ursache meiner selbst und aller Dinge; und hätte ich gewollt, so wäre weder ich noch wären alle Dinge; wäre aber ich nicht, so wäre auch »Gott« nicht: daß Gott »Gott« ist, dafür bin ich die Ursache; wäre ich nicht, so wäre Gott nicht »Gott«. Dies zu wissen ist nicht not.

Ein großer Meister sagt, daß sein Durchbrechen edler sei als sein Ausfließen, und das ist wahr. Als ich aus Gott floß, da sprachen alle Dinge: Gott ist. Dies aber kann mich nicht selig machen, denn hierbei erkenne ich mich als

Kreatur. In dem Durchbrechen aber, wo ich ledig stehe meines eigenen Willens und des Willens Gottes und aller seiner Werke und Gottes selber, da bin ich über allen Kreaturen und bin weder »Gott« noch Kreatur, bin vielmehr, was ich war und was ich bleiben werde jetzt und immerfort. Da empfange ich einen Aufschwung, der mich bringen soll über alle Engel. In diesem Aufschwung empfange ich so großen Reichtum, daß Gott mir nicht genug sein kann mit allem dem, was er als »Gott« ist, und mit allen seinen göttlichen Werken; denn mir wird in diesem Durchbrechen zuteil, daß ich und Gott eins sind. Da bin ich, was ich war, und da nehme ich weder ab noch zu, denn ich bin da eine unbewegliche Ursache, die alle Dinge bewegt. Allhier findet Gott keine Stätte (mehr) in dem Menschen, denn der Mensch erringt mit *dieser* Armut, was er ewig gewesen ist und immerfort bleiben wird. Allhier ist Gott eines mit dem Geiste, und das ist die eigentlichste Armut, die man finden kann.

Wer diese Rede nicht versteht, der bekümmere sein Herz nicht damit. Denn solange der Mensch dieser Wahrheit nicht gleicht, solange wird er diese Rede nicht verstehen. Denn es ist eine unverhüllte Wahrheit, die da gekommen ist aus dem Herzen Gottes unmittelbar.

Daß wir so leben mögen, daß wir es ewig erfahren, dazu helfe uns Gott. Amen.

[Quint: Predigt 32]

15.

Videte, qualem caritatem dedit nobis pater,
ut filii dei nominemur et simus

(1 Joh. 3, 1)

Man muß wissen, daß Gott zu erkennen und von Gott erkannt zu werden, Gott zu sehen und von Gott gesehen zu werden der Sache nach eins ist. Indem wir Gott erkennen und sehen, erkennen und sehen wir, daß er uns sehen und erkennen macht. Und ebenso, wie die Luft, die erleuchtet ist, nichts anderes ist, als daß sie erleuchtet, denn (eben) dadurch erleuchtet sie, daß sie erleuchtet ist, – so auch erkennen wir dadurch, daß wir erkannt werden und daß er (= Gott) uns sich erkennen macht. Darum sprach Christus: »Wiederum werdet ihr mich sehen«, das heißt: dadurch, daß ich euch sehen mache, dadurch erkennt ihr mich, und darauf folgt: »und euer Herz wird erfreut werden«, das heißt: in der Schau und in der Erkenntnis meiner, »und eure Freude wird euch niemand nehmen« (Joh. 16, 22).

Sankt Johannes spricht: »Sehet, welche Liebe uns Gott geschenkt hat, daß wir Gottes Kinder geheißen werden und sind« (1 Joh. 3, 1). Er sagt nicht nur: »geheißen werden«, sondern auch »sind«. Ebenso sage ich: Sowenig der Mensch weise sein kann ohne Wissen, sowenig kann er Sohn sein ohne das sohnhafte Sein des Sohnes Gottes, und ohne daß er dasselbe Sein des Sohnes Gottes hat, das dieser selbst besitzt, eben gerade so, wie Weise-Sein nicht sein kann ohne Wissen. Daher: Sollst du der Sohn Gottes sein, so kannst du's nicht sein, du habest denn dasselbe Sein Gottes, das der Sohn Gottes hat. Dies aber ist uns jetzt verborgen, und danach steht geschrieben: »Vielgeliebte, wir sind Söhne Gottes« (1 Joh. 3, 2). Und was wissen wir? Dies, was er hinzufügt: »und wir werden ihm gleich (sein)« (1 Joh. 3, 2), das heißt, dasselbe, was er ist: dasselbe Sein und Empfinden und Verstehen und ganz dasselbe, was er dann ist, wenn »wir ihn sehen, wie er Gott ist« (1 Joh. 3, 2). Darum sage ich: Gott könnte nicht machen, daß ich der Sohn Gottes wäre, ohne daß ich das Sein des Sohnes Gottes hätte, sowenig wie Gott machen könnte, daß ich weise wäre, ohne daß ich Weise-Sein hätte. Wie (aber) sind wir Gottes Kinder? Noch wissen wir es nicht: »es ist uns noch nicht offenbar« (1 Joh. 3, 2); nur so viel wissen wir davon, wie er sagt: »wir werden ihm gleich (sein)«. Es gibt gewisse Dinge, die uns dies in unseren Seelen verbergen und uns diese Erkenntnis verdecken.

Die Seele hat etwas in sich, ein Fünklein der Erkenntnisfähigkeit, das nimmer erlischt, und in dieses Fünklein als in das oberste Teil des Gemütes verlegt man das »Bild« der Seele. Nun gibt es aber in unseren Seelen auch ein auf äußere Dinge gerichtetes Erkennen, nämlich das sinnliche und verstandesmäßige Erkennen, das ein Erkennen in Vorstellungsbildern und in Begriffen ist und das uns jenes (Erkennen) verbirgt.

Wie (aber nun) sind wir »Söhne Gottes«? Dadurch, daß wir *ein* Sein mit ihm haben. Daß wir indessen etwas davon erkennen, daß wir der Sohn Gottes sind, dazu muß man äußeres und inneres Erkennen zu unterscheiden wissen. Das innere Erkennen ist jenes, das sich als vernunftartig im Sein unserer Seele fundiert. Indessen *ist* es nicht der Seele Sein, vielmehr *wurzelt* es darin und ist etwas vom Leben der Seele. Wenn wir sagen, dieses Erkennen sei etwas vom Leben der Seele, so meint das *vernünftiges* Leben, und in *diesem* Leben wird der Mensch als Gottes Sohn und zum ewigen Leben geboren. Und dieses Erkennen ist ohne Zeit, ohne Raum und ohne Hier und ohne Nun. In *diesem* Leben sind alle Dinge eins und alle Dinge miteinander alles in allem und alles in allem geeint.

Ich gebe ein Gleichnis: Im Leibe sind alle Teile des Leibes so geeint, daß das Auge auch dem Fuß und der Fuß dem Auge gehört. Könnte der Fuß sprechen, er würde sagen, das Auge, das im Kopf sitzt, sei *mehr* sein, als wenn es im Fuße säße, und dasselbe würde hinwiederum das Auge sagen. Und ebenso meine ich, daß alle Gnade, die in Maria ist, mehr und eigentlicher dem Engel gehört und mehr in ihm ist – sie, die in Maria ist –, als wenn sie in ihm oder in den Heiligen wäre. Denn alles, was Maria hat, das hat der Heilige und ist mehr sein, und die Gnade, die in Maria ist, schmeckt ihm mehr, als wenn sie in ihm (selbst) wäre.

Diese Deutung aber ist noch zu grob und zu stofflich, denn sie haftet an einem sinnlichen Gleichnis. Darum gebe ich euch eine andere Verdeutlichung, die noch lauterer und noch geistiger ist. Ich sage: Im Reiche der Himmel ist alles in allem und alles eins und alles unser. Was Unsere Frau an Gnaden hat, das ist alles in mir – wenn ich dort bin – und keinesfalls als ausquillend und ausströmend aus Maria, sondern als in mir (seiend) und als mein Eigen und nicht als von fremdher kommend. Und so sage ich: Was dort einer hat, das hat (auch) der andere und (zwar) nicht als von dem andern oder in dem andern, sondern als in ihm selbst (seiend), dergestalt, daß die Gnade, die in einem ist, völlig auch im andern ist, ganz so, wie seine eigene Gnade in ihm ist.

So auch ist der Geist im Geiste. Darum sage ich: Ich kann nicht der Sohn Gottes sein, wenn ich nicht dasselbe Sein habe, das der Sohn Gottes hat, und (eben) durch das Haben desselben Seins werden wir ihm gleich und sehen wir ihn, wie er Gott ist. Aber das ist noch nicht offenbar, was *wir* (dann) werden. Darum sage ich: In *diesem* (verdeutlichten) Sinne gibt es (da) kein »Gleich« und keine Unterschiedenheit, vielmehr: ohne allen Unterschied werden wir dasselbe Sein, dieselbe Substanz und Natur, die er selber ist, (sein). Aber »das ist nun noch nicht offenbar«: dann erst ist es offenbar, wenn »wir ihn sehen, wie er Gott ist«.

Gott macht uns sich selbst erkennen, und sein Sein ist sein Erkennen. Und es ist dasselbe, daß er mich erkennen macht und daß ich erkenne; und darum ist sein Erkennen mein, so wie es ein und dasselbe ist: im Meister, daß er lehrt, und im Jünger, daß er gelehrt wird. Und da denn sein Erkennen mein ist, und da seine Substanz sein Erkennen und seine Natur und sein Sein ist, so folgt daraus, daß sein Sein und seine Substanz und seine Natur mein sind. Und wenn denn seine Substanz, sein Sein und seine Natur mein sind, so bin ich der Sohn Gottes. »Sehet, Brüder, welche Liebe uns Gott geschenkt hat, daß wir der Sohn Gottes geheißen werden und sind!«

Beachtet (nun), *wodurch* wir der Sohn Gottes sind: dadurch, daß wir dasselbe Sein haben, das der Sohn hat. *Wie* aber ist man der Sohn Gottes, oder wie *weiß* man es, daß man es ist, da doch Gott niemandem gleich ist? Dies (letztere) ist (freilich) wahr. Isaias sagt (ja doch): »Wem habt ihr ihn verglichen, oder was für ein Bild gebt ihr ihm?« (Is. 40, 18). Da es denn Gottes Natur ist, daß er niemandem gleich ist, so müssen wir notgedrungen dahin kommen, daß wir *nichts* sind, auf daß wir in dasselbe Sein versetzt werden können, das er selbst ist. Wenn ich daher dahin komme, daß ich mich in nichts einbilde und nichts in mich einbilde und (alles) hinauswerfe, was in mir ist, so kann ich in das bloße Sein Gottes versetzt werden, und das ist das reine Sein des *Geistes*. Da muß alles das ausgetrieben werden, was (irgendwie) Gleichheit ist, auf daß ich in Gott hinüberversetzt und eins mit ihm werde und *eine Substanz, ein* Sein und *eine* Natur und (damit) der Sohn Gottes. Und nachdem dies geschehen ist, ist nichts (mehr) verborgen in

Gott, das nicht offenbar oder nicht mein würde. Dann werde ich weise und mächtig und alle Dinge, wie er, und ein und dasselbe mit ihm. Dann wird Sion ein wahrhaft Sehender, ein »wahrer Israel«, das heißt »ein Gott-sehender Mann«, denn ihm ist nichts verborgen in der Gottheit. Da wird der Mensch in Gott geleitet. Damit mir aber nichts verborgen bleibe in Gott, was mir nicht offenbar würde, darf in mir kein Gleiches und kein Bild offen sein, denn kein Bild öffnet uns die Gottheit noch Gottes Sein. Bliebe irgendein Bild oder irgendein Gleiches in dir, so würdest du niemals eins mit Gott. Darum: Auf daß du mit Gott eins seiest, darf in dir nichts Ein- noch Aus-»gebildetes« sein, das heißt, daß nichts in dir verdeckt sei, das nicht offenbar und hinausgeworfen werde.

Gib acht, worin das Unzulängliche liegt! Das kommt vom Nichts. Was demnach vom Nichts im Menschen ist, das muß getilgt werden; denn solange solches Unzulängliches in dir ist, bist du nicht der Sohn Gottes. Daß der Mensch klagt und leidvoll ist, das kommt stets nur vom Unzulänglichen. Darum muß, auf daß der Mensch Gottes Sohn werde, dies alles getilgt und ausgetrieben sein, so daß weder Klage noch Leid da sei. Der Mensch ist weder Stein noch Holz, denn das ist alles Unzulängliches und Nichts. Wir werden »ihm« nicht gleich, wenn dieses Nichts nicht ausgetrieben wird, so daß wir alles in allem werden, wie Gott alles in allem ist.

Es gibt zweierlei Geburt der Menschen: eine *in* die Welt und eine *aus* der Welt, will sagen: geistig in Gott hinein. Willst du wissen, ob dein Kind geboren werde und ob es entblößt sei, das heißt: ob du zu Gottes Sohn gemacht seist? – Solange du Leid in deinem Herzen hast um irgend etwas, und sei's selbst um Sünde, solange ist dein Kind nicht geboren. Hast du Herzeleid, so bist du (noch) nicht Mutter, du bist vielmehr (noch) im Gebären und *nahe* der

Geburt. Gerate (aber) deshalb nicht in Zweifel, wenn du leidvoll bist um dich oder um deinen Freund: ist es (da zwar noch) nicht geboren, so ist es doch *nahe* der Geburt. Dann aber ist es vollkommen geboren, wenn der Mensch um nichts von Herzen Leid empfindet: dann hat der Mensch das Sein und die Natur und die Substanz und die Weisheit und die Freude und alles, was Gott hat. Dann wird dasselbe Sein des Sohnes Gottes unser und in uns, und wir kommen in dasselbe Sein Gottes.

Christus sagt: »Wer mir nachfolgen will, der verleugne sich selbst und hebe sein Kreuz auf und folge mir« (Mark. 8, 34; Matth. 16, 24). Das heißt: Alles Herzeleid wirf hinaus, so daß in deinem Herzen nichts als stete Freude sei. So denn ist das Kind geboren. Ist dann aber das Kind in mir geboren, und sähe ich dann meinen Vater und alle meine Freunde vor meinen Augen töten, so würde mein Herz dadurch nicht bewegt. Würde aber mein Herz dadurch bewegt, so wäre das Kind in mir nicht geboren, vielleicht aber wäre es *nahe* der Geburt. Ich sage: Gott und die Engel haben so große Freude durch jegliches Werk eines guten Menschen, daß dem keine Freude gleichen könnte. Darum sage ich: Geschieht's, daß das Kind in dir geboren wird, so hast du so große Freude durch jedes der guten Werke, die in dieser Welt geschehen, daß deine Freude die allergrößte Beständigkeit erlangt, so daß sie sich nicht ändert. Deshalb sagt er: »Eure Freude wird euch niemand nehmen« (Joh. 16, 22). Und bin ich recht hinüberversetzt in das göttliche Sein, so wird Gott mein und alles, was er hat. Darum sagt er: »Ich bin Gott, dein Herr« (2 Mos. 20, 2). *Dann* habe ich rechte Freude, wenn weder Leid noch Qual sie mir nehmen kann; denn dann bin ich versetzt in das göttliche Sein, in dem kein Leid Raum hat. Sehen wir doch, daß in Gott weder Zorn noch Betrübnis ist, sondern (nur) Liebe und Freude. Scheint es auch, daß er mitunter über den Sünder zürne: es ist nicht Zorn, es ist Liebe, denn es kommt aus großer göttlicher Liebe; die er liebt, die straft er ja, denn er ist die Liebe, die da ist der Heilige Geist. So also kommt der Zorn Gottes aus der Liebe, denn er zürnt ohne Bitternis.

Wenn du daher dahin kommst, daß du weder Leid noch Kümmernis um irgend etwas haben kannst, so daß dir Leid nicht Leid ist und alle Dinge dir ein lauterer Frieden sind, *dann* ist das Kind *wirklich* geboren.

So denn befleißigt euch, daß das Kind nicht nur geboren *werde*, sondern geboren *sei*, so wie in Gott der Sohn allzeit geboren *ist* und allzeit geboren *wird*.

Daß uns dies widerfahre, dazu helfe uns Gott. Amen.

[Quint: Predigt 35]

16.

Mulier, venit hora et nunc est, quando veri
adoratores adorabunt patrem in spiritu et veritate
(Joh. 4, 23)

Dies steht geschrieben in Sankt Johannes' Evangelium. Aus der langen Erzählung entnehme ich (nur) ein Wörtlein. Unser Herr sprach: »Weib, die Zeit wird kommen und ist eben jetzt, da die wahren Anbeter den Vater im Geiste und in der Wahrheit anbeten, und ebensolche sucht der Vater« (Joh. 4, 23).

Nun merkt auf das erste Wörtlein, da er sagt: »Die Zeit wird kommen und ist eben jetzt.« Wer den Vater anbeten will, der muß sich mit seinem Begehren und mit seiner Zuversicht in die Ewigkeit versetzen. Es gibt ein oberstes Teil der Seele, das steht erhaben über die Zeit und weiß nichts von der Zeit noch vom Leibe. Alles, was je geschah vor tausend Jahren – der Tag, der vor tausend Jahren war, der ist in der Ewigkeit nicht entfernter als der Zeitpunkt, in dem ich jetzt eben stehe, oder (auch) der Tag, der nach tausend Jahren oder so weit du zählen kannst, kommen wird, der ist in der Ewigkeit nicht entfernter als dieser Zeitpunkt, in dem ich eben jetzt stehe.

Nun spricht er, daß »die wahren Anbeter den Vater im Geiste und in der Wahrheit anbeten werden«. Was ist die Wahrheit? Die Wahrheit ist so edel, wär's, daß Gott sich von der Wahrheit abkehren könnte, ich wollte mich an die Wahrheit heften und wollte Gott lassen; denn Gott ist die Wahrheit und alles, was in der Seele ist, oder alles, was Gott je erschuf, das ist die Wahrheit nicht.

Nun sagt er: »Die werden den Vater anbeten.« Ach, wie viele gibt es derer, die einen Schuh oder eine Kuh anbeten und sich damit bekümmern, und das sind gar törichte

Leute. Sobald du zu Gott betest um der Kreaturen willen, bittest du um deinen eigenen Schaden; denn, sobald die Kreatur *Kreatur* ist, trägt sie Bitterkeit und Schaden und Übel und Ungemach in sich. Und darum geschieht den Leuten gar recht, wenn sie Ungemach und Bitternis haben. Warum? – Sie haben darum gebetet!

Ich habe zuweilen gesagt: Wer Gott sucht und irgend etwas zu Gott hinzu sucht, der findet Gott nicht; wer aber *Gott allein* wirklich sucht, der findet Gott und findet Gott nimmer allein; denn alles, was Gott zu bieten vermag, das findet er zusammen mit Gott. Suchst du Gott und suchst Gott um deines eigenen Nutzens oder um deiner eigenen Seligkeit willen, wahrlich, so suchst du nicht Gott. Darum sagt er, daß die wahren Anbeter den *Vater* anbeten, und er sagt gar recht. Wer zu einem guten Menschen spräche: »Warum suchst du Gott?« – »Weil er Gott ist!« – »Warum suchst du die Wahrheit?« – »Weil sie die Wahrheit ist!« – »Warum suchst du die Gerechtigkeit?« – »Weil sie die Gerechtigkeit ist!« Um solche Menschen steht es recht. Alle Dinge, die in der Zeit sind, die haben ein Warum. Wer beispielsweise einen Menschen fragte: »Warum issest du?« – »Damit ich Kraft habe!« – »Warum schläfst du?« – »Zu demselben Zweck!« Und so steht es mit allen Dingen, die in der Zeit sind. Wer aber einen guten Menschen fragte: »Warum liebst du Gott?« – »Ich weiß es nicht, – um Gottes willen!« – »Warum liebst du die Wahrheit?« – »Um der Wahrheit willen!« – »Warum liebst du die Gerechtigkeit?« – »Um der Gerechtigkeit willen!« – »Warum liebst du die Gutheit?« – »Um der Gutheit willen!« – »Warum lebst du?« – »Traun, ich weiß es nicht! (Aber) ich lebe gerne!«

Ein Meister sagt: Wer (nur) *einmal* von der Wahrheit und von der Gerechtigkeit und von der Gutheit berührt wird, der könnte sich niemals mehr nur einen Augenblick davon abkehren, und hinge auch alle Pein der Hölle dar-

an. Weiterhin sagt er: Wenn ein Mensch von diesen dreien
– von der Wahrheit, von der Gerechtigkeit und von der
Gutheit – berührt ist, dann ist es einem solchen Menschen
ebenso unmöglich, sich von diesen dreien abzukehren,
wie es Gott unmöglich ist, sich von seiner Gottheit abzuwenden.

Ein Meister sagt, das Gute habe drei Äste. Der erste Ast
ist Nutzen, der zweite Ast ist Lust, der dritte Ast ist
Schicklichkeit. Darum sagt unser Herr: »die werden den
Vater anbeten.« Warum sagt er: »den Vater«? Wenn du den
Vater, das heißt Gott allein suchst, so findest du zugleich
mit Gott alles, was er zu bieten vermag. Es ist eine gewisse Wahrheit und eine notwendige Wahrheit und ist eine
verbriefte Wahrheit, und wäre es nicht geschrieben, so wäre es gleichviel wahr: Wenn Gott noch mehr hätte, er
könnte es dir nicht verbergen, er müßte es dir (vielmehr)
offenbaren, und er gibt es dir; und ich habe zuweilen gesagt: Er gibt dir's und gibt dir's in Geburtsweise.

Die Meister sagen, die Seele habe zwei Antlitze: das
obere Antlitz schaut allzeit Gott, und das niedere Antlitz
sieht etwas nach unten und lenkt die Sinne; das obere Antlitz aber, welches das Höchste der Seele ist, steht in der
Ewigkeit und hat nichts zu schaffen mit der Zeit und weiß
nichts von der Zeit noch vom Leibe. Und ich habe zuweilen gesagt, in ihm liege so etwas wie ein Ursprung alles
Guten verdeckt und wie ein leuchtendes Licht, das allzeit
leuchtet, und wie ein brennender Brand, der allzeit brennt;
und dieser Brand ist nichts anderes als der Heilige Geist.

Die Meister sagen, daß aus dem obersten Teil der Seele
zwei Kräfte ausfließen. Die eine heißt Wille, die andere
Vernunft. Die höchste Vollendung dieser Kräfte (aber)
liegt in der obersten Kraft, die da Vernunft heißt. Die kann
niemals zur Ruhe kommen. Sie erstrebt Gott nicht, sofern
er der Heilige Geist ist und (auch nicht), sofern er der

Sohn ist: sie flieht den Sohn. Sie will auch Gott nicht, sofern er Gott ist. Warum? Weil er da (als solcher noch) einen Namen hat. Und gäbe es tausend Götter, sie bricht immerfort hindurch: sie will ihn dort, wo er *keinen* Namen hat. Sie will etwas Edleres, etwas Besseres als Gott, sofern er (noch) Namen hat. Was will sie denn? Sie weiß es nicht: sie will ihn, wie er *Vater* ist. Deshalb spricht Sankt Philippus: »Herr, zeige uns den Vater, dann genügt es uns!« (Joh. 14, 8). Sie will ihn, wie er ein Mark ist, aus dem die Gutheit entspringt; sie will ihn, wie er ein Kern ist, aus dem die Gutheit ausfließt; sie will ihn, wie er eine Wurzel ist, eine Ader, in der die Gutheit entspringt: und dort nur ist er *Vater*.

Nun spricht unser Herr: »Niemand erkennt den Vater als der Sohn und niemand den Sohn als der Vater« (Matth. 11, 27). Fürwahr, sollen wir den Vater erkennen, so müssen wir Sohn sein. Ich habe irgendwann drei Wörtlein gesprochen; die nehmt als drei scharfe Muskatnüsse und trinkt hinterher. Zum ersten: Wollen wir Sohn sein, so müssen wir einen Vater haben, denn es kann niemand sagen, er sei Sohn, er habe denn einen Vater; und niemand ist Vater, er habe denn einen Sohn. Ist der Vater tot, so sagt man: »Er *war* mein Vater.« Ist der Sohn tot, so sagt man: »Er *war* mein Sohn.«

[Quint: Predigt 49]

17.

Dum medium silentium tenerent omnia et nox in suo cursu medium iter haberet etc.
(Sap. 18, 14)

Wir feiern hier in der Zeitlichkeit im Hinblick auf die *ewige* Geburt, die Gott der Vater vollzogen hat und ohne Unterlaß in Ewigkeit vollzieht, daß diese selbe Geburt sich nun *in der Zeit*, in menschlicher Natur vollzogen hat. Sankt Augustinus sagt: Was hilft es mir, daß diese Geburt immerfort geschehe und doch nicht in mir geschieht? Daß sie aber in mir geschehe, daran ist alles gelegen.

Nun wollen wir von dieser Geburt reden, wie sie in *uns* geschehe und in der guten Seele vollbracht werde, wenn immer Gott der Vater sein ewiges Wort in der vollkommenen Seele spricht. Denn, was ich hier sage, das soll man mit Bezug auf einen guten, vollkommenen Menschen verstehen, der auf Gottes Wegen gewandelt ist und noch wandelt, nicht aber mit Bezug auf einen natürlichen, ungeübten Menschen, denn der ist völlig fernab und nichts wissend von dieser Geburt.

Ein Wort spricht der weise Mann: »Als alle Dinge mitten im Schweigen waren, da kam von oben hernieder, vom königlichen Stuhle, in mich ein verborgenes Wort« (Weish. 18, 14). Von diesem Worte soll diese Predigt handeln.

Auf drei Dinge ist hier zu merken. Zum ersten: *wo* Gott der Vater sein Wort in der Seele spreche, wo dieser Geburt Stätte sei und wo sie (= die Seele) für dieses Werk empfänglich sei; muß es doch im Allerlautersten und Edelsten und Zartesten sein, das die Seele zu bieten vermag. Wahrlich, hätte Gott der Vater in seiner ganzen Allmacht der Seele etwas (noch) Edleres in ihre Natur geben und die

Seele etwas (noch) Edleres von ihm empfangen können, Gott der Vater müßte mit der Geburt auf eben dieses Edle warten. Deshalb muß sich die Seele, in der die Geburt geschehen soll, ganz lauter halten und ganz adlig leben und ganz gesammelt und ganz innerlich, nicht auslaufen durch die fünf Sinne in die Mannigfaltigkeit der Kreaturen, sondern ganz innen und gesammelt sein und im Lautersten: *da* ist seine Stätte, alles Mindere widerstrebt ihm.

Der zweite Teil dieser Predigt geht darüber, *wie* sich der Mensch zu diesem Werke oder Einsprechen und Gebären verhalten soll: ob es ihm nützlicher sei, dabei mitzuwirken, wodurch er erwirke und verdiene, daß diese Geburt in ihm geschehe und vollzogen werde, etwa dadurch, daß der Mensch in sich, in seiner Vernunft und in seinen Gedanken sich eine Vorstellung bilde und sich daran übe, indem er (etwa) überlegt: Gott ist weise, allmächtig und ewig, und was er derart über Gott ausdenken mag – ob dies (also) dienlicher und fördernder sei für diese väterliche Geburt oder, daß man sich aller Gedanken, Worte und Werke und aller Erkenntnisbilder entschlage und entledige und sich gänzlich in einem Gott-Erleiden halte und untätig bleibe und Gott in sich wirken lasse: in welchem (Verhalten) also der Mensch dieser Geburt am meisten diene?

Das dritte ist der Nutzen, wie groß der sei, der in dieser Geburt liege.

Nun vernehmet zum ersten: Ich will euch diese Darlegung mit *natürlichen* Beweisgründen erhärten, damit ihr es selbst zu fassen vermögt, daß es so ist, wenngleich ich der Schrift mehr glaube als mir selbst; aber es geht euch mehr und besser ein durch begründende Darlegung.

Wir nehmen nun zum ersten das Wort, das da lautet: »Mitten *im Schweigen* ward mir eingesprochen ein verborgenes Wort.« Ach, Herr, *wo* ist das *Schweigen* und *wo* ist die *Stätte*, darein dieses Wort gesprochen wird? Wir sagen, wie ich schon vorhin sprach: es ist im Lautersten, das die Seele zu bieten hat, im Edelsten, im Grunde, ja, im Sein der Seele, das heißt im Verborgenen der Seele; dort *schweigt* das »Mittel«, denn dahinein kam nie eine Kreatur noch ein Bild noch kennt die Seele *das* Wirken oder Erkennen noch weiß sie *da* von irgendeinem Bilde, sei's von sich selbst oder von irgendwelcher Kreatur.

Alle Werke, die die Seele wirkt, die wirkt sie mittels der Kräfte: was sie erkennt, das erkennt sie mit der Vernunft; wenn sie etwas erinnert, so tut sie's mit dem Gedächtnis; soll sie lieben, so tut sie's mit dem Willen; und so also wirkt sie mittels der Kräfte und nicht mit dem Sein. All ihr Wirken nach draußen haftet immer an etwas *Vermittelndem*. Die Sehkraft wirkt nur durch die Augen, sonst kann sie kein Sehen betätigen noch verleihen; und so auch ist es mit allen anderen Sinnen: all ihr Wirken nach draußen leistet sie (= die Seele) durch etwas Vermittelndes. Im *Sein* aber gibt es kein Werk; denn die Kräfte, mit denen sie wirkt, die fließen (zwar) aus dem Grunde des Seins; in diesem Grunde (selbst) aber *schweigt* das »Mittel«, hier herrscht nur Ruhe und Feiern für diese Geburt und für dieses Werk, auf daß Gott der Vater dort sein Wort spricht. Denn dies ist von Natur für nichts empfänglich als einzig für das göttliche Sein, ohne alle Vermittlung. Gott geht hier in die Seele ein mit seiner Ganzheit, nicht mit einem Teile; Gott geht hier ein in den *Grund* der Seele. Niemand berührt den Grund in der Seele als Gott allein. Die Kreatur kann nicht in den Grund der Seele, *sie* muß draußen bleiben in den Kräften. *Dort* (= im Grunde) erschaut sie (= die Seele) *wohl* ihr (= der Kreatur) Bild, mittels dessen sie (= die Kreatur) eingezogen ist und Herberge empfangen hat. Denn, wenn die Kräfte der Seele in Berührung kommen mit der Kreatur, so entnehmen und schöpfen sie ein Bild und Gleichnis von der Kreatur und ziehen das in sich hinein. Dadurch erkennen sie die Kreatur. Näher vermag die Kreatur nicht in die Seele zu kommen, und (wiederum) nähert sich die Seele niemals einer Kreatur, wenn sie nicht zuvor willig deren Bild in sich aufgenommen hat. Eben mittels dieses (ihr) gegenwärtigen Bildes nähert sie (= die Seele) sich den Kreaturen; denn Bild ist etwas, das die Seele mit ihren Kräften von den Dingen schöpft. Sei's nun ein Stein, ein Roß, ein Mensch oder was es auch sei, das sie erkennen will, so holt sie das Bild hervor, das sie vorher eingezogen hat, und auf diese Weise kann sie sich mit jenem (Erkenntnis-Gegenstande) vereinigen.

Wenn aber der Mensch auf solche Weise ein Bild empfängt, so muß es notwendig von außen durch die Sinne einkommen. Darum ist der Seele nichts so unerkannt wie sie sich selber. So denn sagt ein Meister, die Seele könne von sich selbst kein Bild schöpfen oder abziehen. Darum kann sie sich selbst mit nichts erkennen. Denn Bilder kommen immer nur durch die Sinne ein; deshalb kann sie von sich selber kein Bild haben. Daher kennt sie alle anderen Dinge, sich selbst aber nicht. Von keinem Ding weiß sie so wenig wie von sich selbst, eben wegen des (nötigen) Vermittelnden.

Denn du mußt wissen, daß sie innen frei und ledig ist von allen Vermittlungen und von allen Bildern, und dies ist (denn) auch der Grund dafür, daß Gott sich (unmittelbar) frei, ohne Bild oder Gleichnis mit ihr vereinigen kann. Welches Vermögen du immer irgendeinem Meister zuerkennst, du kannst nicht umhin, dieses gleiche Vermögen Gott über alles Maß zuzugestehen. Je weiser nun und mächtiger ein Meister ist, um so unvermittelter erfolgt sein Werk, und um so einfacher ist es. Der Mensch braucht viele Mittel bei seinen äußeren Werken; ehe er die, so wie er sie in sich vorgestellt hat, hervorbringt, dazu gehört viel Zurüstung des (Werk-)Stoffes. Die Sonne aber verrichtet in ihrer Meisterschaft ihr Werk, das Erleuchten, gar schnell: sobald sie ihren Schein ausgießt, im gleichen Augenblick ist die Welt voll Licht an allen Enden. Noch darüber aber steht der Engel, der bedarf noch weniger Mittel bei seinen Werken und hat auch weniger Bilder. Der allerhöchste Seraphim hat nicht mehr als *ein* Bild; was alle, die unter ihm sind, in Mannigfaltigkeit erfassen, das erfaßt er alles in Einem. Gott aber bedarf (überhaupt) keines Bildes noch *hat* er irgendein Bild: Gott wirkt in der Seele ohne jedes »Mittel«, Bild oder Gleichnis, fürwahr, in ihrem Grunde, in den nie ein Bild hineinkam, sondern nur er selber mit seinem eigenen Sein. Keine Kreatur vermag das!

Wie (aber) gebiert der Vater seinen Sohn in der Seele? Wie's die Kreaturen tun in Bildern und in Gleichnissen? Traun, nein! Vielmehr ganz in der Weise, wie er in der Ewigkeit gebiert, nicht minder und nicht mehr. Nun denn, *wie* gebiert er ihn *da*? Gebt acht! Seht, Gott der Vater hat eine vollkommene Einsicht in sich selbst und ein abgründiges volles Erkennen seiner selbst durch sich selbst, nicht durch irgendein Bild. So denn gebiert Gott der Vater seinen Sohn in wahrer Einheit (= unter voller Wahrung der Einheit) der göttlichen Natur. Seht, in der *gleichen* und in keiner andern Weise gebiert Gott der Vater seinen Sohn *in der Seele* Grunde und in ihrem Sein und vereinigt sich so mit ihr. Denn, gäbe es da irgendein Bild, so wäre da keine wahre Einung; an solcher wahren Einung (aber) ist ihre ganze Seligkeit gelegen.

Nun könntet ihr sagen, in der Seele seien doch von Natur aus nichts als *Bilder*. Nein, keinesfalls! Denn, wäre das wahr, so würde die Seele nimmer selig. Gott könnte nämlich keine Kreatur schaffen, aus der du vollkommene Seligkeit empfingest; sonst wäre nicht *Gott* die höchste Seligkeit und das letzte Ziel, wo es doch seine Natur ist und er will, daß er ein Anfang und ein Ende aller Dinge sei. Es *kann* keine Kreatur deine Seligkeit sein; darum kann sie auch hienieden nicht deine Vollkommenheit sein; denn der Vollkommenheit *dieses* (irdischen) Lebens – das sind alle Tugenden zusammen – der folgt (noch) nach die Vollkommenheit *jenes* (jenseitigen) Lebens. Und darum mußt du notwendig im Sein und im *Grunde* sein und weilen: *dort* muß dich Gott mit *seinem* einfaltigen Sein berühren, *ohne* Vermittlung irgendeines Bildes. Kein Bild zielt ab noch weist hin auf sich selbst; es zielt und weist (vielmehr) beständig auf das hin, dessen Bild es ist. Und da man ein Bild hat nur von dem, was außerhalb von einem ist und durch die Sinne von den Kreaturen hereingezogen wird, und da es auch immerzu auf das hinweist, dessen Bild es ist, so wäre es unmöglich, daß du jemals durch irgendein Bild selig werden könntest. Und daher muß da Schweigen und Stille herrschen, und der Vater muß da sprechen und seinen Sohn gebären und seine Werke wirken ohne alle Bilder.

Die *zweite* Frage ist: was dem Menschen an eigenem Tun beizutragen zugehöre, wodurch er erwirke und verdiene, daß diese Geburt in ihm geschehe und vollbracht werde; ob es (also) nicht besser sei, daß der Mensch etwas an eigenem Bemühen dazu tue – etwa sich Gott vorstelle und seine Gedanken auf ihn richte – oder (aber), daß der Mensch sich in Schweigen halte, in Stille und Ruhe und Gott in sich sprechen und wirken lasse, selbst aber nur auf Gottes Werk in sich harre? Ich sage abermals, wie ich vorhin (schon) sagte: Diese Ausführungen und dieses Verhalten betreffen nur *gute* und *vollkommene* Menschen, die aller Tugenden Wesen an sich und in sich gezogen haben, und zwar so, daß die Tugenden wesenhaft, ohne ihr Zutun aus ihnen ausfließen und daß vor allen Dingen das kostbare Leben und die edle Lehre unseres Herrn Jesu Christi in ihnen lebendig sei. Solche (Menschen) mögen wissen, daß es das allerbeste und alleredelste, wozu man in diesem Leben kommen kann, ist, wenn du schweigst und Gott wirken und sprechen läßt. Wo alle Kräfte allen ihren Werken und Bildern entzogen sind, da wird dieses Wort gesprochen. Darum sprach er: »Mitten im Schweigen ward das heimliche Wort zu mir gesprochen.« Darum also: Je mehr du alle deine Kräfte zur Einheit und in ein Vergessen aller Dinge und ihrer Bilder, die du je in dich hereingenommen hast, einzuziehen vermagst, und je mehr du dich von den Kreaturen und ihren Bildern entfernst, um so näher bist du diesem und um so empfänglicher. Könntest du aller Dinge völlig unwissend werden, so könntest du (gar) das Wissen um deinen eigenen Leib verlieren, so wie es Sankt Paulus widerfuhr, als er sprach: »Ob ich im Leibe war oder nicht, das weiß ich nicht; Gott weiß es wohl!« (2 Kor. 12, 2). Da hatte der Geist alle Kräfte so völlig in sich eingezogen, daß er den Leib vergessen hatte; da wirkte weder Gedächtnis noch Vernunft mehr, weder die Sinne noch die Kräfte, die ihren Einfluß in dem Sinne hätten ausüben sollen, daß sie den Leib führten und zierten; (Lebens-)Feuer und (Körper-)Hitze waren unterbunden; darum nahm der Körper nicht ab in den drei Tagen, in denen er weder aß noch trank. Ebenso widerfuhr es Moses, als er vierzig Tage auf dem Berge fastete (vgl. 2 Mos. 24, 18; 34, 28) und doch deshalb um nichts schwächer wurde; er war vielmehr am letzten Tage ebenso stark wie am ersten. So auch sollte der Mensch allen Sinnen entweichen und alle seine Kräfte nach innen kehren und in ein Vergessen aller Dinge und seiner selbst gelangen. Deshalb sprach ein Meister zur Seele: Entziehe dich der Unruhe äußerer Werke! Fliehe weiterhin und verbirg dich vor dem Gestürm innerer Gedanken, denn sie schaffen Unfrieden! – Soll daher Gott sein Wort in der Seele sprechen, so muß sie in Frieden und in Ruhe sein: dann spricht er sein Wort und sich selbst in der Seele, – kein Bild, sondern sich selbst.

Dionysius spricht: Gott hat kein Bild oder Gleichnis von sich selbst, denn er ist wesenhaft alles Gute, Wahrheit und Sein. Gott wirkt alle seine Werke in sich selbst und aus sich selbst in einem Augenblick. Wähne nicht, als Gott Himmel und Erde machte und alle Dinge, daß er da heute das eine machte und morgen das andere. Moses schreibt (es zwar) so; gleichwohl wußte er es viel besser; er tat es aber um der Leute willen, die es nicht anders hätten verstehen noch auffassen können. Gott tat nichts weiter dazu als einzig dies: er wollte, er sprach – und sie wurden! Gott wirkt ohne Mittel und ohne Bild, und je mehr *du* ohne Bild bist, um so empfänglicher bist du für sein Einwirken, und je mehr du nach innen gekehrt und je (selbst-) vergessener du bist, um so näher bist du diesem.

Hierzu ermahnte Dionysius seinen Jünger Timotheus und sprach: Lieber Sohn Timotheus, du sollst mit unbekümmerten Sinnen dich hinausschwingen über dich selbst und über alle deine Kräfte, über das Erkenntnisvermögen und über die Vernunft, über Werk und über Weise und Sein in die verborgene stille Finsternis, auf daß du kommest in ein Erkennen des unerkannten übergotten Gottes. Man muß sich allen Dingen entziehen. Gott widerstrebt es, in Bildern zu wirken.

Nun könntest du fragen: *Was* wirkt (denn) Gott ohne Bild in dem Grunde und in dem Sein? Das kann ich nicht wissen, weil die Kräfte nur in Bildern auffassen können, denn sie müssen alle Dinge jeweils in deren *eigentümlichem* Bilde auffassen und erkennen. Sie können ein Pferd nicht im (= mit dem) Bilde eines Menschen erkennen, und deshalb, weil alle Bilder von außen hereinkommen, darum bleibt jenes (= was Gott ohne Bild im Grunde wirkt) ihr verborgen; das aber ist für sie das allernützlichste. Dieses *Nichtwissen* reißt sie hin zu etwas Wundersamem und läßt sie diesem nachjagen, denn sie empfindet wohl, *daß* es ist, weiß aber nicht, *wie* und *was* es ist. Wenn (hingegen) der Mensch der Dinge Bewandtnis weiß, dann ist er alsbald der Dinge müde und sucht wieder etwas anderes zu erfahren und lebt dabei doch immerfort in bekümmertem Verlangen, diese Dinge zu erkennen und kennt doch kein Dabei-Verweilen. Daher: (Nur) das nichterkennende Erkennen hält die Seele bei diesem Verweilen und treibt sie doch zum Nachjagen an.

Deshalb sprach der weise Mann: »Inmitten der Nacht, als alle Dinge in Stille schwiegen, da ward zu mir gesprochen ein verborgenes *Wort*; das kam in Diebesweise, verstohlen« (Weish. 18, 14. 15). Wie konnte er es ein »Wort« nennen, da es (doch) verborgen war? Des Wortes Natur ist es (doch), daß es offenbart, was verborgen ist? Es öffnete sich und glänzte vor mir, um (mir) etwas zu offenbaren, und es tat mir Gott kund, – *daher* heißt es ein *Wort*. Es war mir aber verborgen, *was* es war, – (und) *das* war sein verstohlenes Kommen in Geraune und in Stille, um sich zu offenbaren. Seht, darum, weil es verborgen ist, muß man und soll man ihm nachlaufen. Es glänzte und war (doch) verborgen: das zielt darauf ab, daß wir nach ihm verlangen und seufzen. Sankt Paulus ermahnt uns dazu, diesem nachzujagen, bis wir es erspüren, und nimmer aufzuhören, bis wir es ergreifen. Als er in den dritten Himmel entrückt war, in die Kundgabe Gottes, und alle Dinge geschaut hatte, da hatte er, als er wieder kam, nichts vergessen: es lag ihm (aber) so tief drinnen im Grunde, daß seine Vernunft nicht dahin gelangen konnte; es war ihm verdeckt. Darum mußte er ihm nachlaufen und es in sich, nicht außer sich erreichen. Es ist gänzlich innen, nicht außen, sondern völlig innen. Und da er dies wohl wußte, deshalb sagte er: »Ich bin des sicher, daß mich weder der Tod noch irgendwelche Mühsal von dem zu scheiden vermag, was ich in mir verspüre« (Röm. 8, 38. 39).

Darüber sprach ein heidnischer Meister ein schönes Wort zu einem andern Meister: »Ich werde etwas in mir gewahr, das glänzt in meiner Vernunft; ich verspüre wohl, *daß* es etwas ist, aber *was* es sein mag, das kann ich nicht begreifen; nur soviel dünkt mich: könnte ich es erfassen, ich würde alle Wahrheit erkennen.« Da sprach der andere Meister: »Wohlan! Setze dem nach! Denn könntest du es fassen, so hättest du einen Inbegriff aller Gutheit und hättest ewiges Leben.« In diesem Sinne sprach auch Sankt Augustinus: Ich werde etwas in mir gewahr, das strahlt und glänzt vor meiner Seele: würde das in mir zur Vollendung und zur Beständigkeit gebracht, das müßte das ewige Leben sein. Es verbirgt sich und bekundet sich doch; es kommt aber in Diebesweise und strebt danach, der Seele alle Dinge wegzunehmen und zu stehlen. Daß es sich aber (doch) ein wenig kundgibt und offenbart, damit möchte es die Seele reizen und nach sich ziehen und sie ihrer selbst berauben und entäußern. Darüber sprach der Prophet: »Herr, nimm ihnen ihren Geist, und gib ihnen dafür deinen Geist« (Ps. 103, 29. 30). Dies meinte auch die liebende Seele, als sie sprach: »Meine Seele schmolz und zerfloß, als der Geliebte sein Wort sprach« (Hohel. 5, 6); als er einging, da mußte ich abnehmen. Auch Christus meinte dies, als er sprach: »Wer etwas läßt um meinetwillen, der soll das Hundertfache zurückerhalten, und wer mich haben will, der muß sich seiner selbst und aller Dinge entäußern, und wer mir dienen will, der muß *mir* folgen, er darf nicht dem Seinen folgen« (vgl. Mark. 10, 29; Matth. 16, 24; 19, 29; Joh. 12, 26).

Nun könntest du sagen: Ei nun, Herr, Ihr wollt der Seele ihren natürlichen Lauf umkehren und gegen ihre Natur handeln! Ihre Natur ist es (doch), *durch die Sinne* aufzunehmen und *in Bildern*; wollt ihr diese Ordnung umkehren? – Nein! Was weißt (denn) *du*, welchen Adel Gott in die Natur gelegt hat, der noch nicht voll beschrieben, sondern noch verborgen ist? Denn, die über den Adel der Seele geschrieben haben, die waren da noch nicht weiter gekommen, als sie ihre natürliche Vernunft trug; sie waren nie in den *Grund* gekommen: drum mußte ihnen vieles verborgen sein und blieb ihnen unerkannt. Deshalb sprach der Prophet: »Ich will sitzen und will schweigen und will hören, was Gott in mir spreche« (Ps. 84, 9). Weil es so verborgen ist, darum kam dieses Wort in der Nacht, in der Finsternis. Sankt Johannes sagt: »Das Licht leuchtete in der Finsternis; es kam in sein Eigen, und alle, die es aufnahmen, die wurden gewaltiglich Gottes Söhne: ihnen ward Gewalt gegeben, Gottes Söhne zu werden« (Joh. 1, 5. 11. 12).

Nun beachtet hier (endlich noch) den *Nutzen* und die *Frucht* dieses heimlichen Wortes und dieser Finsternis. Nicht nur der Sohn des himmlischen Vaters wird in dieser Finsternis, die sein Eigen ist, geboren: auch *du* wirst da geboren als desselben himmlischen Vaters Kind und keines andern, und er gibt (auch) *dir* jene Gewalt. Erkenne nun: welch ein Nutzen! Bei aller Wahrheit, die alle Meister mit ihrer eigenen Vernunft und Erkenntnis je lehrten oder jemals lehren werden bis zum Jüngsten Tage, haben sie doch nie das Allermindeste in *diesem* Wissen und in *diesem* Grunde verstanden. Wenngleich es ein Unwissen heißen mag und ein Nicht-Erkennen, so enthält es doch mehr als alles Wissen und Erkennen außerhalb seiner (= außerhalb dieses Grundes); denn dieses Unwissen lockt und zieht dich fort von allen Wissensdingen und überdies von dir selbst. Das meinte Christus, als er sprach: »Wer sich nicht selbst verleugnet und nicht Vater und Mutter läßt und alles, was äußerlich ist, der ist meiner nicht würdig« (vgl. Matth. 10, 37/38), als ob er sagte: Wer nicht alle Äußerlichkeit der Kreaturen läßt, der kann in diese göttliche Geburt weder empfangen noch geboren werden. Daß du vielmehr dich deiner selbst beraubst und alles dessen, was äußerlich ist, *das* (nur) verleiht dir's wahrhaft. Und wahrhaftig glaube ich und bin dessen gewiß, daß *der* Mensch, der hierin recht stünde, nimmer von Gott geschieden werden kann, durch nichts auf irgendeine Weise. Ich sage: er kann auf keine Weise in Todsünde fallen. Eher würden solche den schändlichsten Tod erleiden, ehe sie die allergeringste Todsünde täten, wie's denn auch die Heiligen taten. Ich sage (sogar), sie können nicht einmal eine läßliche Sünde begehen noch willentlich bei sich oder anderen zulassen, wenn sie es verhindern können. Sie werden so sehr zu *jenem* gereizt, gezogen und gewöhnt, daß sie sich nie einem andern Weg zuwenden können, alle ihre Sinne und ihre Kräfte vielmehr hierauf kehren.

In diese Geburt helfe uns der Gott, der (heute) von neuem als Mensch geboren ist. Daß wir schwache Menschen in ihm auf göttliche Weise geboren werden, dazu helfe er uns ewiglich. Amen.

[Quint: Predigt 57]

18.

Et cum factus esset Jesus annorum duodecim etc.
(Luc. 2, 42)

Man liest im Evangelium: »Als unser Herr zwölf Jahre alt geworden war, da ging er mit Maria und Josef nach Jerusalem in den Tempel, und als sie (wieder) von dannen gingen, da blieb Jesus im Tempel; sie aber wußten es nicht. Und als sie heimkamen und ihn vermißten, da suchten sie ihn unter den Bekannten und unter den Verwandten und bei der Menge und fanden ihn nicht; sie hatten ihn unter der Menge verloren. Und drum mußten sie wieder umkehren dorthin, woher sie gekommen waren; und als sie wieder zu dem Ausgangspunkt zurückkamen in den Tempel, da fanden sie ihn« (Luk. 2, 42/46).

So auch mußt du, wahrlich, wenn du diese edle Geburt finden willst, alle »Menge« lassen und mußt zurückkehren in den Ursprung und in den Grund, aus dem du gekommen bist. Alle Kräfte der Seele und alle ihre Werke: das alles ist »Menge«; Gedächtnis, Vernunft und Wille, die alle vermannigfaltigen dich. Darum mußt du sie alle lassen: die Sinnen- und Einbildungsbetätigung und (überhaupt) alles, worin du dich selbst vorfindest oder im Auge hast. Dann erst kannst du diese Geburt finden und sonst nicht, ganz gewiß. Er ward nie gefunden unter Freunden noch »unter Verwandten noch bei den Bekannten«; vielmehr verliert man ihn da gänzlich.

Darum erhebt sich für uns darüber folgende Frage: Ob der Mensch diese Geburt wohl finden könne durch gewisse Dinge, die wohl göttlich, aber doch von außen durch die Sinne eingebracht sind, wie gewisse Vorstellungen von Gott, etwa: daß Gott gut sei, weise, barmherzig oder was es sei, das die Vernunft in sich zu schöpfen vermag und das gleichviel wahrhaft göttlich ist: ob man mit allem dem wohl diese Geburt finden könne? Wahrlich, nein! Denn, wiewohl es alles gut und göttlich sein mag, so ist es doch alles von außen durch die Sinne hereingetragen; es muß aber einzig und allein *von innen* herauf aus Gott herausquellen, wenn diese Geburt eigentlich und lauter dort leuchten soll, und dein ganzes Wirken muß zum Erliegen kommen, und alle deine Kräfte müssen dem *Seinen* dienen, nicht dem *Deinen*. Soll dies Werk vollkommen sein, so muß Gott allein es wirken, und du mußt es lediglich erleiden. Wo du aus deinem Willen und *deinem* Wissen wahrhaft ausgehst, da geht Gott wahrhaft und willig mit *seinem* Wissen ein und leuchtet da strahlend. Wo Gott sich so wissen soll, da kann *dein* Wissen nicht bestehen noch dazu dienlich sein. Du darfst nicht wähnen, daß deine Vernunft dazu aufwachsen könne, daß du Gott zu erkennen vermöchtest. Vielmehr: wenn Gott *göttlich* in dir leuchten soll, so hilft dir *dein natürliches Licht* ganz und gar nichts dazu, sondern es muß zu einem lauteren Nichts werden und sich seiner selbst ganz entäußern; *dann* (erst) kann Gott mit *seinem* Licht einziehen, und er bringt (dann) alles das (wieder) mit sich herein, was du aufgegeben hast und tausendmal mehr, überdies eine neue Form, die alles in sich beschlossen hält.

Dafür haben wir ein Gleichnis im Evangelium. Als unser Herr am Brunnen gar freundlich mit der Heidin geredet hatte (Joh. 4, 5 f.), da ließ sie ihren Krug stehen, lief in die Stadt und verkündete dem Volke, daß der wahre Messias gekommen sei. Das Volk glaubte ihren Worten nicht, und sie gingen mit ihr hinaus und sahen ihn selbst. Da sprachen sie zu ihr: »Nicht auf deine Worte hin glauben wir, wir glauben vielmehr nur deshalb, weil wir ihn *selbst* gesehen haben« (Joh. 4, 42). So auch, fürwahr, vermag aller Kreaturen Wissen noch *deine eigene* Weisheit noch *dein gesamtes* Wissen dich nicht dahin zu bringen, daß du Gott auf *göttliche* Weise zu wissen vermöchtest. Willst du Gott auf *göttliche* Weise wissen, so muß dein Wissen zu einem reinen Unwissen und einem Vergessen deiner selbst und aller Kreaturen werden.

Nun könntest du sagen: Je nun, Herr, was soll denn meine Vernunft tun, wenn sie so ganz ledig stehen muß ohne alles Wirken? Ist dies die beste Weise, wenn ich mein Gemüt in ein nichterkennendes Erkennen erhebe, das es doch gar nicht geben kann? Denn, erkennte ich etwas, so wäre das kein Nicht-Erkennen und wäre auch kein Ledig- und Bloß-Sein. Soll ich denn also völlig in Finsternis stehen? – Ja, sicherlich! Du kannst niemals besser dastehen, als wenn du dich völlig in Finsternis und in Unwissen versetzest. – Ach, Herr, muß es ganz weg, kann's da keine Wiederkehr geben? – Nein, traun, es kann da keine wirkliche Wiederkehr geben. – Was aber ist diese Finsternis, wie heißt sie, oder wie ist ihr Name? – Ihr Name besagt nichts anderes als eine Empfänglichkeitsanlage, die (indessen) durchaus nicht des Seins ermangelt oder entbehrt, sondern eine vermögende Empfänglichkeit, worin du vollendet werden sollst. Und darum gibt es kein Wiederkehren daraus. Solltest du aber doch wiederkehren, so kann nicht irgendeine *Wahrheit* Beweggrund dazu sein, sondern nur etwas anderes, (seien's) die Sinne oder die Welt oder der Teufel. Überläßt du dich aber dieser Umkehr, so fällst du notwendig in Sünde und kannst dich so weit abkehren, daß du den ewigen Sturz tust. Drum gibt es da kein Zurückkehren, sondern nur ein beständiges Vorwärtsdrängen und ein Erreichen und Erfüllen der Anlage. Diese (Anlage) ruht nimmer, bis sie mit vollem Sein erfüllt wird. Und recht so, wie die Materie nimmer ruht, sie werde denn erfüllt mit allen Formen, die ihr möglich sind, so auch ruht die Vernunft nimmer, sie werde denn erfüllt mit alledem, was in *ihrer* Anlage liegt.

Hierzu sagt ein heidnischer Meister: Die Natur hat nichts, was schneller wäre als der Himmel; der überholt alle Dinge in seinem Lauf. – Doch, wahrlich, des Menschen Gemüt überflügelt ihn in seinem Lauf. Angenommen, es bliebe in seinem Vermögen tätig und hielte sich unentwürdigt und unzerrissen durch niedere und grobe Dinge, so überholte es den obersten Himmel und würde nimmer ruhen, bis es in das Allerhöchste käme und dort gespeist und genährt würde vom allerbesten Gute.

(Fragst du darum,) wie *förderlich* es sei, diese Anlage zu verwirklichen, sich ledig und bloß zu halten und einzig dieser Finsternis und diesem Unwissen nachzuhängen und nachzuspüren und nicht umzukehren? –: in ihr liegt die Möglichkeit, *den* zu gewinnen, der da alle Dinge ist! Und je selbstverlassener und aller Dinge unwissender du dastehst, um so näher kommst du diesem. Von dieser Wüste steht bei Jeremias geschrieben: »Ich will meine Freundin in die Wüste führen und will ihr in ihr Herz sprechen« (Hosea 2, 14). Das wahre Wort der Ewigkeit wird nur in der Einsamkeit gesprochen, wo der Mensch seiner selbst und aller Mannigfaltigkeit verödet und entfremdet ist. Nach dieser verödeten (Selbst-)Entfremdung begehrte der Prophet, als er sprach: »Ach, wer gibt mir Federn wie der Taube, auf daß ich dahin fliegen könne, wo ich Ruhe finde?« (Ps. 54, 7). Wo findet man Ruhe und Rast? Wahrhaft nur in der Verworfenheit, in der Verödung und in der Entfremdung von allen Kreaturen. Hierzu sagt David: »Ich zöge es vor, verworfen und verachtet zu sein in meines Gottes Hause, als mit großen Ehren und Reichtum in der Sünder Taverne zu weilen« (Ps. 83, 11).

Nun könntest du sagen: Ach, Herr, wenn es denn notwendig so sein muß, daß man aller Dinge entäußert und verödet sei, äußerlich wie innerlich, die Kräfte wie ihr Wirken, – wenn das alles weg muß, dann ist es ein schwerer Stand, wenn Gott den Menschen so stehen läßt ohne seinen Halt, wie der Prophet sagt: »Weh mir! Mein Elend ist mir verlängert« (Ps. 119, 5), – wenn Gott mein Verlassensein so verlängert, *ohne daß* er mir leuchtet noch zuspricht noch in mir wirkt, wie Ihr's hier lehrt und zu verstehen gebt. Wenn der Mensch in *solcher* Weise in einem reinen Nichts steht, ist es dann nicht besser, daß er etwas tue, was ihm die Finsternis und das Verlassensein vertreibe, – daß ein solcher Mensch etwa bete oder lese oder Predigt höre oder andere Werke verrichte, die doch Tugenden sind, um sich damit zu behelfen? – Nein! Wisse fürwahr: Ganz still zu stehen und so lange wie möglich, *das* ist dein Allerbestes. Ohne Schaden kannst du dich von da nicht irgendwelchen Dingen zuwenden, das ist gewiß. Du möchtest gern zu *einem* Teil durch *dich* und zum *andern* Teil durch *ihn* bereitet werden, was doch nicht sein *kann*. Du kannst nimmer so schnell an das Bereiten denken oder nach ihm begehren, daß Gott nicht schon vorher da wäre, auf daß *er* dich bereite. Angenommen aber nun, es *sei* verteilt: das Bereiten sei *dein* und das Einwirken oder Eingießen sei *sein*, was gleichviel unmöglich ist, – so wisse (jedenfalls), daß Gott wirken und eingießen *muß*, sobald er dich bereit findet. Du darfst nicht wähnen, daß es mit Gott sei wie mit einem irdischen Zimmermann, der wirkt und nicht wirkt, wie er will; es steht in seinem Willen, etwas zu tun oder zu lassen, wie es ihn gelüstet. *So* ist es bei Gott *nicht*; wo und wann Gott dich bereit findet, *muß* er wirken und sich in dich ergießen; ganz so, wie wenn die Luft lauter und rein ist, die Sonne sich (in sie) ergießen *muß* und sich dessen nicht enthalten *kann*. Gewiß, es wäre ein großer Mangel an Gott, wenn er nicht große Werke in dir wirkte und großes Gut in dich gösse, dafern er dich so ledig und so bloß findet.

So schreiben uns (auch) die Meister, daß im gleichen Zeitpunkt, da die Materie des Kindes im Mutterleibe bereitet ist, im gleichen Augenblick Gott den lebendigen Geist in den Leib gießt, das heißt: die Seele, die des Leibes Form ist. Es ist *ein* Augenblick: das Bereitsein und das Eingießen. Wenn die *Natur* ihr Höchstes erreicht, dann gibt Gott die *Gnade*; im gleichen Zeitpunkt, da der Geist bereit ist, geht Gott (in ihn) ein, ohne Verzug und ohne Zögern. Im Buch der Geheimnisse steht geschrieben, daß unser Herr dem Volke entbot: »Ich stehe vor der Tür, klopfend und wartend, ob jemand mich einläßt; mit dem will ich ein Abendmahl halten« (Geh. Offenb. 3, 20). Du brauchst ihn weder hier noch dort zu suchen, er ist nicht weiter als vor der Tür des Herzens; dort steht er und harrt und wartet, wen er bereit finde, daß er ihm auftue und ihn einlasse. Du brauchst ihn nicht von weither zu rufen; er kann es kaum erwarten, daß du (ihm) auftust. Ihn drängt es tausendmal heftiger nach dir als dich nach ihm: das Auftun und das Eingehen, das ist nichts als *ein* Zeitpunkt.

Nun könntest du sagen: Wie kann das sein? Ich verspüre doch nichts von ihm. – Gib acht nun! Das Verspüren ist nicht in *deiner* Gewalt, sondern in der *seinen*. Wenn es ihm paßt, so *zeigt* er sich; und er kann sich (doch auch) *verbergen*, wenn er will. Dies meinte Christus, als er zu Nikodemus sprach: »Der Geist geistet, so er will; du hörst seine Stimme, weißt aber nicht, woher er kommt oder wohin er zieht« (Joh. 3, 8). Er sprach und widersprach sich dabei: »du *hörst* und *weißt* doch *nicht*.« Durch Hören wird man (doch) wissend! Christus meinte: Durch Hören nimmt man ihn auf oder zieht man ihn in sich ein, als wenn er hätte sagen wollen: Du *empfängst* ihn (= den Geist) und weißt doch nichts davon. Wisse! Gott kann nichts leer noch unausgefüllt lassen; Gott und die Natur können nicht dulden, daß irgend etwas unausgefüllt oder leer sei. Drum: Dünkt es dich gleich, du spürtest nichts von ihm und seist seiner völlig leer, so ist es doch nicht so. Denn, gäbe es irgend etwas Leeres unter dem Himmel, sei's was es wolle, groß oder klein: entweder zöge es der Himmel zu sich hinauf, oder er müßte sich hernieder neigen und müßte es mit sich selbst erfüllen. Gott, der Meister der Natur, duldet es ganz und gar nicht, daß irgend etwas leer ist. Darum steh still und wanke nicht von diesem Leersein; denn du kannst dich (zwar) zu diesem Zeitpunkt davon abwenden, du wirst aber nie wieder dazu kommen.

Nun könntest du sagen: Je nun, Herr, Ihr meint immerzu, es müsse dahin kommen, daß *in mir* diese Geburt geschehe, der Sohn geboren werde. Wohlan denn! Könnte ich dafür ein Zeichen haben, woran ich erkennen könnte, daß es (wirklich) geschehen wäre? – Ja, gewiß, verläßlicher Zeichen wohl ihrer drei! Von denen will ich nun (nur) eines angeben. Man fragt mich oft, ob der Mensch dahin gelangen könne, daß ihn die Zeit nicht (mehr) behindere und nicht die Vielheit noch die Materie. Ja, in der Tat! Wenn diese Geburt wirklich geschehen ist, dann können dich alle Kreaturen nicht (mehr) hindern; sie weisen dich vielmehr alle zu Gott und zu dieser Geburt, wofür wir ein Gleichnis am Blitz finden: Was der trifft, wenn er einschlägt, sei's Baum oder Tier oder Mensch, das kehrt er auf der Stelle zu sich hin; und hätte ein Mensch (auch) den Rücken hingewendet, im selben Augenblick wirft er ihn mit dem Antlitz herum. Hätte ein Baum tausend Blätter, die alle kehren sich mit der rechten Seite dem Schlage zu. Sieh, so auch geschieht es allen denen, die von dieser Geburt betroffen werden: die werden schnell zu dieser Geburt hingewendet, und zwar in jeglichem, was (ihnen) gerade gegenwärtig ist, wie grob es auch sein mag. Ja, was dir vorher ein Hindernis war, das fördert dich nun zumal. Das Antlitz wird völlig dieser Geburt zugekehrt; ja, in allem, was du siehst und hörst, was es auch sei, – in allen Dingen kannst du nichts anderes aufnehmen als diese Geburt; ja, alle Dinge werden dir lauter Gott, denn in allen Dingen hast du nichts im Auge als nurmehr Gott. Recht, wie wenn ein Mensch die Sonne lange ansähe: was er danach ansähe, darin erschiene das Bild der Sonne. Wo dir dies gebricht, daß du in allem und jedem Gott suchst und im Auge hast, da fehlt dir (auch) diese Geburt.

Nun könntest du fragen: Soll der Mensch, der so weit gediehen ist, irgendwie (noch) Bußwerke verrichten, oder versäumt er etwas, wenn er sich *nicht* darin übt? – Hört nun! Alles Bußleben ist unter anderem deshalb erfunden – sei's nun Fasten, Wachen, Beten, Knien, Sich-Kasteien, härene Hemden Tragen, hart Liegen und was es dergleichen (sonst noch) gibt –, das alles ist deshalb erdacht, weil der Leib und das Fleisch sich allzeit gegen den Geist stellen. Der Leib ist ihm oft zu stark; geradezu ein Kampf besteht allwegs zwischen ihnen, ein ewiger Streit. Der Leib ist hienieden kühn und stark, denn er ist hier in seiner Heimat; die Welt hilft ihm, diese Erde ist sein Vaterland, ihm helfen hier alle seine Verwandten: die Speise, der Trank, das Wohlleben – das alles ist wider den Geist. Der Geist ist hier in der Fremde; im *Himmel* aber sind alle *seine* Verwandten und sein ganzes Geschlecht: dort ist *er* gar wohl befreundet, wenn er sich dorthin richtet und sich dort heimisch macht. Damit man (nun) dem Geiste (hier) in dieser seiner Fremde zu Hilfe komme und man das Fleisch in diesem Kampfe etwas schwäche, auf daß es dem Geiste nicht obsiege, darum legt man ihm den Zaum der Bußübungen an, und darum unterdrückt man ihn, damit der Geist sich seiner erwehren könne. Wenn man ihm dies antut, um ihn gefangen zu halten, willst du ihn denn nun tausendmal besser fesseln und belasten –, dann lege ihm den Zaum der Liebe an. Mit der Liebe überwindest du ihn am schnellsten, und mit der Liebe belastest du ihn am stärksten. Und darum hat Gott es bei uns auf nichts so sehr abgesehen wie auf die Liebe. Denn es ist recht mit der Liebe wie mit der Angel des Fischers: Der Fischer kann des Fisches nicht habhaft werden, er hänge denn an der Angel. Hat er den Angel(-haken) geschnappt, so ist der Fischer des Fisches sicher; wohin sich der Fisch auch drehen mag, hin oder her, der Fischer ist seiner ganz sicher. So auch sage ich von der Liebe: wer von ihr gefangen wird, der trägt die allerstärkste Fessel und doch eine süße Bürde. Wer diese süße Bürde auf sich genommen hat, der erreicht mehr und kommt damit auch weiter als mit aller Bußübung und Kasteiung, die alle Menschen (zusammen) betreiben könnten. Er vermag auch (sogar) heiter alles zu ertragen und zu erleiden, was ihn anfällt und Gott über ihn verhängt, und kann sich gütig alles vergeben, was man ihm Übles antut. Nichts bringt dich Gott näher und macht dir Gott so zu eigen wie dieses süße Band der Liebe. Wer diesen Weg gefunden hat, der suche keinen andern. Wer an dieser Angel haftet, der ist so gefangen, daß Fuß und Hand, Mund, Augen, Herz und alles, was am Menschen ist, allemal *Gottes* Eigen sein muß. Und darum kannst du diesen Feind nimmer besser überwinden, daß er dir nicht schade, als mit der Liebe. Darum steht geschrieben: »Die Liebe ist stark wie der Tod, hart wie die Hölle« (Hohel. 8, 6). Der Tod scheidet die Seele vom Leibe, die Liebe aber scheidet alle Dinge von der Seele; was nicht Gott oder göttlich ist, das duldet sie keinesfalls. Wer in dieser Schlinge gefangen ist und auf diesem Wege wandelt, welches Werk er immer wirkt oder nicht wirkt, das ist völlig eins; ob er etwas tue oder nicht, daran ist ganz und gar nichts gelegen. Und doch ist eines solchen Menschen geringstes

Werk oder Übung für ihn selbst und alle Menschen nützer und fruchtbringender und ist Gott wohlgefälliger als aller jener Menschen Übungen, die zwar ohne Todsünden sind, dabei aber geringere Liebe haben. Seine *Muße* ist nutzbringender als eines andern *Wirken*. Darum schau nur nach dieser Angel aus, dann wirst du glückhaft gefangen, und je mehr gefangen, um so mehr befreit.

Daß wir dergestalt gefangen und befreit werden, dazu helfe uns der, der selber die Liebe ist. Amen.

[Quint: Predigt 59]

Literatur

Aus der Fülle von Literatur wurde hier eine Auswahl getroffen.

I. Werke

Meister Eckhart: *Die deutschen und lateinischen Werke.* Hrsg. im Auftrag der Deutschen Forschungsgemeinschaft. Stuttgart 1936 ff.

Meister Eckhart: *Deutsche Predigten und Traktate.* Hrsg. und übersetzt von Josef Quint. München 1963 (zahlreiche Neuauflagen, auch als Diogenes Taschenbuch, Zürich 1979 ff.).

Meister Eckhart: *Werke I/II.* Texte und Übersetzungen, hrsg. von Niklaus Largier. Frankfurt/M. 1993.

II. Bibliographien

Largier, Niklaus: *Bibliographie zu Meister Eckhart.* Freiburg/Schweiz 1989.

Largier, Niklaus. In: *Meister Eckhart: Werke II.* Frankfurt 1993, S. 919–988.

Wehr, Gerhard: *Meister Eckhart in Selbstzeugnissen und Bilddokumenten.* Reinbek 1989, S. 146–154.

III. Sekundärliteratur

Achelis, Werner: *Über das Verhältnis Meister Eckeharts zum Areopagiten Dionysius.* Diss. Marburg 1922.

Albert, Karl: *Meister Eckharts These vom Sein.* Saarbrücken 1976.

Albrecht, Erika: *Der Trostgehalt in Meister Eckharts Buch der göttlichen Tröstung.* Diss. Berlin 1953.

Beckmann, Till: *Studien zur Bestimmung des Lebens in Meister Eckharts deutschen Predigten.* Frankfurt/M. 1982.

Bracken, Ernst von: *Meister Eckhart. Legende und Wirklichkeit.* Meisenheim a. Glan 1972.

Cognet, Louis: *Gottes Geburt in der Seele.* Freiburg-Basel 1980.

Degenhardt, Ingeborg: *Studien zum Wandel des Eckhartbildes.* Leiden 1967.

Ebeling, Heinrich: *Meister Eckharts Mystik.* Stuttgart 1941; Aalen 1966.
Fischer, Heribert: *Meister Eckhart. Einführung in sein philosophisches Denken.* Freiburg/Brsg. 1974.
Fromm, Erich: *Haben oder Sein.* Stuttgart 1976.
Haas, Alois Maria: *Meister Eckhart als normative Gestalt geistlichen Lebens.* Einsiedeln 1979.
Haas, Alois Maria: *Nim din selbes war. Studien zur Lehre von der Selbsterkenntnis bei Meister Eckhart, Johannes Tauler und Heinrich Seuse.* Freiburg/Schweiz 1971.
Hof, Hans: *Scintilla animae. Eine Studie zu einem Grundbegriff in Meister Eckharts Philosophie.* Lund/Bonn 1952.
Kern, Udo (Hrsg.): *Freiheit und Gelassenheit. Meister Eckhart heute.* München/Mainz 1980.
Langer, Otto: *Mystische Erfahrung und spirituelle Theologie. Zu Meister Eckharts Auseinandersetzung mit der Frauenfrömmigkeit seiner Zeit.* München/Zürich 1987.
Largier, Niklaus: *Zeit, Zeitlichkeit, Ewigkeit. Ein Aufriß des Zeitproblems bei Dietrich von Freiberg und Meister Eckhart.* Bern/Frankfurt 1989.
Mieht, Dietmar (Hrsg.): *Meister Eckhart. Einheit im Sein und Wirken.* München/Zürich 1986.
Mojsisch, Burkhard: *Meister Eckhart. Analogie, Univozität und Einheit.* Hamburg 1983.
Piesch, Herma: *Meister Eckhart. Eine Einführung.* Wien 1946.
Quint, Josef: *Die Überlieferung der deutschen Predigten Meister Eckharts, textkritisch untersucht.* Bonn 1932.
Ruh, Kurt: *Meister Eckhart. Theologe, Prediger, Mystiker.* München 1985.
Schweitzer, Franz-Josef: *Der Freiheitsbegriff der deutschen Mystik.* Frankfurt/Bern 1981.
Trusen, Winfried: *Der Prozeß gegen Meister Eckhart. Vorgeschichte, Verlauf und Folgen.* Paderborn/München 1988.
Ueda, Shizuteru: *Die Gottesgeburt in der Seele und der Durchbruch. Die mystische Anthropologie Meister Eckharts und ihre Konfrontation mit der Mystik des Zen-Buddhismus.* Gütersloh 1965.
Waldschütz, Erwin: *Meister Eckhart. Eine philosophische Interpretation der Traktate.* Bonn 1978.
Wehr, Gerhard: *Meister Eckhart in Selbstzeugnissen und Bilddokumenten.* Reinbek 1989.

Welte, Bernhard: *Meister Eckhart. Gedanken zu seinen Gedanken.* Freiburg/Basel 1979.

Publikationen von Gerhard Wehr zur deutschen Mystik

Jakob Böhme: *Aurora oder Morgenröte im Aufgang,* 1992 (it 1411).
–: *Christosophie,* 1992 (it 1412).
–: *Von der Menschwerdung Jesu Christi,* 1955 (it 1737).
–: *Von der Gnadenwahl,* 1995 (it 1738).
–: *Theosophische Sendbriefe,* 1996 (it 1786).
–: *Wege zum wahren Selbst,* 1996 (IB 1164 – sämtlich Insel Verlag, Frankfurt).
Jakob Böhme in Selbstzeugnissen und Bilddokumenten. Rowohlt Taschenbuch Verlag, Reinbek, 6. Auflage 1991.
Jakob Böhme: Im Zeichen der Lilie. Aus den Werken des christlichen Mystikers. Eugen Diederichs Verlag, München 1998 (DG 144).
Meister Eckhart in Selbstzeugnissen und Bilddokumenten. Rowohlt Taschenbuch Verlag, Reinbek, 4. Aufl. 1997.
Theologia Deutsch – Eine Grundschrift deutscher Mystik. Edition Argo im Dingfelder Verlag, Andechs/Obb. 1991.
Die Bruderschaft der Rosenkreuzer – Esoterische Texte. Eugen Diederichs Verlag, München, 5. Auflage 1995 (DG 53).
Spirituelle Meister des Westens. Eugen Diederichs Verlag, München 1995 (DG 116).
Die deutsche Mystik. O. W. Barth Verlag, München 1988.
Esoterisches Christentum – Von der Antike bis zur Gegenwart. Klett-Cotta Verlag, Stuttgart 1995.
Europäische Mystik – Zur Einführung. Junius Verlag, Hamburg 1995.
Inspiration und Wirkung Jakob Böhmes in der deutschen Geistesgeschichte (in Vorbereitung).
Heilige Hochzeit – Symbol und Erfahrung menschlicher Reifung. Eugen Diederichs Verlag, München 1998 (DG 146).
Martin Luther – der Mystiker. Ausgewählte Texte. Kösel Verlag, München 1999.

Zum Herausgeber

Gerhard Wehr, geboren 1931, Verfasser zahlreicher Studien zur Religions- und Geistesgeschichte, Biograph verschiedener Denker und Philosophen (unter anderem Rudolf Steiner, C. G. Jung, Martin Buber, Jean Gebser, Graf Dürckheim), lebt heute in der Nähe von Nürnberg. Im Eugen Diederichs Verlag hat er außer Werken von Jakob Böhme (DG 144) auch Schriften der Rosenkreuzer herausgegeben (DG 53). 1995 erschien von ihm »Spirituelle Meister des Westens« (DG 116), 1998 »Heilige Hochzeit« (DG 146).

Gerhard Wehr
Heilige Hochzeit
Symbol und Erfahrung menschlicher Reifung
Diederichs Gelbe Reihe Band 146, 192 Seiten mit Abbildungen, Paperback

Die Varianten der Heiligen Hochzeit (Hieros Gamos) reichen von ihren Ursprüngen in antiken Mythen und dionysischen Ritualen über den Bilderreichtum im Hohelied Salomos und neutestamentlichen Gleichnissen bis zu C.G. Jungs Tiefenpsychologie. Immer geht es um die menschliche Ganzwerdung, die ebenso geistige wie „sinnliche" Verschmelzung von Gegensätzen, des Irdischen mit dem Himmlischen, des Männlichen mit dem Weiblichen.

Gerhard Wehr
Spirituelle Meister des Westens
Leben und Lehre
Diederichs Gelbe Reihe Band 116, 301 Seiten, Paperback

Beschrieben werden unter anderem: H.P. Blavatsky und die theosophische Bewegung, die Anthroposophie Rudolf Steiners, die Spiritualität Krishnamurtis, die initiatische Therapie Graf Dürckheims, G.I. Gurdjieff, René Guénon und Julius Evola.

Konrad Dietzfelbinger
Mysterienschulen
Vom alten Ägypten über das Urchristentum bis zu den Rosenkreuzern der Neuzeit
Diederichs Gelbe Reihe Band 135, 352 Seiten, Paperback

Konrad Dietzfelbinger
Der spirituelle Weg des Christentums
Das Markusevangelium als Modell
648 Seiten, Leinen mit Schutzumschlag

EUGEN DIEDERICHS VERLAG

Heinrich Seuse/Johannes Tauler
Mystische Schriften
Werkauswahl von Winfried Zeller
Herausgegeben von Bernd Jaspert
Diederichs Gelbe Reihe Band 74, 336 Seiten, Paperback

Unter den Vertretern der deutschen Mystik des 13./14. Jahrhunderts nehmen Heinrich Seuse und Johannes Tauler neben Meister Eckhart unbestritten den ersten Rang ein. Ihre geistesgeschichtliche Wirkung reicht bis in die Gegenwart, und das weit über die Grenzen des Christentums hinaus. In diesem Buch sind die beeindruckenden Werke der beiden Dominikaner, der bedeutendsten Schüler des Meister Eckhart, vereinigt.

Jakob Böhme
Im Zeichen der Lilie
Aus den Werken des christlichen Mystikers
Ausgewählt und erläutert von Gerhard Wehr
Diederichs Gelbe Reihe Band 144, 320 Seiten, Paperback

Die Lilie, bei Böhme Symbol für die Herankunft eines neuen Zeitalters, muß „in menschlicher Essenz" in der menschlichen Existenz erblühen. Jakob Böhme (1575–1624), neben Meister Eckhart, Seuse und Tauler einer der großen deutschen Mystiker, wird hier mit einer Auswahl aus seinen wichtigsten Werken vorgestellt. Ein Buch für alle, die in das Werk Böhmes einsteigen oder sich einen Überblick verschaffen wollen.

Die Bruderschaft der Rosenkreuzer
Esoterische Texte
Herausgegeben von Gerhard Wehr
Diederichs Gelbe Reihe Band 53, 224 Seiten, Paperback

Dieses Buch enthält die grundlegenden Schriften dieser geistigen, esoterischen Bewegung, in der Alchemie und Kabbala, die Lehre des Paracelsus und christliche Mystik rätselhaft verschmelzen. Es zeichnet ein Bild der Rosenkreuzer, das ihre geheimnisvollen Lehren verständlicher macht.

EUGEN DIEDERICHS VERLAG